THE
ECONOMIC PO
S

〔第三辑〕

经济政策与模拟研究报告

中国社会科学院经济政策与模拟重点研究室

（第二版）

经济管理出版社
ECONOMY & MANAGEMENT PUBLISHING HOUSE

图书在版编目（CIP）数据

经济政策与模拟研究报告.第三辑/中国社会科学院经济政策与模拟重点研究室.—2版.
—北京：经济管理出版社，2012.6
ISBN 978-7-5096-1962-9

Ⅰ．①经⋯ Ⅱ．①中⋯ Ⅲ．①中国经济－经济政策－研究报告 Ⅳ．①F120

中国版本图书馆CIP数据核字（2012）第113781号

责任编辑：张永美 杨国强
责任印制：黄 铄
责任校对：超 凡

出版发行：经济管理出版社
　　　　（北京市海淀区北蜂窝8号中雅大厦A座11层 100038）
网　　址：www.E-mp.com.cn
电　　话：(010)51915602
印　　刷：三河市延风印装厂
经　　销：新华书店
开　　本：787mm×1092mm/16
印　　张：12
字　　数：277千字
版　　次：2012年12月第2版　2012年12月第1次印刷
书　　号：ISBN 978-7-5096-1962-9
定　　价：58.00元

本书作者

经济政策与模拟研究报告（第三辑）
编辑委员会

目　录

第一章 对 Dale W. Jorgenson 全要素生产率增长率测算方法的修正及实证分析

钟学义 王宏伟

一、引言

全要素生产率增长率又称技术进步率，近年在欧美的学术界常简称为生产率增长率或生产率。美国著名经济学家、哈佛大学的 Dale W.Jorgenson 教授依据他在 20 世纪发展的资本理论，在规模报酬不变、成本均衡和价格均衡三条假设下，建立了全要素生产率增长率的测算方法。本文对此进行了深入的讨论，提出了质疑，并在此基础上建立了更为合理的新的测算方法。为此对 Dale W.Jorgenson 教授的测算方法[①] 先进行梳理。

二、修正的 Solow 经济增长方程

考虑单一产出为 y 以及由 n 种投入要素的投入量构成的 n 维向量 $x^T = (x_1, x_2, \cdots, x_n)$ 形成的动态生产函数 $y = f(x^T, t)$，其中 t 是表达技术进步的时间变量。由于无关讨论的主旨，我们舍弃了动态生产函数 $y = f(x^T, t)$ 满足技术进步是 Hicks 中性的假设，除此以外我们只要求动态生产函数 $y = f(x^T, t)$ 满足生产函数的一般条件。

我们定义 i 要素 x_i 的产出弹性 $\alpha_i(x^T, y, t)\big|_{y=f(x^T,t)}$ 为

$$\alpha_i(x^T, y, t)\big|_{y=f(x^T,t)} = \frac{\partial f(x^T, t)}{\partial x_i} \cdot \frac{x_i}{y}\bigg|_{y=f(x^T,t)} \quad (i = 1, 2, \cdots, n) \tag{1}$$

于是可以得到规模弹性 $\alpha(x^T, y, t)\big|_{y=f(x^T,t)}$：

$$\alpha(x^T, y, t)\bigg|_{y=f(x^T,t)} = \sum_{i=1}^{n} \alpha_i(x^T, y, t)\bigg|_{y=f(x^T,t)} \tag{2}$$

我们对动态生产函数 $y = f(x^T, t)$ 进行对数微分并略加变形，就得到

$$\frac{dy}{y}\bigg|_{y=f(x^T,t)} = \frac{\partial f(x^T, t)}{\partial t} \cdot \frac{dt}{y}\bigg|_{y=f(x^T,t)} + \sum_{i=1}^{n} \alpha_i(x^T, y, t)\bigg|_{y=f(x^T,t)} \frac{dx_i}{x_i}$$

等式右边第一项就是全要素生产率 λ_T 的增长率 $\frac{d\lambda_T}{\lambda_T}\big|_{y=f(x^T,t)}$：

[①] 对于想深入、详细了解 Jorgenson 教授的方法的读者，可以参看文末所列的参考文献 [1] 和 [2]。

$$\frac{dy}{y}\Bigg|_{y=f(x^T,t)} = \frac{d\lambda_T}{\lambda_T}\Bigg|_{y=f(x^T,t)} + \sum_{i=1}^{n}\alpha_i(x^T,\ y,\ t)\Bigg|_{y=f(x^T,t)}\frac{dx_i}{x_i} \tag{3}$$

这就是著名的 Solow 经济增长方程。由此得到

$$\frac{d\lambda_T}{\lambda_T}\Bigg|_{y=f(x^T,t)} = \frac{dy}{y}\Bigg|_{y=f(x^T,t)} - \sum_{i=1}^{n}\alpha_i(x^T,\ y,\ t)\Bigg|_{y=f(x^T,t)}\frac{dx_i}{x_i} \tag{4}$$

式（4）就是估计全要素生产率增长率数值的余值法公式。

观察余值法公式（4）可知，全要素生产率增长率数值估计的正确与否，关键在于是否能够正确估计要素产出弹性 $\alpha_i(x^T,\ y,\ t)\ \big|_{y=f(x^T,t)}$（$i = 1,\ 2,\ \cdots,\ n$）的数值。为此，Jorgenson 教授提出了三条假设，即

（1）规模报酬不变假设。对于每一个时间周期 t，由生产函数 $y = f(x^T,\ t)$ 描述的经济活动过程都能规模保持不变，即

$$\alpha(x^T,\ y,\ t)\big|_{y=f(x^T,t)} = \sum_{i=1}^{n}\alpha_i(x^T,\ y,\ t)\big|_{y=f(x^T,t)} = 1 \tag{5}$$

（2）成本均衡假设。对于每一个时间周期 t，在生产函数 $y = f(x^T,\ t)$ 描述的经济活动过程中，成本函数 $C(w^T,\ y,\ t)$ 是存在的，其中 $w^T = (w_1,\ w_2,\ \cdots,\ w_n)$ 是对应于投入要素向量 x^T 的价格向量。成本函数 $C(w^T,\ y,\ t)$ 的定义是：

$$C(w^T,\ y,\ t) = \min_{\substack{x^T \in D(f(x^T,t)) \\ y \in R(f(x^T,t))}}\ [w^T x | f(x^T,t) \geq y]$$

其中 $D(f(x^T,\ t))$ 和 $R(f(x^T,\ t))$ 分别是生产函数 $y = f(x^T,\ t)$ 的定义域和值域。对于每一个时间周期 t，成本函数 $C(w^T,\ y,t)$ 存在的含义就是对于每一个时间周期 t，投入要素价格向量 w^T 和产出 $y \in R(f(x^T,\ t))$，存在均衡点 $x^T(w^T,\ y,\ t) \in Df(x^T,\ t)$ 使得：

$$C(w^T,\ y,\ t) = w^T x(w^T,\ y,\ t) \tag{6}$$

（3）价格均衡假设。对于每一个时间周期 t，在生产函数 $y = f(x^T,\ t)$ 描述的经济活动过程中，价格函数 $\pi(w^T,\ p,\ t)$ 是存在的，其中 $w^T = (w_1,\ w_2,\ \cdots,\ w_n)$ 是对应于投入要素向量 x^T 的价格向量，p 是对应于产出 y 的价格。价格函数 $\pi(w^T,\ p,\ t)$ 的定义是：

$$\pi(w^T,\ p,\ t) = \max_{\substack{x^T \in D(f(x^T,t)) \\ y \in R(f(x^T,t))}}\ [py - w^T x | f(x^T,t) \geq y]$$

其中 $D(f(x^T,\ t))$ 和 $R(f(x^T,\ t))$ 分别是生产函数 $y = f(x^T,\ t)$ 的定义域和值域。对于每一个时间周期 t，价格函数 $\pi(w^T,\ p,\ t)$ 存在的含义就是对于每一个时间周期 t、投入要素向量 x^T 的价格向量 w^T 和产出 y 的价格 p，存在均衡点 $x^T(w^T,\ p,\ t) \in D(f(x^T,\ t))$ 和 $y(w^T,\ p,\ t) \in R(f(x^T,\ t))$ 使得

$$\pi(w^T,\ p,\ t) = py(w^T,\ p,\ t) - w^T x(w^T,\ p,\ t)$$

观察这三条假设，我们会考虑到假设的相容性问题，这姑且不论。但我们可以注意到成本均衡假设中的均衡点 $x^T(w^T,\ y,\ t) \in Df(x^T,\ t)$ 与价格均衡假设中的均衡点 $x^T(w^T,\ p,\ t) \in D(f(x^T,\ t))$ 和 $y(w^T,\ p,\ t) \in R(f(x^T,\ t))$ 之间的一致性问题。由于这两个均衡点事关产出弹性的取值问题，而且这两个均衡点不在同一个空间，因此，与其说是假设的相容性问题，毋宁说是均衡点的选择问题。可惜，Jorgenson 教授在建立他的测算方法时没有对此加以论述（至少本文作者没有看到）。更为重要的是，这里还存在假设是否

有效或者假设是否过多的问题。

我们要注意的是规模报酬不变假设在 Jorgenson 教授的测算方法中的作用。Jorgenson 教授测算方法的核心就是将要素的弹性转换为对应要素的成本份额，而成本均衡假设和价格均衡假设只能得出在均衡点上要素的弹性份额等同于对应要素的成本份额。[①] 解决这个问题的关键就是规模报酬不变假设。规模报酬不变假设使得要素的产出弹性成为对应要素的成本份额。能不能舍弃规模报酬不变假设呢？由于要遍历应考察的足够长的时间周期 t，经济活动过程可能会遭遇经济繁荣时期、经济停滞时期、经济衰退时期或经济萧条时期，规模报酬不变假设的有效性就值得怀疑。

回到著名的 Solow 经济增长方程，一旦规模报酬不变假设的有效性有疑问时，我们可以将式 (3) 改写如下：

$$\frac{dy}{y}\bigg|_{y=f(x^T,t)} = \left\{ \frac{d\lambda_T}{\lambda_T}\bigg|_{y=f(x^T,t)} + \sum_{i=1}^{n}\left[\alpha_i(x^T,\ y,\ t) - \frac{\alpha_i(x^T,\ y,\ t)}{\alpha(x^T,\ y,\ t)}\right]\bigg|_{y=f(x^T,t)}\frac{dx_i}{x_i}\right\}$$

$$+ \sum_{i=1}^{n}\left[\frac{\alpha_i(x^T,\ y,\ t)}{\alpha(x^T,\ y,\ t)}\right]\bigg|_{y=f(x^T,t)}\frac{dx_i}{x_i} \tag{7}$$

这样一来，在规模报酬不变假设的有效性得不到保证的条件下，如果我们仍旧采用 Jorgenson 教授的方法进行测算，那么得到的就不是全要素生产率增长率 $\frac{d\lambda_T}{\lambda_T}\big|_{y=f(x^T,t)}$，而是一个更为复杂的表达式，即

$$\left\{ \frac{d\lambda_T}{\lambda_T}\bigg|_{y=f(x^T,t)} + \sum_{i=1}^{n}\left[\alpha_i(x^T,\ y,\ t) - \frac{\alpha_i(x^T,\ y,\ t)}{\alpha(x^T,\ y,\ t)}\right]\bigg|_{y=f(x^T,t)}\frac{dx_i}{x_i}\right\} \tag{8}$$

表达式 (8) 的经济含义是什么，这是值得探索的。根据表达式 (7) 和表达式 (8)，利用余值法的方法就得到：

$$\frac{d\lambda_T}{\lambda_T}\bigg|_{y=f(x^T,t)} + \sum_{i=1}^{n}\left[\alpha_i(x^T,\ y,\ t) - \frac{\alpha_i(x^T,\ y,\ t)}{\alpha(x^T,\ y,\ t)}\right]\bigg|_{y=f(x^T,t)}\frac{dx_i}{x_i}$$

$$= \frac{dy}{y}\bigg|_{y=f(x^T,t)} - \sum_{i=1}^{n}\frac{\alpha_i(x^T,\ y,\ t)}{\alpha(x^T,\ y,\ t)}\bigg|_{y=f(x^T,t)}\frac{dx_i}{x_i}$$

$$= \sum_{i=1}^{n}\frac{\alpha_i(x^T,\ y,\ t)}{\alpha(x^T,\ y,\ t)}\bigg|_{y=f(x^T,t)}\left(\frac{dy}{y} - \frac{dx_i}{x_i}\right)\bigg|_{y=f(x^T,t)} \tag{9}$$

但是，

$$\frac{dy}{y}\bigg|_{y=f(x^T,t)} - \frac{dx_i}{x_i} = \frac{d\left(\frac{y}{x_i}\right)}{\left(\frac{y}{x_i}\right)}\bigg|_{y=f(x^T,t)} \qquad (i = 1,\ 2,\ \cdots,\ n)$$

定义 i 要素生产率 $\lambda_i = \frac{y}{x_i}\big|_{y=f(x^T,t)}$ $(i = 1,\ 2,\ \cdots,\ n)$，上式就化为

---

① 由价格均衡假设或成本均衡假设得出要素的弹性份额等同于对应要素的成本份额的过程详见下面的讨论。

$$\frac{dy}{y}\bigg|_{y=f(x^T,t)} - \frac{dx_i}{x_i} = \frac{d\lambda_i}{\lambda_i}\bigg|_{y=f(x^T,t)} \quad (i = 1, 2, \cdots, n)$$

将其代入式（9）就得到

$$\frac{d\lambda_T}{\lambda_T}\bigg|_{y=f(x^T,t)} + \sum_{i=1}^{n}\left[\alpha_i(x^T, y, t) - \frac{\alpha_i(x^T, y, t)}{\alpha(x^T, y, t)}\right]\bigg|_{y=f(x^T,t)}\frac{dx_i}{x_i}$$

$$= \sum_{i=1}^{n}\frac{\alpha_i(x^T, y, t)}{\alpha(x^T, y, t)}\bigg|_{y=f(x^T,t)}\frac{d\lambda_i}{\lambda_i}\bigg|_{y=f(x^T,t)}$$

原来这个复杂的表达式的经济含义竟然是单要素生产率增长率的加权和，为了和全要素生产率增长率 $\dfrac{d\lambda_T}{\lambda_T}\bigg|_{y=f(x^T,t)}$ 区别起见，我们将单要素生产率增长率的加权和称为纯要素生产率增长率。记纯要素生产率（All Factors Productivity，AFP）为 λ_A，那么纯要素生产率增长率就是 $\dfrac{d\lambda_A}{\lambda_A}\bigg|_{y=f(x^T,t)}$，其定义是：

$$\frac{d\lambda_A}{\lambda_A}\bigg|_{y=f(x^T,t)} = \sum_{i=1}^{n}\frac{\alpha_i(x^T, y, t)}{\alpha(x^T, y, t)}\bigg|_{y=f(x^T,t)}\frac{d\lambda_i}{\lambda_i}\bigg|_{y=f(x^T,t)} \tag{10}$$

于是那个复杂的表达式可化为

$$\frac{d\lambda_T}{\lambda_T}\bigg|_{y=f(x^T,t)} + \sum_{i=1}^{n}\left[\alpha_i(x^T, y, t) - \frac{\alpha_i(x^T, y, t)}{\alpha(x^T, y, t)}\right]\bigg|_{y=f(x^T,t)}\frac{dx_i}{x_i} = \frac{d\lambda_A}{\lambda_A}\bigg|_{y=f(x^T,t)}$$

改写式（7）就得到修正的 Solow 经济增长方程：

$$\frac{dy}{y}\bigg|_{y=f(x^T,t)} = \frac{d\lambda_A}{\lambda_A}\bigg|_{y=f(x^T,t)} + \sum_{i=1}^{n}\frac{\alpha_i(x^T, y, t)}{\alpha(x^T, y, t)}\bigg|_{y=f(x^T,t)}\frac{dx_i}{x_i} \tag{11}$$

三、价格均衡假设

Jorgenson 教授在论述他的测算方法时，常常先从价格均衡假设入手。为此，我们先考察价格均衡假设。

前面说过，对于每一个时间周期 t，在生产函数 $y = f(x^T, t)$ 描述的经济活动过程达到价格均衡时，存在均衡点 $x^T(w^T, p, t) \in D(f(x^T, t))$ 和 $y(w^T, p, t) \in R(f(x^T, t))$，使得

$$\pi(w^T, p, t) = py(w^T, p, t) - w^T x(w^T, p, t) \tag{12}$$

而且根据 Kuhn-Tucker 条件，[①] 可以得到

$$y(w^T, p, t) = f(x^T(w^T, p, t), t)$$

以及

$$\frac{\partial f(x^T, t)}{\partial x_i}\bigg|_{x^T = x^T(w^T, p, t)} = \frac{w_i}{p} \quad (i = 1, 2, \cdots, n)$$

---

① 参见文末所列参考文献 [3] 和 [4]。

由此得到

$$\alpha_i(x^T,\ y,\ t)\Big|_{\substack{x^T=x^T(w^T,p,t)\\y=y(w^T,p,t)}}=\frac{w_i x_i(w^T,\ p,\ t)}{py(w^T,\ p,\ t)}\quad(i=1,\ 2,\ \cdots,\ n)$$

对上式关于 i 求和，就得到

$$\alpha(x^T,\ y,\ t)\Big|_{\substack{x^T=x^T(w^T,p,t)\\y=y(w^T,p,t)}}=\frac{w^T x(w^T,\ p,\ t)}{py(w^T,\ p,\ t)}\qquad\qquad(13)$$

从而得到

$$\frac{\alpha_i(x^T,\ y,\ t)}{\alpha(x^T,\ y,\ t)}\Big|_{\substack{x^T=x^T(w^T,p,t)\\y=y(w^T,p,t)}}=\frac{w_i x_i(w^T,\ p,\ t)}{w^T x(w^T,\ p,\ t)}\quad(i=1,\ 2,\ \cdots,\ n)$$

这就是说，在每一个时间周期 t，在生产函数 $y=f(x^T,\ t)$ 描述的经济活动过程达到价格均衡时，在均衡点上要素的弹性份额等于对应要素的成本份额。考虑到这时候，如果在每一个时间周期 t，在生产函数 $y=f(x^T,\ t)$ 描述的经济活动过程能够保证达到规模报酬不变的状态，即

$$\alpha(x^T,\ y,\ t)\Big|_{\substack{x^T=x^T(w^T,p,t)\\y=y(w^T,p,t)}}=1\qquad\qquad(14)$$

这就得到

$$\alpha_i(x^T,\ y,\ t)\Big|_{\substack{x^T=x^T(w^T,p,t)\\y=y(w^T,p,t)}}=\frac{w_i x_i(w^T,\ p,\ t)}{w^T x(w^T,\ p,\ t)}\quad(i=1,\ 2,\ \cdots,\ n)$$

这意味着在每一个时间周期 t，在生产函数 $y=f(x^T,\ t)$ 描述的经济活动过程达到价格均衡时，在均衡点上要素的弹性等于对应要素的成本份额。换句话说，只要规模报酬不变假设和价格均衡假设的有效性得到保证，就可以得到 Jorgenson 教授建立的全要素生产率增长率测算方法。这个事实确实令人错愕，但至少说明了 Jorgenson 教授建立全要素生产率增长率的测算方法所做的三条假设是过多了，因为这时我们只使用了规模报酬不变假设和价格均衡假设。为此，我们先考察价格均衡假设的有效性，以便保留更多的选择。

根据式（13）和式（14），我们得到

$$py(w^T,\ p,\ t)=w^T x(w^T,\ p,\ t)$$

根据式（12），这将导致

$$\pi(w^T,\ p,\ t)=0$$

这意味着在每一个时间周期 t，在生产函数 $y=f(x^T,\ t)$ 描述的经济活动过程达到价格均衡而且保持规模报酬不变假设有效时，生产函数 $y=f(x^T,\ t)$ 描述的经济活动过程实际上实现的是在价值上的简单再生产过程。要求在遍历每一个时间周期 t，都能实现在价值上的简单再生产过程，这是相当困难的，而且大体上是不太可能实现的。

值得注意的是式（13）等号右端的表达式，它正是 Divisia 生产率指数 λ_D 的倒数。按定义，$\lambda_D=\dfrac{py}{w^T x}$。因此，式（13）的含义就是：在价格均衡的均衡点上有：

$$\alpha(x^T,\ y,\ t)\Big|_{\substack{x^T=x^T(w^T,p,t)\\y=y(w^T,p,t)}}\cdot\lambda_D\Big|_{\substack{x^T=x^T(w^T,p,t)\\y=y(w^T,p,t)}}=1$$

如果在价格均衡的均衡点上规模报酬不变或者规模弹性是某个常数，那么将在价格

均衡的均衡点上导致

$$d\lambda_D\Big|_{\substack{x^T=x^T(w^T,p,t)\\y=y(w^T,p,t)}}=d\frac{py}{w^Tx}\Big|_{\substack{x^T=x^T(w^T,p,t)\\y=y(w^T,p,t)}}=0$$

将上述微分式展开就可以得到

$$\frac{d\lambda_A}{\lambda_A}\Big|_{\substack{x^T=x^T(w^T,p,t)\\y=y(w^T,p,t)}}=-\left[\frac{dp}{p}-\sum_{i=1}^{n}\frac{w_ix_i}{w^Tx}\Big|_{\substack{x^T=x^T(w^T,p,t)\\y=y(w^T,p,t)}}\cdot\frac{dw_i}{w_i}\right]$$

注意到，当规模报酬不变时

$$\frac{d\lambda_A}{\lambda_A}\Big|_{\substack{y=f(w^T,t)\\\alpha(x^T,y,t)}}=\frac{d\lambda_T}{\lambda_T}\Big|_{y=f(x^T,t)}$$

即纯要素生产率增长率的数值等同于全要素生产率增长率的数值。这说明，在规模报酬不变假设有效的条件下，在价格均衡的均衡点上将导致全要素生产率增长率的数值取决于产出价格增长率与投入要素价格增长率的加权平均值之差的负值。这是不能接受的。由此可见，规模报酬不变假设与价格均衡假设相结合会导致荒谬的结果，这反证了Jorgenson 教授建立的全要素生产率增长率测算方法具有重大的缺陷，是不能忽视的，其原因就是将规模报酬不变假设与价格均衡假设同时加诸动态生产函数之上造成的结果。要建立新的测算方法必须舍弃这两条假设。

四、成本均衡假设

我们再来讨论成本均衡假设。对于每一个时间周期 t，成本函数 $C(w^T, y, t)$ 存在的含义是对于每一个时间周期 t，投入要素价格向量 w^T 和产出 $y \in R(f(x^T, t))$，存在均衡点

$$x^T(w^T,\ y,\ t)\in Df(x^T,\ t)$$

使得

$$C(w^T,\ y,\ t)=w^Tx(w^T,\ y,\ t)$$

而且根据 Kuhn-Tucker 条件，可以得到

$$y=f(x^T(w^T,\ y,\ t),\ t)$$

以及

$$\frac{\dfrac{\partial y}{\partial x_i}\Big|_{\substack{y=f(x^T,t)\\x^T=x^T(w^T,y,t)}}}{\dfrac{\partial y}{\partial x_j}\Big|_{\substack{y=f(x^T,t)\\x^T=x^T(w^T,y,t)}}}=\frac{w_i}{w_j}\quad(i,\ j=1,\ 2,\ \cdots,\ n)$$

从而得到

$$\frac{\alpha_i(x^T,\ y,\ t)\Big|_{\substack{y=f(x^T,t)\\x^T=x^T(w^T,y,t)}}}{\alpha_j(x^T,\ y,\ t)\Big|_{\substack{y=f(x^T,t)\\x^T=x^T(w^T,y,t)}}}=\frac{w_ix_i(w^T,\ y,\ t)}{w_jx_j(w^T,\ y,\ t)}\quad(i,\ j=1,\ 2,\ \cdots,\ n)$$

于是可以推得

$$\frac{\alpha_i(x^T,\ y,\ t)\big|_{\substack{y=f(x^T,t)\\x^T=x^T(w^T,y,t)}}}{\alpha(x^T,\ y,\ t)\big|_{\substack{y=f(x^T,t)\\x^T=x^T(w^T,y,t)}}}=\frac{w_i x_i(w^T,\ y,\ t)}{w^T x(w^T,\ y,\ t)},\ (i=1,\ 2,\ \cdots,\ n)$$

这样我们又得到了要素的弹性份额等于对应要素的成本份额。

回到修正的 Solow 经济增长方程：

$$\frac{dy}{y}\big|_{y=f(x^T,t)}=\frac{d\lambda_A}{\lambda_A}\big|_{y=f(x^T,t)}+\sum_{i=1}^{n}\frac{\alpha_i(x^T,\ y,\ t)}{\alpha(x^T,\ y,\ t)}\big|_{y=f(x^T,t)}\frac{dx_i}{x_i}$$

这样，在每一个时间周期 t，由生产函数 $y=f(x^T,\ t)$ 描述的经济活动过程只需要满足成本均衡假设有效性的条件就足够了：修正的 Solow 经济增长方程（11）的每一项都可以分别独立计算，其中产出增长率 $\frac{dy}{y}\big|_{y=f(x^T,t)}$ 是不必说了，而成本均衡假设的有效性保证在成本函数的均衡点 $x^T(w^T,\ y,\ t)\in Df(x^T,\ t)$ 上使得

$$\frac{\alpha_i(x^T,\ y,\ t)\big|_{\substack{y=f(x^T,t)\\x^T=x^T(w^T,y,t)}}}{\alpha(x^T,\ y,\ t)\big|_{\substack{y=f(x^T,t)\\x^T=x^T(w^T,y,t)}}}=\frac{w_i x_i(w^T,\ y,\ t)}{w^T x(w^T,\ y,\ t)},\ (i=1,\ 2,\ \cdots,\ n)$$

从而得到

$$\frac{d\lambda_A}{\lambda_A}\big|_{\substack{y=f(x^T,t)\\x^T=x^T(w^T,y,t)}}=\sum_{i=1}^{n}\frac{w_i x_i(w^T,\ y,\ t)}{w^T x(w^T,\ y,\ t)}\frac{d\lambda_i}{\lambda_i}\big|_{\substack{y=f(x^T,t)\\x^T=x^T(w^T,y,t)}}$$

$$\sum_{i=1}^{n}\left[\frac{\alpha_i(x^T,\ y,\ t)}{\alpha(x^T,\ y,\ t)}\right]\frac{dx_i}{x_i}\big|_{\substack{y=f(x^T,t)\\x^T=x^T(w^T,y,t)}}=\sum_{i=1}^{n}\left[\frac{w_i x_i(w^T,\ y,\ t)}{w^T x(w^T,\ y,\ t)}\right]\frac{dx_i}{x_i}\big|_{\substack{y=f(x^T,t)\\x^T=x^T(w^T,y,t)}}$$

由此看来，修正的 Solow 经济增长方程（11）的每一项在成本均衡假设有效性的条件下，确实都可以分别独立计算。相对于原来 Jorgenson 教授建立的全要素生产率增长率有重大缺陷的测算方法，我们在这里依据修正的 Solow 经济增长方程（11）改进了 Jorgenson 教授的测算方法，这个改进的测算方法可以称为修正的 Jorgenson 教授生产率增长率测算方法。

五、新测算方法的几点结论

前面的论证说明，Jorgenson 教授建立的全要素生产率增长率的测算方法有重大缺陷。他建立的全要素生产率增长率测算方法所依据的三条假设中，规模报酬不变假设和价格均衡假设将导致经济上无法接受的结论，即全要素生产率增长率等同于产出价格增长率与投入价格增长率加权平均值之差的负值。这是颠覆性的，从而修正 Jorgenson 教授建立的测算方法是非常必要的。我们在这里建立的修正的测算方法有如下的特点：

（1）原来的测算方法需要三条假设，即规模报酬不变假设、成本均衡假设和价格均衡假设，而且其中的两条假设（即规模报酬不变假设和价格均衡假设）将导致经济上不能接受的结论。修正的测算方法只需要一条假设即成本均衡假设。因此，修正的测算方法更能适应实际的经济活动过程。

（2）按照原来的测算方法估计的"增长余值"即全要素生产率增长率实际上是纯要

素生产率增长率，即修正的测算方法修正了原来的测算方法估计目标的"错误"。

（3）原来的测算方法除了有重大缺陷以外，在估计"增长余值"时需要采用"余值法"。修正的测算方法可以直接估计"增长余值"——纯要素生产率增长率，即单要素生产率增长率的加权和。

（4）由于修正的 Solow 经济增长方程（11）的各项都可以直接估计，在排除因源于用差分代替微分产生的误差后提供了对于成本均衡假设进行假设检验的可能更可靠的途径。

（5）在修正的 Solow 经济增长方程（11）中作为"增长余值"的纯要素生产率增长率是以显式表达式表示的，因而对于原来的测算方法估计的"增长余值"即全要素生产率增长率进行的解释只能是"外生性"的或者说是"主观性"的成分更多一些；对于修正的 Solow 经济增长方程（11）中作为"增长余值"的纯要素生产率增长率进行的解释则完全是"内生性"的或者说更为客观一些。同时，纯要素生产率增长率是表示为单要素生产率增长率的加权和，就可以进一步分析各类投入要素的生产率增长率对于"增长余值"的贡献状况。

（6）由于纯要素生产率增长率被表示为单要素生产率增长率的加权和，不仅可以进行比较可靠的投入结构的分析，而且可以对单要素生产率增长率的"增长源"进行更详尽细致的分析。

（7）值得注意的是，在推导修正的 Solow 经济增长方程（11）的过程中，除了需要满足生产函数的一般条件之外丝毫没有涉及生产函数的具体形式，从而更能够适应经济活动过程的各种不同状况，因而修正的测算方法避免了生产函数具体形式的选择困境或选择不当而导致影响估计值的可靠性。

以上只是针对 Jorgenson 教授关于全要素生产率增长率测算方法的重大缺陷进行了修正，在修正的过程中吸收了 Jorgenson 教授关于全要素生产率增长率测算方法中的精华内核，即要素的产出弹性与要素的成本份额之间的数量关系，因此，与其说是否定了 Jorgenson 教授关于全要素生产率增长率的测算方法，不如说是发展了 Jorgenson 教授关于全要素生产率增长率的测算方法。

下面运用纯要素生产率（AFP）方法测算 1978~2007 年中国 TFP 变化的规律性及其对经济增长的贡献，并与运用索洛余值方法的测算结果进行对比分析。

(一) 纯要素生产率具体测算方法

总产出数据序列为：Y_t（$t = 0$, 1, 2, …），$t = 0$ 是基年；

劳动投入数据序列为：L_t（$t = 0$, 1, 2, …）；

劳动者报酬数据序列为：$w_{L_t} L_t$（$t = 0$, 1, 2, …）；

资本投入数据序列为：K_t（$t = 0$, 1, 2, …）；

资本服务费用数据序列为：$w_{K_t} K_t$（$t = 0$, 1, 2, …）；

劳动生产率数据序列为：$\lambda_{L_t} = \dfrac{Y_t}{L_t}$（$t = 0$, 1, 2, …）；

资本生产率数据序列为：$\lambda_{K_t} = \dfrac{Y_t}{K_t}$（$t = 0$, 1, 2, …）；

t 年的经济增长率为：$\dfrac{Y_t - Y_{t-1}}{Y_{t-1}}$（t = 1，2，…）。

根据纯要素生产率的定义，可以推导出 t 年的纯要素生产率增长率为：

$$\frac{\lambda_{A_t} - \lambda_{A_{t-1}}}{\lambda_{A_{t-1}}} = \frac{w_{L_t} L_t}{w_{L_t} L_t + w_{K_t} K_t} \frac{\lambda_{L_t} - \lambda_{L_{t-1}}}{\lambda_{L_{t-1}}} + \frac{w_{K_t} K_t}{w_{L_t} L_t + w_{K_t} K_t} \frac{\lambda_{K_t} - \lambda_{K_{t-1}}}{\lambda_{K_{t-1}}} \quad (t = 1，2，…)$$

t 年的技术进步（纯要素生产率增长率）对经济增长的贡献率为：

$$\frac{\dfrac{\lambda_{A_t} - \lambda_{A_{t-1}}}{\lambda_{A_{t-1}}}}{\dfrac{Y_t - Y_{t-1}}{Y_{t-1}}} \times 100\% \quad (t = 1，2，…)$$

作为测算参照的 TFP 测算方法，我们采用索洛余值方法，通过计算增长核算方程余值来测算 TFP。这是国内外学术界在对总量层次生产率增长的实证研究中长期沿用的经典方法。

$$\Delta \ln Y = S_K \Delta \ln K + S_L \Delta \ln L + \Delta \ln \varphi \tag{15}$$

其中，$\Delta \ln Y$ 是产出增长率，$\Delta \ln K$ 是资本投入增长率，$\Delta \ln L$ 是劳动投入增长率，$\Delta \ln \varphi$ 是生产率增长率，S_K 和 S_L 是权数，假设要素投入规模报酬不变，$S_K + S_L = 1$。S_K 是资本报酬占 GDP 的份额，S_L 为劳动报酬占 GDP 的份额。

（二）数据说明和测算周期的选择

（1）总产出数据采用不变价（1978=100 的平减指数）的总量 GDP 数据。

（2）要素投入为资本投入和劳动投入。劳动投入数据采用劳动力人数，资本投入数据采用的是资本存量。资本存量是采用永续盘存法计算的各年固定资产投资的累计值，并将各年固定资产投资按固定资产投资价格指数平减，换算成以 1978 年为基年的可比资本投入。由于我国从 1992 年才开始公布逐年的固定资产投资价格指数，1978~1991 年各年的指数固定资产投资价格指数和定基指数是使用数学方法延伸得到的，其置信度为 96.4%。资本存量的计算方法是：

$$CS = CS_{-1} * (1 - \delta) + C \tag{16}$$

式中，CS 是资本存量，CS_{-1} 是上一年的资本存量，δ 是平均折旧率，C 是本年的固定资产投资。

（3）测算周期说明。如果是逐年测算技术进步的贡献率，在经济高速增长的年份，技术进步的贡献率将较高，而在经济增长缓慢或增长停滞的年份，技术进步的贡献率则会较低。因此，现在计算技术进步贡献率，一般都选择多年平均值的方法，可以减弱经济增长高低的影响，更可靠地反映技术进步贡献率的真实性。而如果测算周期的基年恰好处于经济周期的谷底而终年处于经济周期的峰顶（不一定是同一个经济周期），那么计算出来的技术进步贡献率的数值会较高；相反，如果测算周期的基年恰好是经济周期的峰顶而终年是经济周期的谷底，那么计算出来的技术进步贡献率的数值就会较低。

我们采用刘树成（2000）对中国经济周期的划分（见表 4），即第一个周期是 1977~1981 年，第二个周期是 1982~1986 年，第三个周期是 1987~1990 年，第四个周期是

1991~1999 年，第五个周期是 2000 年至今（尚未完成），分别测算全周期和各自周期的技术进步的变化率及其贡献率。由于中国的经济周期和宏观经济调控政策有较大的关联，因此我们按经济周期划分测算的技术进步变化率及其贡献率，也包含了政策因素的影响。

（三）运用纯要素生产率方法的实证分析结果

运用上述纯要素生产率方法测算了 1978~2007 年全周期和 1978~1981 年、1982~1986 年、1987~1990 年、1991~1999 年、2001~2007 年五个子周期的纯要素生产率增长率、资本投入贡献率、劳动投入贡献率和纯要素生产率贡献率。

运用索洛余值方法测算了 1978~2007 年全周期和相应的五个子周期的 TFP 增长率、资本投入贡献率、劳动投入贡献率和 TFP 贡献率。

在运用纯要素生产率方法进行测算时，我们使用了规模报酬不变的假设条件。从测算的结构来看，两种方法测算的技术进步的变化及其对经济增长贡献非常相近，这也从实证方面验证了全要素生产率和纯要素生产率之间理论关系推导的结论。

（1）改革开放以来，中国的技术进步贡献率有了显著提高。改革开放以后，中国进入以满足市场需求为导向的工业化阶段，经济增长明显提速。在 1978~2007 年，按可比价计算的中国 GDP 增长了近 14.79 倍，年均增长 10.02%。中国的纯要素生产率有了显著提高，在 1978~2007 年纯要素生产率增长率为年均 3.97%（TFP 的增长率也为3.96%），对经济增长的贡献率达到 28.89%（TFP 的贡献率为 28.88%）。这说明中国经济效率不断改进，经济增长已经逐步转向依靠技术进步和劳动者素质的提高。

1991~1999 年纯要素生产率增长率最高，达到 5.35%（TFP 的增长率为 5.43%），对经济增长的贡献率也最高，达到 48.27%（TFP 的贡献率为 48.89%）。其次是 1982~1986年纯要素生产率增长率为 4.52%（TFP 的增长率为 4.68%），对经济增长的贡献率达到37.29%。2000~2007 年和 1978~1981 年纯要素生产率的增长率比较接近，分别为 3.18%和 3.44%（TFP 的增长率为 3.07% 和 3.56%），对经济增长的贡献率分别为 32.24% 和31.33%（相应的 TFP 的贡献率分别为 34.19% 和 32.32%）。1987~1990 年纯要素生产率增长率最低，为 –0.04%（TFP 的增长率为 –0.3%），对经济增长的贡献率也最低，为 –33.77%（TFP 的贡献率为 –41.29），见表 1 至表 3。

表 1　1978~2007 年资本投入、劳动投入、TFP 和纯要素生产率增长率

单位：%

年　份	GDP 年均增长率	资本投入年均增长率	劳动力投入年均增长率	TFP 增长率	纯要素生产率增长率
1978~1981	8.75	7.65	2.88	3.56	3.44
1982~1986	11.48	10.84	3.24	4.68	4.52
1987~1990	7.68	9.79	6.18	–0.3	–0.04
1991~1999	10.68	9.91	1.09	5.43	5.35
2000~2001	9.99	12.13	0.95	3.07	3.18
1978~2007	10.02	10.43	2.31	3.96	3.97

资料来源：《中国固定资产投资统计数典（1950~2000）》，中国统计出版社 2002 年版；历年《中国统计年鉴》，中国统计出版社；历年《中国固定资产投资年鉴》，中国统计出版社。

表 2　1978~2007 年资本投入贡献率、劳动投入贡献率和纯要素生产率贡献率

单位：%

年　份	经济增长	资本投入贡献	劳动投入贡献	纯要素生产率贡献率
1978~1981	100	47.75	20.93	31.33
1982~1986	100	46.87	15.84	37.29
1987~1990	100	67.35	66.42	−33.77
1991~1999	100	45.87	5.86	48.27
2000~2007	100	63.04	4.72	32.24
1978~2007	100	53.93	17.18	28.89

资料来源：《中国固定资产投资统计数典（1950~2000）》，中国统计出版社 2002 年版；历年《中国统计年鉴》，中国统计出版社；历年《中国固定资产投资年鉴》，中国统计出版社。

表 3　1978~2007 年资本投入贡献率、劳动投入贡献率和 TFP 贡献率

单位：%

年　份	经济增长	资本投入贡献	劳动投入贡献	TFP 贡献率
1978~1981	100	46.99	20.69	32.32
1982~1986	100	46.04	15.5	38.47
1987~1990	100	69.4	71.89	−41.29
1991~1999	100	45.32	5.79	48.89
2000~2007	100	63.98	4.77	34.19
1978~2007	100	54.08	17.84	28.88

资料来源：《中国固定资产投资统计数典（1950~2000）》，中国统计出版社 2002 年版；历年《中国统计年鉴》，中国统计出版社；历年《中国固定资产投资年鉴》，中国统计出版社。

需要指出的是，生产率增长贡献率为负值和生产率增长率为负值是一致的。如果存在生产管理低效、设备生产能力和人力资源利用不充分等现象，就会造成各要素投入增长加权和的增长，大于产出增长率，生产率增长率就是负值。这并不表示生产过程没有科技进步，而是由于投入增长过快，掩盖了科技进步贡献的份额。这种现象在产业投资过热时经常会出现。

（2）中国技术进步变化率和经济增长的变化相一致，技术进步对经济增长起到了较大的推动作用。若按年度来看，1989 年和 1990 年的纯要素生产率增长率最低，分别为 −0.52% 和 −7.25%（相应年份的 TFP 增长率分别为 −0.62% 和 −8.35%），相应的纯要素生产率贡献率也最低，分别为 −12.76% 和 −189.04%（相应年份的 TFP 贡献率分别为 −15.37% 和 −217.95%），这两个年份的纯要素生产率低位运行是造成 1987~1990 年纯要素生产率贡献率为负值的主要因素。而这两个年份恰好处在第三个经济周期（1987~1990 年）的收缩期。

1992 年和 1973 年纯要素生产率增长率最高，分别为 9.34% 和 7.65%（TFP 增长率分别为 9.63% 和 7.95%），相应的纯要素生产率增贡献率分别为 65.58% 和 58.01%（TFP 的贡献率为 67.64% 和 60.28%）。这两个年份分别是第一个经济周期（1977~1981 年）和第四个经济周期（1991~1999 年）的扩张期，见表 4 至表 6。

表 4　五个经济周期的扩张和收缩阶段

周期	时期	扩张期	收缩期
第一个周期	1977~1981 年	1979~1980 年	1981 年
第二个周期	1982~1986 年	1982~1984 年	1985~1986 年
第三个周期	1987~1990 年	1987~1988 年	1989~1990 年
第四个周期	1991~1999 年	1991~1992 年	1993~1999 年
第五个周期	2000 至今	尚未结束	—

表 5　1979~2007 年资本投入、劳动投入、TFP 和纯要素生产率增长率

单位：%

年份	GDP 年均增长率	资本投入年均增长率	劳动力投入年均增长率	TFP 增长率	纯要素生产率增长率
1979	13.19	8.48	2.17	7.95	7.65
1980	7.81	7.49	3.26	2.48	2.40
1981	5.26	6.99	3.22	0.26	0.28
1982	9.01	8.79	3.59	3.01	2.90
1983	10.89	9.13	2.52	5.30	5.12
1984	15.18	10.82	3.79	8.13	7.71
1985	13.47	12.66	3.48	5.64	5.42
1986	8.86	12.79	2.83	1.32	1.44
1987	11.57	12.58	2.93	3.99	3.90
1988	11.27	12.29	2.94	3.79	3.72
1989	4.07	7.70	1.83	−0.62	−0.52
1990	3.83	6.60	17.03	−8.35	−7.25
1991	9.19	6.89	1.15	5.30	5.18
1992	14.24	8.22	1.01	9.63	9.34
1993	13.94	10.65	0.99	8.19	7.97
1994	13.09	11.50	0.97	6.98	6.84
1995	10.93	11.21	0.90	5.17	5.14
1996	10.01	11.07	1.30	4.03	4.02
1997	9.28	9.86	1.26	4.14	4.11
1998	7.83	10.54	1.17	2.48	2.55
1999	7.63	9.22	1.07	2.97	2.99
2000	8.42	9.19	0.97	3.67	3.66
2001	8.30	9.53	1.30	3.01	3.01
2002	9.09	10.68	0.98	3.47	3.51
2003	10.02	12.82	0.94	3.10	3.21
2004	10.08	14.20	1.03	2.42	2.63
2005	10.43	15.60	0.83	0.95	1.32
2006	11.65	10.00	0.76	5.40	5.28
2007	11.93	15.00	0.77	2.59	2.80

表 6　1979~2007 年资本投入、劳动投入、纯要素生产率和 TFP 对经济增长的贡献率

单位：%

年份	经济增长	纯要素生产率方法测算			索洛余值方法测算		
		资本投入贡献	劳动投入贡献	纯要素生产率贡献率	资本投入贡献	劳动投入贡献	TFP 贡献率
1979	100	33.04	8.94	58.01	31.26	8.46	60.28
1980	100	47.62	21.69	30.69	46.88	21.35	31.77
1981	100	62.58	32.14	5.27	62.83	32.27	4.90
1982	100	46.10	21.74	32.16	45.28	21.35	33.37
1983	100	40.20	12.78	47.03	38.95	12.38	48.67
1984	100	35.01	14.21	50.78	33.04	13.41	53.55
1985	100	45.76	13.97	40.27	44.51	13.59	41.90
1986	100	67.28	16.48	16.24	68.40	16.76	14.85
1987	100	53.10	13.21	33.69	52.44	13.04	34.51
1988	100	53.42	13.54	33.04	52.94	13.42	33.64
1989	100	90.20	22.56	−12.76	92.28	23.09	−15.37
1990	100	72.66	216.38	−189.04	79.93	238.02	−217.95
1991	100	36.93	6.70	56.37	35.84	6.51	57.66
1992	100	30.65	3.78	65.58	28.81	3.55	67.64
1993	100	39.09	3.74	57.16	37.65	3.61	58.75
1994	100	43.87	3.88	52.26	42.89	3.79	53.32
1995	100	48.62	4.40	46.98	48.34	4.37	47.29
1996	100	53.11	6.76	40.13	53.04	6.75	40.21
1997	100	48.24	7.50	44.26	47.95	7.46	44.59
1998	100	59.32	8.15	32.53	60.13	8.26	31.61
1999	100	52.99	7.82	39.19	53.22	7.85	38.93
2000	100	50.27	6.23	43.50	50.18	6.21	43.60
2001	100	55.66	8.07	36.27	55.72	8.08	36.20
2002	100	55.82	5.60	38.59	56.14	5.63	38.23
2003	100	63.37	4.56	32.06	64.48	4.64	30.88
2004	100	68.99	4.94	26.08	70.95	5.08	23.97
2005	100	84.16	3.17	12.67	87.64	3.30	9.06
2006	100	52.00	2.69	45.31	51.00	2.64	53.20
2007	100	74.06	2.51	23.43	75.74	2.57	38.39

　　总体上看，在经济增长的扩张期，纯要素生产率的增长率及其贡献率都比较高，而在经济增长的收缩期，纯要素生产率的增长率及其贡献率比较低。由此可以看出纯要素生产率的变化和经济增长的变化是同一趋势变化的，也就是说，技术进步对经济增长起到了较大的推动作用。

　　（3）纯要素生产率的变化趋势出现了涨跌互现的波动情形。若分阶段来考察，在中

国改革开放的初期、中期和后期，纯要素生产率的变化趋势出现了涨跌互现的波动情形。

1978~1986 年中国的纯要素生产率出现平稳上升的趋势，1987~1990 年出现大幅度的下降，1991~1999 年纯要素生产率的变化出现快速攀升的势头，2000~2007 年出现平稳下降的趋势。

在我国改革开放初期阶段，即 1978~1986 年，中国的纯要素生产率处于稳步上升的阶段。这主要是由于计划经济向市场经济转轨过程中的一系列制度创新释放了中国的技术效率潜力，加上技术水平的提高，从而改善了中国的纯要素生产率。

1987~1990 年纯要素生产率对经济增长的贡献出现负值，其主要原因在于这一时期的技术进步偏低，加上当时的市场疲软，造成经济生产能力利用水平与技术效率低下，资源配置不尽合理。

1991~1999 年纯要素生产率对经济增长的贡献大幅攀升。一方面是由于 20 世纪 90 年代中国加大了改革力度，国有企业大规模裁减在岗职工，企业的技术进步和技术效率得到较大的提升；另一方面是中国高新技术产业的快速发展，促进了传统产业的改造，整体上提升了技术进步的水平。

进入 21 世纪，中国的生产率增长出现了下降趋势。2004~2005 年，在保持高速增长的条件下仍出现生产率下滑的情况，这说明技术潜力未能得到很好的利用。

（4）中国经济增长主要依赖于资本投入的积累和适度的技术进步，是投入型的增长方式。根据我们的测算结果，1978~2007 年，我国要素投入对经济增长的贡献率高达 70.32%，其中资本的贡献率为 53.09%。表明我国经济增长主要是由资本投入的积累和适度的技术进步驱动的，是一种典型的投入型增长方式。

与 1987~1990 年和 2000~2007 年纯要素贡献率下滑的趋势相对照，资本的贡献率分别高达 67.35% 和 59.98%，投资过度和消费需求不足是纯要素生产率历次下降的主要原因。

从投入方面看，中国纯要素生产率增幅下降的主要原因是投资过度造成的生产能力利用率的下降。中国的经济增长长期是以资本的大量投入为基础的粗放型增长，1987~1990 年和 2000~2007 年的经济增长更加突出了这个特点。

从产出方面看，由于人均收入增长减缓和消费倾向减弱等方面的原因，中国自 20 世纪 90 年代以来一直存在消费需求不足的问题。中国纯要素生产率增长缓慢主要是由于消费需求不足降低了经济增长速度，使 GDP 增长低于其潜在增长率。在消费需求不足的情况下，中国的增长更多地依靠投资来拉动，这是导致中国高投资率及资本过度深化的直接原因。

这两方面的因素集中体现在中国长期保持过高的资本形成率上。中国的资本形成率一直高于其他发展中国家，也高于发达国家。这种失衡的投资与消费比率可以很好地解释中国生产率增长的状况。

（5）纯要素生产率的变化趋势与我国当前经济发展阶段较为适应，比较符合经济增长方式转变的阶段性规律。在我国经济发展的初级阶段，乃至今后的一段时期内，我国的经济增长仍将主要依赖于要素投入的增长，但也应认识到提高纯要素生产率增长对保持经济长期持续增长的重要性。今后应增强自主创新能力，加速人力资源开发，加快技术进步，同时优化资源配置，促进经济增长方式的转变，提高纯要素生产率。

（四）实证分析的主要结论

研究中国改革开放以后技术进步的变化趋势，对于理解中国经济存在的问题，改进中国经济增长的质量，使中国经济健康持续发展，具有很强的现实意义。尽管有关中国技术进步的定量研究文献非常丰富，但由于各位学者对技术进步的含义、测算方法的设定、要素投入数据的测算、指数和参数的选择、计算周期的划分等方面的认识不一致，导致了对中国技术进步的变化率及其贡献率的研究结果相差甚远。

纯要素生产率的实质是各要素生产率的加权和，利用纯要素生产率方法进行测算时，除了一般生产函数的条件以外，并不要求生产函数是技术进步中性的、规模报酬不变的和生产者均衡，而且不需要具体的生产函数形式，可以直接计算，因此建议采用纯要素生产率增长率作为测算技术进步贡献率的出发点。

利用纯要素生产率测算方法的实证研究结果表明，改革开放以来，纯要素生产率的贡献率有了显著提高，但纯要素生产率的变化趋势出现了涨跌互现的波动情形。中国技术进步的变化和经济增长的变化相一致，技术进步对经济增长起到了较大的推动作用。

中国经济增长方式是投入型的增长方式，主要是由资本投入的积累和适度的技术进步驱动的，投资过度和消费需求不足是纯要素生产率历次下降的主要原因。纯要素生产率的变化趋势与我国当前经济发展阶段较为适应，比较符合经济增长方式转变的阶段性规律。

[参考文献]

［1］Dale W. Jorgenson, Frank M. Gollop & Barbara M. Fraumeni. Productivity and U.S. Economic Growth, Harvard University Press, 1987. 中文译本：李京文，汪同三，钟学义等译. 生产率与美国经济增长. 经济科学出版社，1989.

［2］李京文，［美］D. 乔根森，郑友敬，［日］黑田昌裕等. 生产率与中美日经济增长研究. 中国社会科学出版社，1993.

［3］程麟趾编. 非线性规划. 载现代工程数学手册编委会编. 现代工程数学手册. 第 V 卷. 华中理工大学出版社，1990.

［4］章祥荪. 非线性规划. 载徐光辉主编. 运筹学基础手册. 科学出版社，1999.

［5］OECD. 生产率测算手册. 科学技术文献出版社，2007.

第二章 改变最终产品结构对产业结构变动影响的模拟分析[*]

沈利生

一、引言

最终产品包括消费、资本形成（简称投资）、出口，最终产品结构是指消费、投资、出口分别占最终产品的比重。产业结构（即三次产业结构）是指三次产业增加值分别占国内生产总值的比重。最终产品是需求方，三次产业是供给方，最终产品结构与三次产业结构之间存在着非常密切的关系。

我国"十一五"规划提出，到 2010 年第三产业增加值占国内生产总值的比重要比 2005 年增加 3 个百分点。2005 年第三产业的比重是 40.1%，要实现 5 年增加 3 个百分点，平均每年就要增加 0.6 个百分点。实际情况是，2006 年和 2007 年第三产业的比重分别为 40.0% 和 40.1%。[①] 也就是说，经过两年的发展，第三产业的比重差不多没有改变，这与"十一五"规划的目标有着相当大的差距，或者说要达到"十一五"规划目标有着相当大的难度。难在什么地方呢？实际上是难在最终产品结构的调整。

在市场经济中，商品的供给量通常大于需求量，故经济运行的均衡点主要由需求所决定。我国目前虽然仍处于向市场经济转变的过程中，但计划调节的作用越来越小，市场调节的作用越来越大，90%以上的商品生产取决于市场的需求。所以，在我国当前和今后相当长的时间内，是最终产品的结构决定了三次产业的结构。

进入 21 世纪以来，我国经济逐渐进入快速增长阶段，特别是 2003 年以来，国内生产总值年增长率都超过了 10%，如表 1 所示。不过，组成 GDP 的三次产业增加值的增长率却有较大差别，第一产业最低，第二产业最高，第三产业略低于第二产业。由于三次产业的增长率不同，其结果就是三次产业增加值占 GDP 的比重随之跟着改变。2000~2007 年，第一产业的比重从 15.1% 持续下降至 11.1%，下降 4.0 个百分点；第二产业的比重从 45.9% 上升至 48.5%，上升 2.6 个百分点；第三产业的比重从 39.0% 上升至 41.5% 再下降至 40.4%，上升 1.4 个百分点（见图 1）。第二产业的比重不断上升，与我国仍处

[*] 本文为 2009 年重点研究所资助课题。

① 国家统计局编：《中国统计摘要（2008）》，中国统计出版社 2008 年版，第 21 页。此处统计数字与《中国统计年鉴》（2007）略有不同。

于工业化时期有关，但绝不能忽视第三产业的发展。

表1 2000~2007年我国GDP与三次产业增长率、三次产业与最终需求结构

年份	GDP增长率	三次产业增长率			三次产业结构			最终需求结构		
		第一产业	第二产业	第三产业	第一产业	第二产业	第三产业	消费	资本形成	净出口
2000	8.4	2.4	9.4	9.7	15.1	45.9	39.0	62.3	35.3	2.4
2001	8.3	2.8	8.4	10.3	14.4	45.1	40.5	61.4	36.5	2.1
2002	9.1	2.9	9.8	10.4	13.7	44.8	41.5	59.6	37.9	2.6
2003	10.0	2.5	12.7	9.5	12.8	46.0	41.2	56.8	41.0	2.2
2004	10.1	6.3	11.1	10.1	13.4	46.2	40.4	54.3	43.2	2.5
2005	10.4	5.2	11.7	10.5	12.2	47.7	40.1	51.8	42.7	5.4
2006	11.6	5.0	13.0	12.1	11.3	48.7	40.0	49.9	42.6	7.5
2007	13.0	3.7	14.7	13.8	11.1	48.5	40.4	49.0	42.2	8.9

资料来源：《中国统计年鉴》（2009），中国统计出版社2009年版。

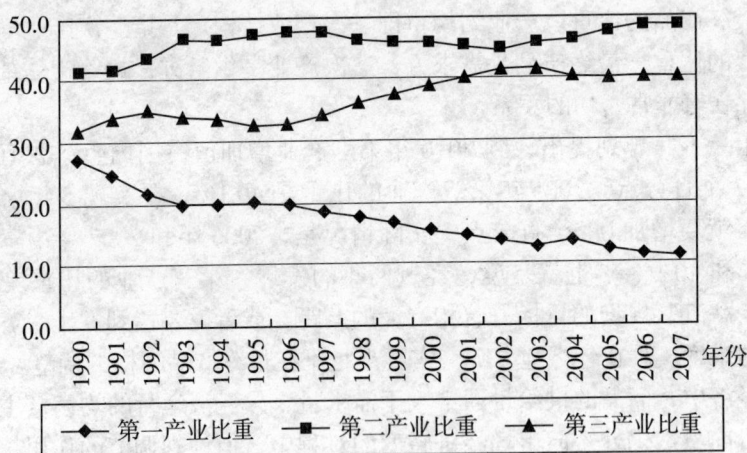

图1 1990~2007年我国三次产业结构的变化

从表面上看，三次产业结构的变化来源于三次产业增加值增长率的不同，追根溯源，却是来源于同期最终需求结构的变化（见表1）。2000~2007年，消费的比重从62.3%直线下降到49.0%，下降了13.3个百分点；资本形成的比重从35.3%基本上是直线上升再稍稍下降到42.2%，上升了6.9个百分点；净出口多年保持在略高于2%，到2007年上升为8.9%，上升了6.5个百分点。本文后面将进一步说明，资本形成中的投资品和净出口中的出口商品主要由第二产业各部门提供，正是投资和出口的快速增长主要拉动了第二产业的快速增长。消费品主要由第一、第三产业提供，当消费的增长速度较慢时，其拉动第一产业尤其是第三产业的增长速度就会慢些，这是第二产业增加值占GDP的比重持续上升，第一、第三产业增加值占GDP的比重不断下降的根本原因。

在市场经济条件下，要调整三次产业的结构，从根本上讲必须调整最终需求的结构。如果不考虑最终需求的结构，单纯从供给方出发调整三次产业结构是达不到调整目

标的。本文将通过定量分析最终需求结构与产业结构之间的变动关系，以此为实现产业结构调整目标而调整最终需求的结构提供思路。

拉动经济增长的三驾马车——消费、投资、出口的拉动作用很不均衡。2002~2006年，消费拉动的增加值比重从 51.0% 逐年下降到 41.4%，投资拉动的增加值比重稳定在 30% 左右，出口拉动的增加值比重则从 20.0% 逐年上升到 28.0%。这表明，消费的拉动力越来越小，经济发展越来越依赖于投资和出口，尤其是出口，其拉动力越来越大，经济的高速增长主要靠投资和出口的快速增长拉动所致（沈利生，2009）。[①] 如果这种趋势继续下去，实现三次产业结构的调整就可能遥不可及。

在已有文献中，论及我国产业结构调整的论文很多，论及最终需求结构调整的论文也很多，但把两种结构调整放到一起来讨论的论文却不多。本文的贡献是把最终需求结构和产业结构结合起来进行分析，定量探讨最终需求结构变动对产业结构变动的影响。并且强调指出，没有最终需求结构的调整，实现产业结构调整是不可能的。

把最终需求与产业结构联系到一起的工具是投入产出模型，它以投入产出表为基础。投入产出表包括三个象限：第 I 象限是中间产品流量，反映了各部门（行业）之间的生产技术联系；第 II 象限是最终需求（最终产品），包括消费、投资、出口，三者之间的比例关系就是最终需求结构；第 III 象限是增加值，反映了各部门（行业）的生产效果，一、二、三产业增加值之间的比例关系就是产业结构。所以，一张投入产出表全面反映了国民经济的运行过程，既包括了需求（第 II 象限），又包括了供给（第 III 象限），需求与供给之间通过第 I 象限的生产技术约束联系到一起。利用投入产出模型进行分析的逻辑是，最终需求（最终产品）拉动了各部门的总产出，进而拉动各部门产生相应的增加值。当最终需求的各组成部分发生变动时，就会引起各部门的增加值发生相应变动，三次产业结构跟着变动。我们所需要的就是弄清楚最终需求结构变动与三次产业结构变动之间的定量关系。

二、最终产品与产业增加值的对应关系

投入产出模型把最终产品与部门生产联系起来，其基本计算公式是：

$$X = (I - A)^{-1}(Y - M) \tag{1}$$

式（1）中的 X 是总产出，A 是直接消耗系数矩阵，Y 是最终产品，M 是进口。此处的矩阵 A 是利用竞争型投入产出表计算得出的。所谓竞争型投入产出表，就是在中间使用和最终使用中不区分国内产品和进口产品，一个流量中同时包含有两种产品而出现了"竞争"。这种竞争型表的投入产出模型不能直接用于分析和测算，因为在中间产品和最终产品（使用）中都有进口产品。当进口产品中有一部分直接作为最终产品时，因其未进入生产过程，故不会拉动产生增加值。必须先把国内产品和进口产品拆分开来，成为非竞争型投入产出表，如表 2 所示。表 2 中带上角 d 的表示国内产品，带上角 m 的表示进口产品，小写字母表示流量，大写字母表示合计。

---

① 沈利生. 三驾马车的拉动作用评估. 数量经济技术经济研究，2009（4）.

表 2 非竞争型投入产出简化表

	部门	中间使用 1 2 … n	最终使用 消费	最终使用 资本形成	最终使用 出口	最终使用 合计	进口	总产出
国内产品中间投入	1 2 ⋮ n	x_{ij}^d	c_i^d	in_i^d	ex_i^d	Y_i^d		X_i
进口产品中间投入	1 2 ⋮ n	x_{ij}^m	c_i^m	in_i^m	ex_i^m	Y_i^m	M_i	
增加值		V_j						
总投入		X_j						

下面根据表 2 中的相应符号推导国内最终产品与部门增加值之间的关系。写出行平衡式：

$$\sum_{j=1}^{n} x_{ij}^d + Y_i^d = X_i \quad (i = 1, 2, \cdots, n) \tag{2}$$

令国内产品的直接消耗系数为 $a_{ij}^d = x_{ij}^d / X_i$，$j = 1, 2, \cdots, n$。代入（2）式可得：

$$\sum_{j=1}^{n} a_{ij}^d X_i + Y_i^d = X_i \quad (i = 1, 2, \cdots, n) \tag{3}$$

式（3）写成矩阵形式为，$A^d X + Y^d = X$，进而可得：

$$X = (I - A^d)^{-1} Y^d \tag{4}$$

式（4）中的 $(I - A^d)^{-1} = B^d$ 是国内产品的列昂惕夫逆矩阵，其元素 $\bar{b}_{ji}^d$ 表示 i 部门 1 单位（国内）最终产品对 j 部门的完全消耗（完全需求）。式（4）与式（1）的区别就是用 A^d 和 Y^d 取代了 A 和（Y–M）。

式（4）表明为了提供国内最终产品 Y^d（列向量），各部门的总产出（总投入）为 X（列向量）。进一步计算各部门产生的增加值 V（行向量）。

定义 j 部门 1 单位总投入产生的增加值即增加值率为：$r_j = V_j / X_j$，则有 $V_j = r_j \cdot X_j$，$j = 1, 2, \cdots, n$。各部门增加值之和就是 GDP，即

$$GDP = \sum_{j=1}^{n} V_j = \sum_{j=1}^{n} r_j X_j = RX \tag{5}$$

式（5）中的 $R = (r_1, r_2, \cdots, r_n)$ 是增加值率行向量，X 是总投入（总产出）列向量。将式（4）代入（5）式，可得：

$$GDP = RX = R(I - A^d)^{-1} Y^d \tag{6}$$

国内最终产品 Y^d 由消费 C^d、投资 IN^d、出口 EX^d 组成，$Y^d = C^d + IN^d + EX^d$，则式（6）可写成：

$$GDP = RX = R(I - A^d)^{-1}(C^d + IN^d + EX^d)$$

· 20 ·

$$= R(I - A^d)^{-1}C^d + R(I - A^d)^{-1}IN^d + R(I - A^d)^{-1}EX^d$$
$$= GDP^C + GDP^{IN} + GDP^{EX} \tag{7}$$

式（7）中的 GDP^C、GDP^{IN}、GDP^{EX} 分别是由消费 C^d、投资 IN^d、出口 EX^d 拉动产生的增加值。这里的 GDP（或 GDP^C、GDP^{IN}、GDP^{EX}）都是合计数，是由国内最终产品 Y^d（或相应的消费 C^d、投资 IN^d、出口 EX^d）拉动各部门产生的增加值的总和，但没有明确给出各次产业的增加值。我们更为关注的是该总和的成分，即组成 GDP（或 GDP^C、GDP^{IN}、GDP^{EX}）的三次产业的增加值。只有得到了从最终产品拉动产生三次产业增加值的对应关系，才可分析最终产品结构如何影响三次产业的结构。因此必须把 GDP（或 GDP^C、GDP^{IN}、GDP^{EX}）分解成三次产业的增加值。

任一部门的最终产品，不管是用作消费、投资还是出口，其拉动产生的增加值都相同，故此只需考虑各部门 1 单位最终产品可分别拉动一、二、三次产业多少增加值。由非竞争型表列昂惕夫逆矩阵 $(I - A^d)^{-1} = B^d = (\bar{b}^d_{ij})$ 的含义可知，i 部门 1 单位最终产品拉动 j 部门的总产出为 $\bar{b}^d_{ji}$，拉动 j 部门的增加值就是 $r_j\bar{b}^d_{ji}$，$j = 1, 2, \cdots, n$。要得到 i 部门 1 单位最终产品拉动各次产业的增加值，只需把各次产业所对应的部门增加值分别相加即可。

本文使用 2007 年中国投入产出表，[①] 共 42 个部门，其中第 1 部门农业是第一产业，第 2~26 部门是工业和建筑业，为第二产业；第 27~42 部门是服务业，为第三产业。令 $V^{(1)}_i$、$V^{(2)}_i$、$V^{(3)}_i$ 分别表示第 i 部门 1 单位最终产品拉动一、二、三次产业的增加值，则有：

$$V^{(1)}_i = r_1 b^d_{1i}, \quad V^{(2)}_i = \sum_{k=2}^{26} r_k b^d_{ki}, \quad V^{(3)}_i = \sum_{k=27}^{42} r_k b^d_{ki} \quad (i = 1, 2, \cdots, n) \tag{8}$$

式（8）可以写成统一的矩阵形式。考虑式（6）或式（7）中的 $R(I - A^d)^{-1}$ 即 RB^d，这是一个 $(1 \times n)$ 的行向量，第 j 个元素是 j 部门 1 单位最终产品拉动所有部门产生的增加值之和。把对应的三次产业的各部门增加值分别相加，得到三次产业的增加值，为此只需把增加值率行向量 $R = (r_1, r_2, \cdots, r_n)$ 改写成一个 3 行 n 列的矩阵，3 行分别对应三次产业，第 1 行是农业，农业只有第 1 个部门，故第 1 行中只有第 1 列是农业的增加值率，其余各列都是 0；第 2 行是第二产业，故第 2~26 列为工业各部门和建筑业的增加值率，其余是 0；第 3 行中的第 27~42 列是第三产业各部门的增加值率，其余为 0。用 $V^{(1)}$、$V^{(2)}$、$V^{(3)}$（都是行向量）分别表示各部门 1 单位最终产品拉动一、二、三次产业的增加值，则有：

$$\begin{bmatrix} V^{(1)} \\ V^{(2)} \\ V^{(3)} \end{bmatrix} = \begin{bmatrix} r_1 & 0 & \cdots & 0 & 0 & \cdots & 0 \\ 0 & r_2 & \cdots & r_{26} & 0 & \cdots & 0 \\ 0 & 0 & \cdots & 0 & r_{27} & \cdots & r_{42} \end{bmatrix} \begin{bmatrix} b^d_{1,1} & b^d_{1,2} & \cdots & b^d_{1,42} \\ b^d_{2,1} & b^d_{2,2} & \cdots & b^d_{2,42} \\ \vdots & \vdots & \ddots & \vdots \\ b^d_{42,1} & b^d_{42,2} & \cdots & b^d_{42,42} \end{bmatrix}$$

---

① 国家统计局国民经济核算司编. 2007 年中国投入产出表. 中国统计出版社，2009.

$$= \begin{vmatrix} r_1 b_{1,1}^d & r_1 b_{1,2}^d & \cdots & r_1 b_{1,42}^d \\ \sum_{k=2}^{26} r_k b_{k,1}^d & \sum_{k=2}^{26} r_k b_{k,2}^d & \cdots & \sum_{k=2}^{26} r_k b_{k,42}^d \\ \sum_{k=27}^{42} r_k b_{k,1}^d & \sum_{k=27}^{42} r_k b_{k,2}^d & \cdots & \sum_{k=27}^{42} r_k b_{k,42}^d \end{vmatrix} \tag{9}$$

式（9）可简记为：

$$V^{(1)(2)(3)} = R_{(3 \times 42)} B^d = R_{(3 \times 42)} (I - A^d)^{-1} \tag{10}$$

$V^{(1)(2)(3)}$ 是一个 3 行 42 列的矩阵，其第 j 列对应的三个元素就是第 j 部门 1 单位最终产品拉动的三次产业增加值。有了式（10）再计算最终产品各组成部分（消费 C^d、投资 IN^d、出口 EX^d，均为列向量）分别拉动的三次产业增加值就容易了，只需在式（10）右边分别乘上 C^d、IN^d、EX^d：

$$V^{C(1)(2)(3)} = V^{(1)(2)(3)} C^d = R_{(3 \times 42)} (I - A^d)^{-1} C^d \tag{11}$$

$$V^{IN(1)(2)(3)} = V^{(1)(2)(3)} IN^d = R_{(3 \times 42)} (I - A^d)^{-1} IN^d \tag{12}$$

$$V^{EX(1)(2)(3)} = V^{(1)(2)(3)} EX^d = R_{(3 \times 42)} (I - A^d)^{-1} EX^d \tag{13}$$

式（11）、式（12）、式（13）给出了国内最终产品拉动的三次产业增加值，所涉及的变量都是国内产品，没有涉及进口产品，但并非意味着不需要进口产品。进口产品参与生产过程是获得这些增加值必不可少的条件。对进口产品的需求推导如下：

对于表 3 中的进口产品来说，其行平衡式为：

$$\sum_{j=1}^{n} x_{ij}^m + Y_i^m = M_i \quad (i = 1, 2, \cdots, n) \tag{14}$$

令进口产品的直接消耗系数为 $a_{ij}^m = x_{ij}^m / X_j$，$j = 1, 2, \cdots, n$。代入式（14）可得：

$$\sum_{j=1}^{n} a_{ij}^m X_j + Y_i^m = M_i \quad (i = 1, 2, \cdots, n) \tag{15}$$

式（15）写成矩阵形式为：

$$A^m X + Y^m = M \tag{16}$$

式（16）中的 A^m 是进口产品直接消耗系数矩阵，显然有 $A^d + A^m = A$。

把式（4）中的 X 代入式（16）得：

$$M = A^m (I - A^d)^{-1} Y^d + Y^m \tag{17}$$

或

$$M - Y^m = \widetilde{M} = A^m (I - A^d)^{-1} Y^d \tag{18}$$

式（18）中的 $M - Y^m = \widetilde{M}$ 是进口产品用于中间投入的部分，或者说是生产过程中对进口产品的需求量。其中，$A^m (I - A^d)^{-1} = B^m$ 是两个 n 阶方阵相乘，得到的仍是方阵，是对进口产品的完全消耗系数矩阵，其第 k 列第 i 个元素 b_{ik}^m 是 k 部门 1 单位国内最终产品对第 i 种进口产品的完全消耗（完全需求）。为了获得国内最终产品各组成部分消费 C^d、投资 IN^d、出口 EX^d，对进口产品的完全中间需求分别为：

$$\widetilde{M}^C = B^m C^d = A^m (I - A^d)^{-1} C^d \tag{19}$$

$$\widetilde{M}^{IN} = B^m IN^d = A^m (I - A^d)^{-1} IN^d \tag{20}$$

$$\widetilde{M}^{EX} = B^m EX^d = A^m (I - A^d)^{-1} EX^d \qquad (21)$$

式（19）、式（20）、式（21）可用于分析国民经济对进口产品的依赖性，或进口产品对国民经济的制约程度。比如说，如果想通过扩大消费 C^d 来促进产业结构的调整，根据式（19）可计算出对进口产品的需求 $\widetilde{M}^c$ 需要扩大多少。如果出口 EX^d 下降，根据式（21）可计算出对进口产品的需求会减少多少。

三、2007 年国内最终产品拉动三次产业计算结果与分析

（一）2007 年三次产业提供的最终产品分析

根据 2007 年投入产出表数据可计算得到当年全部最终产品中消费、资本形成、净出口、其他各占的份额（比重），如表 3 所示，分别为消费 49.5%、资本形成 41.7%、净出口 8.1%、其他 0.7%。把各次产业提供的最终产品分别汇总，可得：在消费中，一、二、三次产业的产品分别占 8.7%、30.0%、61.3%，可见消费的主要是第三产业产品。在资本形成（投资）中，三次产业的产品分别占 1.8%、91.6%、6.5%，可见投资品几乎全是第二产业产品。在净出口中，三次产业产品分别占 –7.7%、73.2%、34.6%，可见出口减去进口后，剩下的绝大部分是第二产业产品。

需要说明的是，用出口减去进口得到的差额是净出口，它并不表明进口产品就不能用作消费品和投资品。事实上，在消费和资本形成中都包含有进口产品，不过在这里没有把它们分离开来。表 3 同时列出了出口和进口中三次产业产品的比重，它们在出口中的比重分别为 0.7%、85.4%、13.9%，在进口中分别为 3.1%、89.0%、7.9%。可见，无论是出口产品还是进口产品，绝大部分都是第二产业的产品。

表 3　2007 年最终产品各项比重和三次产业最终产品结构

单位：%

	消费	资本形成	净出口	其他	出口	进口
最终产品各项比重	49.5	41.7	8.1	0.7		
各次产业最终产品比重						
第一产业	8.7	1.8	–7.7		0.7	3.1
第二产业	30.0	91.6	73.2		85.4	89.0
第三产业	61.3	6.5	34.6		13.9	7.9
合计	100.0	100.0	100.0		100.0	100.0

注：根据《2007 年中国投入产出表》数据计算。其中最终产品各项比重比表 1 多了"其他"。

（二）各部门 1 单位最终产品拉动三次产业的增加值

利用 2007 年中国投入产出表，首先把中间产品和最终产品中的进口品分离出来，

得到非竞争型投入产出表，① 然后利用前面的公式（9）或公式（10）可计算得到各部门 1 单位最终产品分别拉动三次产业的增加值，如表 4 所示。需要说明的是，公式（10）中 $V^{(1)(2)(3)}$ 是 3 行 42 列的矩阵，表 4 所列出的数值是该矩阵的转置。图 2 以累积直方图的形式给出各部门 1 单位最终产品拉动三次产业增加值的直观图示。

表 4　2007 年各部门 1 单位最终产品拉动三次产业的增加值

编号	部　　门	第一产业	第二产业	第三产业	合计
01	农业	0.717	0.124	0.078	0.919
02	煤炭开采和洗选业	0.018	0.717	0.137	0.871
03	石油和天然气开采业	0.009	0.787	0.085	0.881
04	金属矿采选业	0.014	0.658	0.130	0.802
05	非金属矿采选业	0.016	0.679	0.144	0.840
06	食品制造及烟草加工业	0.323	0.433	0.120	0.876
07	纺织业	0.173	0.526	0.128	0.826
08	服装皮革羽绒及其制品业	0.124	0.567	0.139	0.830
09	木材加工及家具制造业	0.133	0.567	0.141	0.841
10	造纸印刷及文教用品制造业	0.058	0.611	0.133	0.802
11	石油加工、炼焦及核燃料加工业	0.009	0.579	0.094	0.682
12	化学工业	0.047	0.575	0.137	0.759
13	非金属矿物制品业	0.018	0.663	0.154	0.834
14	金属冶炼及压延加工业	0.011	0.601	0.125	0.738
15	金属制品业	0.016	0.622	0.136	0.775
16	通用、专用设备制造业	0.014	0.594	0.134	0.742
17	交通运输设备制造业	0.017	0.571	0.140	0.728
18	电气、机械及器材制造业	0.016	0.556	0.141	0.713
19	通信设备、计算机及其他电子设备制造业	0.012	0.399	0.127	0.537
20	仪器仪表及文化办公用机械制造业	0.015	0.474	0.117	0.606
21	其他制造业	0.113	0.576	0.134	0.822
22	废品废料	0.002	0.924	0.020	0.946
23	电力、热力的生产和供应业	0.011	0.690	0.147	0.848
24	燃气生产和供应业	0.010	0.585	0.110	0.706
25	水的生产和供应业	0.013	0.723	0.159	0.895
26	建筑业	0.020	0.611	0.178	0.809
27	交通运输及仓储业	0.021	0.210	0.622	0.853
28	邮政业	0.012	0.167	0.699	0.878
29	信息传输、计算机服务和软件业	0.010	0.113	0.741	0.864
30	批发和零售贸易业	0.016	0.104	0.791	0.911

① 把 2002 年竞争型投入产出表拆分成非竞争型投入产出表的过程，可参见沈利生：《三驾马车的拉动作用评估》，《数量经济技术经济研究》，2009 年第 4 期。

编号	部门	第一产业	第二产业	第三产业	合计
31	住宿和餐饮业	0.179	0.202	0.512	0.894
32	金融保险业	0.013	0.067	0.860	0.939
33	房地产业	0.006	0.051	0.901	0.958
34	租赁和商务服务业	0.032	0.234	0.527	0.793
35	旅游业	0.045	0.193	0.567	0.805
36	科学研究事业	0.017	0.132	0.698	0.847
37	综合技术服务业	0.049	0.170	0.653	0.873
38	其他社会服务业	0.033	0.193	0.620	0.845
39	教育事业	0.024	0.146	0.721	0.891
40	卫生、社会保障和社会福利事业	0.032	0.290	0.484	0.805
41	文化、体育和娱乐业	0.050	0.203	0.616	0.869
42	公共管理和社会组织	0.027	0.150	0.723	0.900

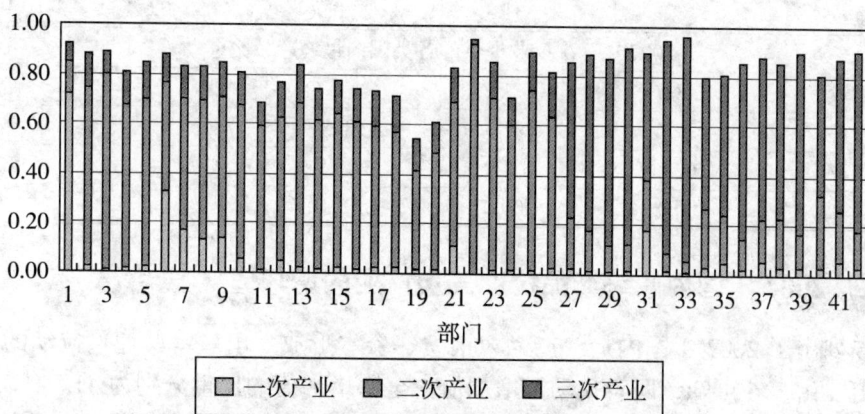

图2　2007年各部门1单位最终产品拉动的三次产业增加值

粗略地分析一下各部门1单位最终产品拉动三次产业增加值的情况，大致有一个共同的特点：某一部门的最终产品主要拉动了本部门的增加值。由此产生的结果就是：某次产业的最终产品主要拉动了本次产业的增加值。具体来说就是，第1部门（农业）的最终产品主要拉动了第一产业的增加值；第2~26部门（都是第二产业的部门）的最终产品主要拉动了第二产业的增加值；第27~42部门（都是第三产业的部门）的最终产品主要拉动了第三产业的增加值。我们马上可以联想到，要想得到更多的第三产业增加值，就应让第三产业提供更多的最终产品。

根据2007年非竞争型投入产出表，可汇总得到三次产业提供的国内最终产品，如表5所示。由表5可知，由国内提供的消费、资本形成、出口占国内最终产品的比重为38.8%、31.8%、28.9%（注意对比表3中消费和资本形成的比重49.5%、41.7%，由于其中含有进口的成分，故比重较大）。分别考察三次产业提供的各类最终产品：一、二、三次产业提供的国内消费品比重分别为8.6%、29.2%、62.2%，消费品主要由第三产业提供；一、二、三次产业提供的国内投资品比重分别为 1.9%、91.3%、6.9%，投资品几乎全由第二产业提供；一、二、三次产业提供的国内产品出口比重分别为 0.7%、85.4%、13.9%，出口品主要由第二产业提供。总起来说，三次产业提供的国内最终产品占全部最终产品的比重分别为 5.0%、64.2%、30.8%，可见第二产业提供的最终产品占了大头。

在最终产品中，消费占的份额最大，消费中第三产业提供的产品比重最大。显然，只要加大消费在最终产品中的比重，就能拉动第三产业更多的增加值。

表5 2007年三次产业提供的国内最终产品

单位：亿元、%

	消费	资本形成	出口	其他	合计
第一产业	11069.0	1965.5	666.0	2671.7	16372.1
第二产业	37331.7	95711.8	81608.0	−2613.1	212038.4
第三产业	79572.3	7189.9	13267.0	1801.9	101830.9
合计	127972.9	104867.2	95541.0	1860.4	330241.5
比重	38.8	31.8	28.9	0.6	100.0
2007年三次产业提供的各类国内最终产品比重					
第一产业	8.6	1.9	0.7		5.0
第二产业	29.2	91.3	85.4		64.2
第三产业	62.2	6.9	13.9		30.8
合计	100.0	100.0	100.0		100.0

（三）2007年国内最终产品拉动三次产业的增加值

表6列出了2007年国内最终产品（消费、资本形成、出口、其他）拉动的三次产业增加值。由表6可知，四者拉动的增加值占全部增加值的比重分别为41.8%、31.1%、26.3%、0.8%。表6同时列出了由国内最终产品拉动的三次产业增加值占全部增加值的比重，即三次产业结构：一、二、三产业分别为10.8%、50.6%、38.7%。需要指出的一点是，在《中国统计年鉴（2008）》和《中国统计年鉴（2009）》中，以生产法计算的三次产业结构与利用2007年投入产出表计算的三次产业结构有所不同，见本文后面的附录。

表6 2007年国内最终产品拉动三次产业的增加值（亿元）

	消费	资本形成	出口	其他	合计	产业结构
最终产品	127972.9	104867.2	95541.0	1860.4	330241.5	
结构（%）	38.8	31.8	28.9	0.6		
拉动第一产业	17156.4	3784.6	5280.7	2437.5	28659.2	10.8
拉动第二产业	33342.3	57547.8	45163.4	−1558.2	134495.3	50.6
拉动第三产业	60643.2	21539.0	19417.6	1289.5	102889.4	38.7
合计拉动	111141.9	82871.4	69861.7	2168.8	266043.8	100.0
比重（%）	41.8	31.1	26.3	0.8		
拉动系数	0.8685	0.7903	0.7312			

表 6 最下面一行列出了拉动系数，它是各类 1 单位国内最终产品拉动的增加值。具体来说，1 单位国内消费品、资本形成品、出口品拉动的增加值分别为 0.8685、0.7903、0.7312。这三个数值反映了三类国内最终产品中包含的新创造价值，数值越大，说明其中包含的新创造价值越大，相对应的就是其中包含的进口产品的转移价值越小。

根据表 5 和表 6 的计算结果可以进一步计算 1 单位国内各类最终产品分别拉动三次产业的增加值，计算结果列于表 7 中。例如，1 元国内消费品可拉动三次产业的增加值分别为 0.134 元、0.261 元、0.474 元，这三部分的比重分别为 15.4%、30.0%、54.6%。可见，消费品主要拉动第三产业的增加值。而投资品、出口品主要拉动第二产业的增加值，1 单位投资品（或出口品）拉动第二产业的增加值占其拉动的全部增加值比重为 69.4%（或 64.6%）。

表 7　2007 年各类单位国内最终产品拉动三次产业的增加值和比重

	单位最终产品拉动各次产业增加值			拉动三次产业增加值比重（%）		
	消费	资本形成	出口	消费	资本形成	出口
第一产业	0.134	0.036	0.055	15.4	4.6	7.6
第二产业	0.261	0.549	0.473	30.0	69.4	64.6
第三产业	0.474	0.205	0.203	54.6	26.0	27.8
合计	0.869	0.790	0.731	100.0	100.0	100.0

这个计算结果告诉我们，要提高第三产业在国民经济中的比重，必须努力加大消费在最终产品中的比重，为此必须要让消费的增长速度快于投资和出口的增长速度。

四、改变国内最终产品比例的情景模拟分析

下面通过情景模拟来进一步分析最终产品结构如何影响产业结构。通过改变国内最终产品中消费、资本形成、出口产品的比重，利用式（11）、式（12）、式（13）计算各类国内最终产品拉动的三次产业增加值，进而得到三次产业结构的变化。这里让各部门国内最终产品的总值保持不变，只改变消费、资本形成、出口之间的比例，一共做三个情景模拟。

情景一：消费的比重增加 4 个百分点，资本形成、出口的比重各减少 2 个百分点。

情景二：资本形成的比重增加 4 个百分点，消费、出口的比重各减少 2 个百分点。

情景三：出口的比重增加 4 个百分点，消费、资本形成的比重各减少 2 个百分点。

考虑到第一产业（农业）在经济总量中的比重一直呈下降趋势，故不对农业的最终产品作变动，只改变第二产业和第三产业各部门国内最终产品的结构。

三个情景模拟中国内最终产品的设定情况列于表 8。表中的基准方案直接来自 2007 年（非竞争型）投入产出表。

表 9 列出了加上进口产品以后基准方案和情景模拟方案的最终需求结构，此表可以与表 1 中历年的最终需求结构做比较。由表 9 中的数字可知，情景一相当于消费的比重

从基准方案的 49.5%上升到 54.5%，上升了 5 个百分点；与此同时，资本形成和净出口的比重分别下降了 2.5 个百分点。同理可知情景二和情景三的最终需求变动。

表 8　基准方案和情景模拟方案中的国内最终产品

	消费	资本形成	出口	其他	合计
基准（亿元）	127972.9	104867.2	95541.0	1860.4	330241.5
结构（%）	38.8	31.8	28.9	0.6	100.0
情景一（亿元）	141182.6	98262.4	88936.2	1860.4	330241.5
结构（%）	42.8	29.8	26.9	0.6	100.0
情景二（亿元）	121368.1	118076.9	88936.2	1860.4	330241.5
结构（%）	36.8	35.8	26.9	0.6	100.0
情景三（亿元）	121368.1	98262.4	108750.7	1860.4	330241.5
结构（%）	36.8	29.8	32.9	0.6	100.0

表 9　考虑进口以后的基准方案和情景模拟方案的各项最终需求比重

单位：%

	消费	资本形成	净出口	其他	合计
基准	49.5	41.7	8.1	0.7	100.0
情景一	54.5	39.2	5.6	0.7	100.0
情景二	47.0	46.7	5.6	0.7	100.0
情景三	47.0	39.2	13.1	0.7	100.0

表 10 列出了基准方案和情景模拟方案拉动三次产业的增加值，以及不同情景模拟方案下得到的产业结构。

表 10　基准方案和情景模拟方案拉动三次产业增加值和产业结构

单位：亿元、%

		消费	资本形成	出口	其他	合计	产业结构	结构变化
基准	拉动第一产业	17156.4	3784.6	5280.7	2437.5	28659.2	10.8	
	拉动第二产业	33342.3	57547.8	45163.4	−1558.2	134495.3	50.6	
	拉动第三产业	60643.2	21539.0	19417.6	1289.5	102889.4	38.7	
	合计拉动	111141.9	82871.4	69861.7	2168.8	266043.8	100.0	
	对 GDP 的贡献	41.8	31.1	26.3	0.8	100.0		
情景一	拉动第一产业	18198.7	3632.1	4946.3	2437.5	29214.6	10.9	0.2
	拉动第二产业	36954.4	53869.7	42025.1	−1558.2	131291.0	49.1	−1.5
	拉动第三产业	67398.2	20166.4	18069.4	1289.5	106923.5	40.0	1.3
	合计拉动	122551.3	77668.2	65040.8	2168.8	267429.0	100.0	
	对 GDP 的贡献	45.8	29.0	24.3	0.8	100.0		

续表

		消费	资本形成	出口	其他	合计	产业结构	结构变化
情景二	拉动第一产业	16635.2	4089.6	4946.3	2437.5	28108.6	10.6	−0.2
	拉动第二产业	31536.2	64904.0	42025.1	−1558.2	136907.0	51.5	0.9
	拉动第三产业	57265.8	24284.4	18069.4	1289.5	100909.1	37.9	−0.7
	合计拉动	105437.2	93277.9	65040.8	2168.8	265924.7	100.0	
	对 GDP 的贡献	39.6	35.1	24.5	0.8	100.0		
情景三	拉动第一产业	16635.2	3632.1	5949.5	2437.5	28654.3	10.8	0.0
	拉动第二产业	31536.2	53869.7	51440.1	−1558.2	135287.8	51.1	0.5
	拉动第三产业	57265.8	20166.4	22113.9	1289.5	100835.6	38.1	−0.6
	合计拉动	105437.2	77668.2	79503.5	2168.8	264777.7	100.0	
	对 GDP 的贡献	39.8	29.3	30.0	0.8	100.0		

对情景模拟方案结果作一简要分析。

由情景一的模拟结果可知，当国内最终产品中的消费比重上升 4 个百分点时，消费拉动三次产业的增加值也跟着上升了 4 个百分点，其对 GDP 的贡献从基准方案的 41.8%上升到了 45.8%。与此同时，资本形成和出口的比重分别下降了 2 个百分点，它们拉动的增加值也同时下降，对 GDP 的贡献分别下降了 2 个百分点。如此看来，最终产品的结构变动对 GDP 的总量似乎没有多大影响（从合计数来看，从 26.6044 万亿元增加到 26.7429 万亿元，增加了 0.52%）。但是，当考察最终产品结构变动对三次产业增加值的影响时，结论就大不一样了。从表 10 的合计列中可以得到，三次产业的增加值分别变动了 555.4 亿元、−3204.3 亿元、4034.1 亿元，由此使得三次产业的结构发生了变化：第一产业的比重从 10.8%上升到 10.9%，上升了 0.2 个百分点（四舍五入）；第二产业的比重从 50.6%下降到 49.1%，下降了 1.5 个百分点；第三产业的比重从 38.7%上升到 40.0%，上升了 1.3 个百分点。这就表明，消费比重上升、资本形成和出口比重下降的结果是使第一产业比重微升，第二产业比重下降，第三产业比重上升。

同样分析情景二的模拟结果，当国内最终产品中的资本形成比重上升 4 个百分点时，其拉动 GDP 的贡献从 31.1%上升到 35.1%，上升了 4 个百分点。与此同时，消费比重下降了 2 个百分点，消费拉动 GDP 的贡献从基准方案的 41.8%下降为 39.6%，下降了 2.2 个百分点；出口的比重下降了 2 个百分点，其对 GDP 的贡献从 26.3%下降到 24.5%，下降了 1.8 个百分点。情景模拟方案二的最终产品结构变动对 GDP 总量的影响很小（从 26.6044 万亿元下降到 26.5925 万亿元，下降了 0.04%）。考察情景模拟方案二最终产品结构变动对三次产业增加值的影响，从表 10 的合计列中可以得到，三次产业的增加值分别变动了−550.4 亿元、2411.8 亿元、−1980 亿元，由此使得三次产业的结构发生了变化：第一产业的比重从 10.8%下降到 10.6%，下降了 0.2 个百分点；第二产业的比重从 50.6%上升到 51.5%，上升了 0.9 个百分点；第三产业的比重从 38.7%下降到 37.9%，下降了 0.7 个百分点（四舍五入）。这就表明，资本形成比重上升、消费和出口比重下降的结果是使第一产业比重微降，第二产业比重上升，第三产业比重下降。

同样可以分析情景三的模拟结果。

五、结论和启示

最终产品（消费、投资、出口）的结构与三次产业的结构有着密切的关系，最终产品的结构是形成产业结构的直接因素，最终产品结构的变动会直接影响到产业结构的变动。2002 年以来，国内最终产品中消费比重的持续下降、出口比重的持续上升，是造成三次产业中第二产业比重持续上升、第三产业比重不升反降的直接原因。目前，问题的严重性还在于消费比重下降、出口比重上升的趋势在继续，亟须尽快扭转此种趋势。

为了调整三次产业的结构，提高第三产业在国民经济中的比重，必须从调整最终产品的结构入手，即加大消费在最终产品中的比重，降低投资、出口在最终产品中的比重。为此必须在扩大内需中的消费上多下工夫。唯有使居民消费率稳步提高，才能形成消费、投资、出口协调拉动的增长格局。

2008 年以来的全球性金融危机使得我国经济发展的外部环境恶化，影响到了我国的出口，给我国的经济增长带来了极大的困难和危机。但危机也有可能会成为转机，迫使我们把发展经济的目光转向国内，用加速国内消费的增长来弥补出口增长的下降，从而使经济发展立足于国内市场，并相应地引发三次产业结构的调整。

附表 1　不同资料来源的 2007 年三次产业结构

		第一产业	第二产业	第三产业	合计
2007 年投入产出表	增加值（亿元）	28659.2	134495.3	102889.4	266043.9
	结构（%）	10.8	50.6	38.7	100.0
中国统计年鉴（2008）	增加值（亿元）	28095.0	121381.3	100053.5	249529.8
	结构（%）	11.3	48.6	40.1	100.0
中国统计年鉴（2009）	增加值（亿元）	28627.0	124799.0	103879.6	257305.6
	结构（%）	11.1	48.5	40.4	100.0

第三章 我国收入差距演变的微观分析模拟研究*

王国成

一、引言

收入分配是人类经济活动的枢纽环节和激励源泉，影响因素繁多、主观特性显著，实践形态复杂、理论研究困难，可能是现代经济学体系中滞后偏离渐远、发展方向迷茫的分支领域之一。现实问题的日趋复杂使得改进和创新理论方法的需求呼声日益增强。

（一）收入分配问题的复杂性

收入分配是经济研究的永恒主题，是建立在公平正义基础上的处理好经济发展与社会稳定关系的重要内容。但是如何将收入分配控制在相对平等合理的范围之内，在理论上和实践中都是极其困难的。在我国改革开放进程中，收入差距的不断拉大且速度过快引起了人们的高度关注。针对现实中存在的收入不平等问题，用什么样的指标衡量、测度和分解，不同分布形态情况下哪种因素的影响更大，特定的社会经济体对不平等的容忍程度有多大，收入差距和经济增长之间的内在关系是什么，如何预见收入差距的变动趋势、有效控制和规避潜在的深层不稳定因素，用什么方法研究收入不平等问题更合适等等，长期以来一直是理论争议的疑点焦点和现实中的热点难点。

追溯理论源头，开创性地研究收入分配的两位大师：帕累托和基尼关于收入增长与不平等的关系就持有明显不同的观点和结论（Dagum，1987）。在长期的积累演变过程中，各个国家、各类经济环境中收入分配形态、成因以及动态轨迹等方面的差异显著，对社会经济发展的影响程度各不相同；不同学派对贫困、收入分配和经济增长的关注程度、研究重点、所用工具方法等难求统一。从逻辑关系上看，具有不同累积分布曲线、形态和结构的实际收入分配，可能会对应相同的基尼系数（见图1）。若进一步考虑微观个体对收入的满意度、公平感等主观属性的影响，区分名义上与实际中所感受到的收入分配，对社会经济发展会有不同的传导机制和产生不同的作用。因而，我们必须清醒地看到收入分配问题的复杂性实质，提炼出这类问题的核心特征，进行科学的探索。

---

* 经济政策与模拟重点研究室结项报告。

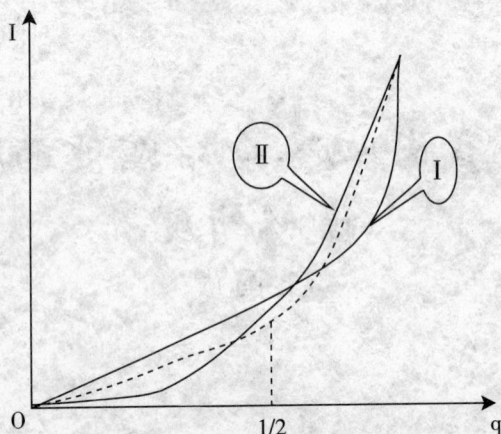

图 1　等值异构洛仑兹曲线

注：图中 3 条曲线的基尼系数相等：虚线——理想的均匀分布作为参照；Ⅰ型曲线——前平后凹，与虚线在>1/2 处相交，表明高收入段变化大；Ⅱ型曲线——前凹后平，与虚线在<1/2 处相交，表明低收入段变化大）。

从人群结构来看，可能存在这样的情况：总量平均意义上的收入增加并不意味着大多数个体收入的增加，反之亦然。举例来说，假定一经济体中有两类人群：10 万元/年的高收入群体与 2 万元/年的低收入群体，各类人群人口占总人数的 1/2，当年人均收入 6 万元。若第 2 年有 5/6 的人年收入增加 10%，只有 1/6 的人的年收入由 10 万元的高收入群体降低为低收入群体，年收入 2.2 万元，这时第 2 年的人均收入为 5.133 万元，总体平均意义上人均收入降低 15% 左右。这类分配方案和政策增加了低收入群体的实际收入水平。此时若要保证总体上人均收入增加，必然是收入分配更加向高端集中，会进一步拉大收入差距。

从公平偏好来看，人们大都有减轻不平等的倾向，即当其他条件相同时，相对平等会更符合多数人的偏好，而其与收入差距不断拉大的现实相悖。这一问题引起了理论界的高度关注，但对于如何测度不平等却又一直存有争议（万广华，2008）。事实上，现有的关于不平等的度量方法存在着明显的不一致：对三人（群体）及以上的收入分配，一些不同的看似合理的度量却可能产生完全不同的不平等排序结果。比如在甲、乙、丙三人之间对 100 元收入实施 A、B、C 三种分配方案：

A：$\dfrac{100}{3}$，$\dfrac{100}{3}$，$\dfrac{100}{3}$；

B：50，40，10；

C：60，20，20。

很明显，方案 A 是平等的分配，方案 B 和 C 都是不平等的分配；但是对于方案 B 和 C 谁更不平等，不同的测度却可能产生不同的排序，如表 1 所示。

根据表 1 中的计算公式，Gini 系数和变异系数分别是收入之差绝对值的算术平均和均方差的调和值，其值越大表示收入差距越大；而 Dalton 系数和 Theil 熵系数分别表示几何平均的调和值和对数平均，其值越小表示越不平等。由计算结果可知，Gini 系数认为 B 与 C 的不平等程度相同，变异系数则认为 C 比 B 更不平等，而 Dalton 系数与 Theil

表 1　不平等度量方法排序结果比较

不平等指标	计算公式	A	B	C	社会福利排序
Gini 系数[①]	$\dfrac{1}{2N(N-1)\mu}\ (\sum\sum|x_i-x_j|)$	0	0.4000	0.4000	A>B~C
Dalton 系数	$\sqrt[N]{\prod x_i}/\mu$	1	0.8143	0.8653	A>C>B
Theil 熵系数[②]	$-\dfrac{1}{\ln N}\sum\dfrac{x_i}{N\mu}\ln\dfrac{x_i}{N\mu}$	1	0.8587	0.8650	A>C>B
变异系数	$\sqrt[2]{\sum(x_i-\mu)^2/N}/\mu$	0	0.5099	0.5657	A>B>C

注：x 代表收入，μ 代表平均收入，N 代表人数。

熵系数却认为 B 比 C 更不平等。[③] 由此可见，对相同的收入分配，不同的排序方法可能产生不同的评价结果，研究者为什么会选择此方法而不是彼方法？这在一定程度上依赖于价值判断。

正如 Atkinson 所强调的，因为每一种不平等测度都代表着一种价值判断或偏好取向上的社会福利函数，如何选取合理的不平等测度归根到底是要牵涉到社会福利评价函数的选择问题（Atkinson，1970）。根据这一思路，任何关于收入分配的合理评价一般面临两方面的任务：一是构造出恰当的关于收入的个人效用函数；二是找出以个人收入效用函数为基础的合理的社会福利函数。

（二）科学、深入地研究我国收入差距的演变

不平等是客观现象、是绝对的，平等是相对的。问题的关键：哪些因素、以什么方式影响收入分配；不同的分配形态、在什么条件下、以什么样的程度对社会经济发展产生哪些影响？一方面是要客观准确地描述刻画、观测度量收入和财富分布的形态与程度；另一方面，或许是更重要的一方面，就是要分析研究收入差距演变是在以什么方式影响社会经济的发展。

由于收入分配的总体形态与社会经济活动多种因素、个体财富变化之间的关系是复杂的，并不是单向固定的：同样是个体财富的增加（减少），可能会引起收入分布形态朝两个不同的方向和类型演变，而且也不可能保持相等不变的比例增减；相同的收入分配形态和等值的基尼系数，对于不同的微观个体可能产生不同的社会经济影响。这类似于异质性个体与总量之间的复杂关系（王国成，2010）。因而，对收入差距的演变及影响的分析研究，传统的基于同质的理性人假设、因果关系的理论逻辑和实证分析有较大的局限性。在发展经济学和福利经济学等理论框架内，若接受关于主体行为的传统假定，仅仅考察收入差距拉大的现状、一般性影响因素和控制措施是不够的；而不平等形态的描述和度量无疑是重要的基础，但要注意到这些是与关于行为和结构的基本假设相

[①] 此处所采用的关于基尼系数的计算公式是根据小样本修正后的 Gini 系数，但亦可视为对基尼系数的直接定义，并不需要定义洛仑兹曲线（Deltas，2003）。

[②] 熵的概念最早由 Theil 引入经济分析（Theil，1965）。

[③] 此算例由欧阳葵博士完成。

应的。在不同的国家和经济体等社会环境中，收入分布曲线的凹凸陡缓、与作为理论参照的均匀分布曲线的交点以及微观个体的主观承受等都可能不同，因而对社会经济发展的影响方式和程度都会有显著差异。

描述收入分配形态和衡量不平等程度，毫无疑问需要一些可行和有效的总量指标作为重要判据，需要在更深的层面上考察决定因素和传导机理。由此逐步展开的主要内容和逻辑关系是：从动因（考察微观个体行为的多维属性）、过程（结构类型、传导机理）和结果（总体形态表现和变化）三个层面，贯通它们之间的联系；从新的视角、引入新的方法，科学、深入地研究我国收入差距的演变及其可能产生的影响；按不同收入群体、不同影响因素、不同行业和地区以及不同层次的聚变，关注典型化事实、敏感点和特殊现象，至关重要的是探寻、预见和调控不同形态之间转换的临界点（激化社会矛盾的突发点和前兆迹象）。如此研究的重要意义主要体现在：

（1）理论意义。重点考察"增长—分配—激励—新一轮增长"的循环轮回的逻辑关系链，突出收入分配所起的关键作用；基于差异性微观个体和相互之间的策略行为，探讨收入分配的影响因素、形态和结构与经济增长（发展）的关系，能够客观深入地刻画、分解和度量收入差距及影响因素，合理控制拉大的速度和分布形态；验证 Kuznets 倒 U 型曲线等理论假说成立的条件和局限性，以及动态演变趋势；通过引入社会偏好（Social Preference），考虑微观主体对不平等的感知和可承受度程度，并进行计算模拟实证，探索理论上的收入差距临界标准的判断确定方法和相应现实状况存在的可能性。

（2）学术价值。转变研究视角，从微观层面考察差异化主体及策略行为的角度分析建模；尝试将经济学与相关学科研究方法大跨度的交叉综合，探索研究复杂经济问题新的方向、方法和实现途径，拓广实证分析，丰富收入不平等研究和数量经济学理论与方法。

（3）现实应用。解释我国收入差距拉大并加快的内在成因，采取相应举措和改进政策合理地调控可能诱发的相关社会经济问题；有助于完善分配制度，扩大内需，有效抵御现阶段全球性金融危机和经济动荡对中国经济的影响；增强抗风险能力、建立长效防范机制，遏制潜在社会矛盾的急剧爆发；实践科学发展观，促进构建和谐社会。

二、相关研究评述与理论深化

抽象的经济理论是建立在一系列基本假设之上并与特定历史时期和社会环境相应，尤其是关于收入分布的个体行为属性与总体分布特征、现实形态与理论曲线之间的内在关系隐含若干倾向性预设，在平行移植和普遍应用相关理论与方法时需要检验、深化和扩展这些基础设定。

(一) 国内外研究现状及发展动态评析

自帕累托对收入平等问题的开创性研究（Pareto，1897）以来，经济学家已经对不平等的测度标准和方法、形成原因、与经济增长（发展）的关系和对宏观经济的影响，对不平等影响因素产生作用的条件，以及经济发展过程中不平等的动态演化等问题进行了逐步深入、较为系统的研究，相对集中在发展经济学、宏观经济学和福利经济学等领域。

（1）由于不平等问题的复杂性以及它同其他经济社会问题的相互关联性，现代经济学对不平等问题的研究几乎涉及所有领域。简单地说，有关收入和财富分配不平等的研究可大致归纳为：不平等的测度与分解；不平等与经济增长的关系及动态演变和收入分配的理论研究观点方法进展。

就不平等的测度与分解而言，围绕帕累托关于不平等测度的总体经济指标，产生了一系列研究如何衡量和测度不平等程度的文献（Lorenz，1905；Gini，1921；Theil，1967；Atkinson，1970；Sen，1976；Cowell，2000 等），这些文献主要研究如何通过一些指标来尽可能精确地衡量一个社会的经济不均等程度。现有的不平等相对指标体系的研究方法大致可分为三类。第一类是通过一种先验的选择性过程来界定的不平等，比如Gini 系数和方差（Variation）法等。这类测度指标一般都具有很直观的统计学或者经济学意义。第二类是通过公理性方法，一般是先指定一类比较不同收入分配不平等程度的原理，推导出来好的衡量指标应满足的基本性质，然后看哪些指标可以满足这些具体的原理和性质。只有那些满足这些要求的指标，才被认为是比较合理的不平等指数，如广义熵测度族（Generalized Entropy Family of Measures）中的 Theil 指数和均质性假设等。第三类不平等测度指标体系是在福利经济学理论基础上发展得到的，如 Atkinson 指数等。

关于收入不平等与经济增长的关系及动态演变，Kuznets（1955）提出了经济增长和发展与不平等之间呈倒 U 型变化关系的假说，开创了经济增长过程中收入分配不平等演化规律的动态研究（Kuznets，1963）。类似的研究主要是分门别类地考量资源禀赋、制度、技术进步、地域、行业产业结构、教育、就业、健康和环境等因素对宏观经济的影响和与经济增长（发展）的关系及动态演变（Stiglitz，1969；Tamura，1991 等），以及各类收入分布形态的适应性条件和动态演化特征，关于初始禀赋等是否对经济中财富分配的不平等有着持续的影响以及收入和财富分配的不平等在什么情况下是收敛的，在什么情况下又可能是发散的（Caselli & Ventura，2000）。主要观点和基本结论：不平等的演变过程与经济增长（发展）是相互影响的，对于两者之间的关系和不平等的变化趋势，难以用简单的、一成不变的规律（函数）来表述，需要从多角度运用多种方法分析（Bourguignon，1981；Chatterjee，1994；Maria，Alvarez–Pelaez & Daiz，2005）；倒 U 型假说是对部分国家的工业化发展阶段而言的（Garcia，Penalosa & Turnovsky，2006）。

对收入分配的理论观点、对不平等分解的分析方法也随着对问题认识的不断深入而逐步深化。从要素分配理论到多角度的收入不平等成因分析，从要素分解、随机占优（Quirk & Saposnik，1962）及其拓展（Whitemore，1970 等）、人口分组或子样本分解（Bourguignon，1979；Cowell，1980；Shorrocks，1988 等）方法到经济计量、空间计量方法的应用，从不同方法途径对经验型数据的获取利用到 ACE（基于（多）主体的计算经济学）、计算机生成数据（Shorrocks & Wan，2008）和微观分析模拟（Orcutt，1957、1960）等，各类不同观点和方法在相互渗透、比较结合中明确有效应用的前提、拓展适用范围。

（2）我国处于改革开放和社会转型的重要历史时期，收入差距变动的成因和对经济增长的影响更为复杂。国内学者在引进和借鉴现代经济学的基础上，结合中国国情，对收入不平等及相关问题做了较为全面的、初步的探索。从现有的研究文献来看，较多地关注收入差距拉大的体制政策、分配原则、产权和所有权性质的影响（张作云、陆燕春，2004），尤其是对我国收入差距持续拉大、较快地超过国际公认的警戒线，由此有可能对经济社会发展带来的负面影响给予了高度关注，相对集中地考察生产力发展水平、社会经济发展的阶段性、城乡二元结构和区域分布（夏斌、刘玲莉，2008）、行业垄断、教育就业等人力资本要素和自然条件阻隔等方面所造成的影响及动态变化（王弟海、龚六堂，2008）。而且研究方法大多是借鉴现代经济理论和分析技术，探讨收入不平等的各种衡量指标在中国的适应性，利用经验数据进行实证分析（唐爱国，2005；万广华，2006），也有学者注意到经典博弈实验研究了诸如公平偏好等社会性偏好（Social Preference）等前沿方法在微观行为层面对经济社会的影响（王国成，2008）。

（3）收入分配是十分复杂的问题，收入不平等与影响因素及其对社会经济发展的影响之间，难以用简单不变的确定型或随机型数量关系来表述。资源禀赋（初始的财富占有和智力禀赋）、要素（资本与劳动）关系、人力资本的差异性（劳动力素质、就业、受教育和健康状况），制度、市场规则和政策，主体的社会心理感受，以及自然条件、文化传统和软环境等影响因素交织杂布，都会在特定条件下对收入分配产生重要影响。由于影响每一个体（利益群体）实际收入的主要因素，总体上不同的收入分布形态和结构与经济增长的相互关系及变化趋势，每一个体对收入不平等的感知和可承受程度等不可能是均质的、相同的，原有理论和方法仅对同质个体用纯经济利益（货币形式的收入）的衡量指标来度量和分解，不足以揭示收入不平等问题的复杂本质；而现有的计算模拟方法的应用对象相对编狭、缺乏相应的理论改进支撑。因此，本项目研究继承前人成果和文献中的合理部分（如微观分析），但又不局限于已有的分析框架和理论基础，转变研究视角、放宽基本假设，引用更加合适的分析手段和工具，在差异性个体相互比较意义上研究收入分配，拟将对现实中收入不平等的关键环节和重要影响因素以及如何控制调节这一核心问题作为出发点和重点内容。

无论是何种测度方法，在衡量收入不平等时主要有两个方面的作用：一是纵向地考察一个指定的国家或地区不平等的演化；二是横向地比较各个国家和地区之间不平等的相对程度。由于不同形态和结构的分布曲线，可能会有相等的不平等测度值。为方便起见，以常用的基尼系数方法为例，其中有一些隐含条件及意义如转移性、可加性（收入的比例和等量加法，人数的比例加法）、对称性、规范性和可操作性等，由此更清楚深化基尼系数的相关研究对经济理论的贡献及适用条件（Dagum，1987、1990）。现代经济学的传统建立在匀（同）质性和一致性（样本来自同一总体，仅产生围绕均值波动的随机误差）等假设之上，我们不仅需要承继传统和接受经典假设，更需要从实际的收入分配形态（微观个体收入的聚变）研究收入演变动因、条件、轨迹和可能产生的结果。然而，我国结构变动凸显，收入来源复杂，外界骤变因素多，数据调整频繁，不同形态和结构下不平等程度的可比性大大减弱。现阶段我们更重要的任务：我国现实的收入分布究竟是什么形态，内在根源是什么，达到了什么程度，将如何影响社会经济发展？围绕收入分配曲线的分布特点、影响因素和演变规律这一关键问题为研究主线逐步展开，再逐个联系相关问题深入探讨。

（二）收入分布、基尼系数与社会福利

尽管关于基尼系数的经验研究异常丰富，相应地也有一些测度收入不平等的方法，但其理论含义和方法的科学性要么被认为是理所当然的，要么就被研究者所忽视。然而，由于对收入分布、基尼系数和社会福利函数及相互关系缺乏充分理解，造成了许多理论疑点。有些深层问题，如基尼系数如何从收入分布中产生，为什么常用基尼系数作为收入不平等的测度指标，以及基尼系数所隐含的社会福利含义到底是什么等，需要进一步的理论探讨。

一般来说，在既定的收入分布下，基尼系数是唯一确定的，但社会福利却可能受到个体异质性的影响而呈现不同形态。如果对于社会福利函数的形式没有任何先在的约束，那么基尼系数本身亦可视为一种特殊的社会福利函数。事实上，在既定的平均收入水平下，由基尼系数所体现的收入分布特征，其所代表的社会福利含义不过是诸多社会福利函数中并不特殊的一种。如果不考虑个体异质性，那么当洛仑兹曲线不相交时，满足齐次性和对称性的社会福利函数意味着收入分布的"二阶随机占优"等价于"洛仑兹占优"，且并不需要效用函数的凹性假设，只需要效用函数的对数满足凹性即可，这意味着效用函数的二阶弹性小于1。然而，在某些情形下，基尼系数与社会福利之间可能并没有什么必然的联系。例如，对于某一些类型的收入分布，其基尼系数是固定的，但其所隐含的社会福利却可能随着收入分布参数和个体异质性参数的变化而变化。也就是说，社会福利函数不但要反映收入的分布特征，同时也隐含着对异质性个体的行为特征的反应。如由于微观个体对收入的满意度不同，同样的基尼系数可能代表不同的社会福利水平。从这个意义上讲，如果确实存在收入差异以外的其他个体异质性特征，则用基尼系数代表社会福利并不是很好的选择。

由此可知，只有对个人满意度做出适当限制，如同质的、关于收入是单调递增的等，社会福利函数才可由平均收入水平与基尼系数得出。据此，社会福利函数可以定义如下：

$$W(S_i(x_i), \cdots, S_N(x_N)) = V(\mu, G) \tag{1}$$

式中，$S_i(x_i)$ 是 i 的个人满意度函数，V 满足 $\frac{\partial V}{\partial \mu} > 0$，$\frac{\partial V}{\partial G} < 0$。假设个体差异仅仅取决于收入水平，即 $S_i(x_i) = S(x_i)$。Atkinson（1970）和 Newbery（1970）曾经指出，如果效用函数是严格凹的，则不存在满足上述关系的可加可分的社会福利函数。如果不要求社会福利函数满足可加性，Sheshinski（1972）曾提出一个社会福利函数如下：

$$
\begin{aligned}
W(S(x_1), \cdots, S(x_N)) &= V\left\{ \iint S^{-1}[\min(S(x), S(y))] dF(x) dF(y) \right\} \\
&= V\left\{ \iint S^{-1}[S(\min(x, y))] dF(x) dF(y) \right\} \\
&= V\left\{ \iint [\min(x, y)] dF(x) dF(y) \right\} \\
&= V\left\{ \iint \frac{x + y - |x - y|}{2} dF(x) dF(y) \right\}
\end{aligned}
$$

其中 V 是任意增变换。此时，该社会福利函数仅仅取决于平均收入与基尼系数：

$$W(S(x_i), \cdots, S(x_N)) = V\{\mu(1-G)\} \tag{2}$$

事实上，如果不对社会福利函数的形式施加任何限制的话，基尼系数本身就可以作为社会福利函数，即：

$$W(S(x_i), \cdots, S(x_N)) = V\left\{1 - \frac{1}{2\mu} \iint |S^{-1}[S(x)] - S^{-1}[S(y)]| dF(x)dF(y)\right\} = V(1-G)$$

此时导出的社会福利函数满足对数可加性。若不考虑个体异质性特征，假设个人满意度的差异仅仅取决于收入水平，收入分布是连续的，则社会福利函数可以表示为：

$$\ln W = \int_a^b \ln S(x) dF(x) = \int_a^b f(x) \ln S(x) dx$$

由于在既定的参数分布下，基尼系数和社会福利函数都完全取决于收入分布，因此，一种很自然的想法是在给定收入分布下讨论社会福利与基尼系数的关系。用 $q(x)$ 表示 x 的边际收入增长，则收入分布函数可由以下形式产生：

$$F(x) = \frac{q(x) - q(a)}{q(b) - q(a)} \tag{3}$$

满足

$$f(x) = \frac{q'(x)}{q(b) - q(a)} \geqslant 0, \ 0 < \mu = \frac{1}{q(b) - q(a)} \int_a^b x dq(x) < +\infty$$

此时，积分形式的基尼系数为：

$$G = \frac{1}{q(b) - q(a)} \times \frac{\int_a^b (q(x) - q(a))(q(b) - q(x))dx}{\int_a^b x dq(x)}$$

如果假设社会福利函数具有齐次性和对称性，个人满意度函数具有相同的常二阶弹性，则社会福利水平为：

$$\ln W = -\frac{\bar{a}}{q(b) - q(a)} \int_a^b x^{-\beta} dp(x) \tag{4}$$

以公式（3）为基本形式，具体讨论以下四种收入分布情形（几何表示略）：

（1）如果 $q(x)$ 为常数，即 $q(x) = q(b)$，所有个体具有同样的收入，此时总体收入形态服从平均分布：$F(x) = 0, \ x < \mu$；$F(x) = 1, \ x \geqslant \mu$。

很明显，平均收入 $\mu = b$，基尼系数为：

$$G = \frac{1}{\mu} F(\mu)(1 - F(\mu)) = 0$$

如果收入服从平均分布，则社会福利为 $\ln W = -\bar{a}\mu^{-\beta}$。

即社会福利是平均收入水平的增函数，而基尼系数总是为零。

（2）如果 $b < +\infty$，可假设 $q(x) = x$，即设定收入上限，且是线性递增关系，则总体收入服从一般均匀分布：

$$F(x) = \frac{x - a}{b - a} \quad (0 < a \leqslant x \leqslant b)$$

则平均收入为：

$$\mu = \frac{a+b}{2}$$

从而基尼系数为:

$$G = \frac{b-a}{3(b+a)} = \frac{(b-a)}{6\mu} = \frac{1}{3}\frac{1-a/b}{1+a/b} < \frac{1}{3}$$

则当 $\beta = 1$ 时,

$$\ln W = \frac{\bar{a}\ln a/b}{b-a}$$

当 $\beta \neq 1$ 时,

$$\ln W = -\frac{\bar{a}(b^{1-\beta} - a^{1-\beta})}{(1-\beta)(b-a)}$$

(3) 如果 $\alpha > 0$, $b \rightarrow +\infty$, 可假设 $q(x) = -x^{-c}$, 收入将服从以下帕累托分布:

$$F(x) = 1 - \left(\frac{x}{a}\right)^{-c} \quad (x \geqslant \alpha > 0, \ c > 1)$$

则平均收入为:

$$\mu = \frac{ac}{c-1}$$

由 $c > 1$ 保证 $\mu < +\infty$。此时,基尼系数为:

$$G = \frac{1}{2c-1}$$

如果收入服从帕累托分布,则社会福利为:

$$\ln W = -\frac{\bar{a}ca^{-\beta}}{\beta+c}$$

(4) 当 $b \rightarrow +\infty$ 时,也可假设 $q(x) = -\exp(-\theta x)$,则收入服从以下移位指数分布:

$$F(x) = 1 - \exp(-\theta(x-a)) \quad (0 < a \leqslant x, \ \theta > 0)$$

则平均收入为:

$$\mu = a + \frac{1}{\theta}$$

从而基尼系数为:

$$G = \frac{1}{2}\frac{1}{a\theta+1} = \frac{1}{2\mu\theta} < \frac{1}{2}$$

如果 $a = 0$,则指数分布的基尼系数为常数,即 $G = 1/2$。

式 (1) 和式 (2) 有比较直观的含义,式 (3) 和 (4) 的经济含义是高收入群体的边际收入增长按幂函数或指数律减少时基尼系数递减或可控制在 1/2 以内。还可以设定其他情形以讨论更复杂的收入分布规律。

实际存在的收入分配 (财富分布) 是复杂的、多种形态的,价值取向、制度安排、行为假设,福利函数的意义是相对的。给定收入分配,经过不同的排序安排,可能得到不同的基尼系数 (收入不平等测量值),所做出的社会福利评价也是不同的。上述理论推导证明了,在特定情况下基尼系数与社会福利函数关于收入分布的排序是一致的。然而,社会福利函数与收入分布之间的关系并未使得我们有充分的理由把社会福利与基尼系数做过多的联系。虽然基尼系数可以看作一类特殊的社会福利函数，但这类社会福利函数不但完全忽视个体差异性，并且正如 Atkinson（1970）所强调的，当实际的收入分布曲线与洛仑兹曲线存在交点时，总可以找到一些效用函数，使得社会福利函数的排序与基尼系数大小的关系发生逆转，即基尼系数增大（减小）社会福利函数未必降低（提高）。

基尼系数及类似指标的意义在于可纵向、历史地分析评价不平等程度的变化，而对于刻画和确定收入演变的临界状态是不够的，这需要在进一步考虑微观个体行为属性、结构和中间的传导机理与收入分布形态的关系的基础上，估算不同的收入分布参数，找到引起社会经济突发问题的脆弱部分和承受极限、由一种形态转变为另一种形态的转折点或临界点，它们可能是局部的或分阶段的，这些是总体平均意义上的相对指标难以反映的。

三、基于微观主体行为的收入差距演变及影响的分析模型

收入分布形态的形成演变及可能产生的社会经济影响，根源于个体或分类群体的行为，实质上是众多个体反应结果的集聚或聚变。因而从微观主体行为层面入手逐步展开，改进和拓展原有分析模型，是理论深化必然的逻辑选择和实现路径。

（一）Pareto 模型及其改进

Pareto（1895）从微观个体角度开创性地将人群与收入的对应关系表述为对数线性函数形式：

$$\log n = A + \alpha \log y_n \tag{5}$$

式中，y_n 为与人群 n 对应的收入，参数 α 满足均质性（Homogeneous，也译为同质性，数学中称为齐次性）假设，对所有主体都相同。后人继承和推广了这一基本的数量关系，得到一些改进的统计函数形式，如收入分配的 Gamma、Beta 和对数正态分布（Bandourian 等，2002）。经指数形式的转换和简化，得到 Pareto 收入累计分布曲线：

$$S(y_n) = \left(\frac{y_n}{y_N} \right)^{\alpha} \tag{6}$$

然而，收入分配及影响是极其复杂的问题。现实生活中，同样的收入及分布，对不同的人（群体）产生的效应，与社会经济发展的相互联系和动态变化等是不同的，甚至是有显著差异的，对此一概而论地做同质化处理，难以揭示事物存在和演变的动因与本质。因而，在深入认识复杂问题的现实需求促动下和现代科学技术提供了可行性的基础上，更需要在差异性个体相互比较意义上研究收入不平等问题。异质性是当代经济理论一个新的关注点，本项目研究主要是在 Pareto 的对数线性函数式的初始模型设定中，放宽均质性假设，从新的视角着重考虑微观主体的非均质性（异质性）和交互性等行为特征。并引入社会偏好（主要包括公平感，对他人收入的关注、对不平等的感知和可承受程度等方面）等当代经济理论概念和前沿方法，用 α_i 替代 α 以示不同的主体 i 的个（群）体差异性，即 α_i 是综合考虑了主体 i 的绝对收入差距和在社会偏好意义上的主观

感知和承受度等因素后所确定的参数，相对地反映了每一主体的收入变化和实际可承受的收入差距水平，由此得到改进的人群与相应的收入占比之间的对数线性关系：

$$\log n = A + \alpha_n \log y_n \qquad (7)$$

与获取 Pareto 曲线同理推导，将式（7）改写成指数形式：$n = e^A y_n^{\alpha_n}$；同样考虑总体人数为 N 时，对应地有 $N = e^A y_N^{\alpha_N}$（A 表示经济体的特征参数，若在同一经济体内考虑问题，A 可约去）。反映个体（包括结构）差异性的 α_i 包含的人群越广泛、现实问题越复杂，α_i 的取值就越大，即若 $n < m$，就会有 $\alpha_n < \alpha_m$。经过简单变换，相对比例和频率的对应关系为：

$$\frac{n}{N} = \frac{e^A y_n^{\alpha_n}}{e^A y_N^{\alpha_N}} = \left(\frac{y_n^{\alpha_n}}{y_N^{\alpha_N}}\right), \quad \left(\frac{y_n}{y_N}\right)^{\alpha_N} < \left(\frac{y_n^{\alpha_n}}{y_N^{\alpha_N}}\right) < \left(\frac{y_n}{y_N}\right)^{\alpha_n}$$

由于主要是对临界变动情况下各种可能性的形态结构的风险大小进行排序，因而在函数的单调性等属性保持不变时尽可能地考虑风险大的情况，可取 $\left(\frac{y_n}{y_N}\right)^{\alpha_n}$ 作为 $\left(\frac{y_n^{\alpha_n}}{y_N^{\alpha_N}}\right)$ 的近似替代变量，直接考虑 $\left(\frac{y_n^{\alpha_n}}{y_N^{\alpha_N}}\right)$ 计算量又过大，故适当简化而又不失一般性；而且是划分越细，近似程度越高，极限状况下 $\alpha_n \rightarrow \alpha_N \rightarrow \alpha$，即可忽略个体差异时有：

$$\lim_{N \rightarrow \infty} \left(\frac{y_n}{y_N}\right)^{\alpha_n} = \lim_{N \rightarrow \infty} \left(\frac{y_n}{y_N}\right)^{\alpha_N} = \lim_{N \rightarrow \infty} \left(\frac{y_n^{\alpha_n}}{y_N^{\alpha_N}}\right) = \left(\frac{y}{Y}\right)^{\alpha}$$，$\frac{y}{Y}$ 为所考察部分人群的收入占所有人总收入的比例。类似地令 $S^*(y_n) = \frac{n}{N}$，得到非均质情况下改进的 Pareto 函数：

$$S^*(y_n) = \left(\frac{y_n}{y_N}\right)^{\alpha_n} \qquad (8)$$

其同样是在 $[0, 1]$ 区间上取值的变量，经典的 Pareto 函数式（6）只是服从 $[0, 1]$ 区间上的均匀分布的随机变量情况，是式（8）的一种特例。

进而，发展用收入分布洛仑兹曲线计算基尼系数的思想，以总体平均值与差别性个体的具体值之差的绝对值之和，来构建和计算确定收入差距临界变动的风险系数：

$$\gamma(n) = \sum_{n=1}^{N} \left| \left(\frac{y_n}{y_N}\right)^{\alpha} - \left(\frac{y_n}{y_N}\right)^{\alpha_n} \right| \qquad (9)$$

显然，每一主体 i 的收入状况的变化受各种因素综合影响和对不平等的感知与可承受程度越高，α_i 与其他主体的差异性就越大；$\gamma(n)$ 越大，反映出收入差距拉大过程中由正效应转向负效应、由可承受转变为不可承受的可能性就越大，不平等分布的复杂程度越高。可将此风险系数设定为衡量标准和度量工具，由此推断哪种情景下、哪类因素、哪种形态结构的不平等最有可能产生负面效应，并对产生负面效应的可能性进行比较排序。

其几何意义：基于同质性假设得到总体的收入分配规律，依据经验统计数据设定某种不平等水平，由公式（6）以生成数据方法模拟获得均质主体收入累积分布的平滑的指数曲线（经验型设定），以及演变漂移规律，可作为理论参照；而分别在同一水平下，由公式（8）可得到非均质主体在不同影响因素和以不同方式作用下形成的现实中不同的收入分布形态结构，所对应的是连续不可导的折线；两者之差的绝对值之和可用来反映潜在风险的大小（对应于实际中困难存在的各类收入分布曲线，折点的频率、每一组间折线的形状和曲率（斜率）不同；若在连续变化区间意义上考虑面积时可转化为积分问题），可作为临界变动风险系数，由此对现实中可能存在的收入不平等状况进行相对意义上的排序。

在经济增长过程中，基尼系数的值越大，洛仑兹曲线越长（曲率越大），所可能包含和对应的实际收入差距、财富不平等分布的形状和结构的复杂程度就越大。具体的做法：先在国际公认的警戒线附近选定基尼系数等于 0.35、0.4、0.45 和 0.5，分别模拟计算出与每一水平（总量约束条件等式）相应的可作为理论参照的平滑曲线中的 α；对应于每一个 α，再分类对各种影响因素模拟计算出各种不同的收入分配形态和结构的影响结果、特点和变动趋势并进行对比分析；然后在人群结构变动中考察异质性个体，以 α_j 的变动来反映和代表不同收入个体或群体差距拉大的幅度，以及变动频数、时段时长、机会（行业、地区不平等）、次一层级亚子群体数目和形态、形成方式和相互关系等因素，从微观个体的差异性和结构变化的角度考察收入差距变动；并以此为参考依据，按风险大小进行相对排序，由此得知应重点关注哪些事情，相应地控制哪些因素、采取什么措施，如何调整结构，采取更加有效的措施，改善分配政策和制度安排，注重微观效应等；再分别考虑城乡、行业和纯收入分布三类形态。若有需要和实际数据的支持，这种方法甚至可细化到以单个主体为单位的模拟计算。分组频数和组间线段斜率的大小反映出各类主体的实际收入分布、对收入差距的感知和平等承受程度，可从典型现象、五等份法到成千上万或任意多的个体（组别）进行模拟。最后分析研究可得出：什么样的收入分配和社会财富分布的结构、形态是合理可接受的，什么样的制度和公共政策能收到更好的预期微观效应？

同理，还可将收入不平等的其他度量指标推广到非均质主体。设具有不同收入的人群具有不同的不平等厌恶程度，记具有收入 Z_j 的人群的不平等厌恶程度为 α_j，即将常数 α 放宽为有差异的 α_j，其他条件不变：μ 代表平均收入，N 代表样本容量，f_j 代表人口比例，则可得到扩展的广义熵指数表达式：

$$GE^* = \frac{1}{\alpha_j(1-\alpha_j)} \sum_j f_j \left[1 - \left(\frac{Z_j}{\mu} \right)^{\alpha_j} \right]$$

于是，在考虑异质性主体后将泰尔–L 指数和泰尔–T 指数分别修正为：

$$T_0^* = \sum_j f_j \alpha_j \ln \frac{\mu}{Z_j} \tag{10}$$

$$T_1^* = \sum_j f_j \alpha_j \frac{Z_j}{\mu} \ln \frac{Z_j}{\mu} \tag{11}$$

同样地，考虑修正后的与基准的泰尔指数之差，就可以分析由于现实中个体差异性和结构变动等对收入差距拉大的影响。对 Atkinson 指数，也可作类似处理，由此试图寻求衡量收入差距的几类常用指标之间的联系、适应性条件及转换方式。

收入分配关系着每一个体的切身利益，每一个体的收入的多少，对收入不平等的感知和可承受程度多方面因素的综合影响，众多个体影响群体乃至整个社会的不平等分布形态结构的形成及演变；收入不平等对社会经济产生影响的传导机理是典型的、差别性个体的、局部的、潜在的不平等的积聚，在外界条件冲击下诱发，逐步蔓延酿成更大范围、更严重程度的群体（社会）事件。对于各类局部的非线性（剧烈）震荡、突变等典型的复杂经济特征，用模拟方法可反过来找出最有可能的影响因素是什么。不仅考虑收入，还要考虑一些非收入因素的影响，设置多维变量，引入不同主体对收入差距综合感受的虚拟变量，用博弈实验（实验室+网络+现场访谈）加分布式并行仿真手段和方法，模拟出主体（个体和群体）对不平等的感知和可承受程度；然后，在收入分配的基础上，通过适当方式将反映非收入因素影响的变量转化成具有不同斜率和变动方式的实际收入折线，代入风险系数计算公式；再次尝试性地用分段函数和工具变量方法将非收入、非经济因素的影响（或许会粗略一些但能保序地）转化为主体对收入不平等的感知和可承受程度，以便能够纳入程序统一处理。

收入差距对经济社会产生影响是基于大量差异性个体及其相应的结构形态在相互比较意义上而言的。通过引入异质性主体，将不同收入水平群体、收入分配结构、社会经济发展的不同阶段，教育、就业和收入来源、行业、地区，政策选择的微观效应等不可比或不易比较的因素进行更加科学的对比研究；着重分析微观效应和结构效应（城乡、行业、区域、财富占有收入程度、公平、智力能力禀赋），能动态地反映收入差距变动的微观成因、形态、速度和轨迹，根据经验数据确定收入分配和差距变动的实际类型和分布曲线进行计算比较；然后，赋予每一因素以增量，再考虑时段变化，对收入分配和财富分布进行动态模拟，计算出 $\gamma(n)$ 的演变过程。在前人的度量和分解的基础上，用微观分析模拟方法更加科学合理地刻画出收入不平等的形态结构演变特征和规律，及其与经济增长（发展）的动态联系，还可对具有不同文化制度背景的国家的收入差距的分布形态、特点和变动趋势等情况进行对比分析。如此，既继承了研究收入差距问题微观分析方法的合理性，又能放松其隐含的均质性假设，在博弈理论、复杂科学的思想方法、计算模拟工具的支持下更好地处理和解决微观主体的差异性问题。由此，对各类影响因素的衡量标准、度量分解方法寻求计算实现途径，找出可控因素和调节措施，提出相应的政策建议。

对 Pareto 模型做如此改进，能通过考察分析微观主体的异质性和交互性等行为特征，构建微观分析模型和收入临界变动风险系数，运用计算模拟并结合经济计量（也包括微观计量和时间序列分析）和实验等实证方法，深入探讨研究特定情况下哪些因素、哪种类型的分布形态和结构对收入不平等的影响更大些，它们以什么方式、在何种程度上影响经济和社会的发展以及演变趋势；动态地反映收入差距变动的微观成因、形态、速度和轨迹；着重对接近警戒线的几种不同情况下的临界变动特点和规律进行更加科学的对比和排序，以及一定的社会经济发展水平影响收入不平等变化的微观效应；进行收入差距变动的评价检验、趋势预见；提出更加科学合理的政策建议、含义阐释和实施举措。

（二）研究重点和创新点

（1）主要难点和拟解决办法。如何尽可能准确地测定非均质参数 α_i，综合地反映不同主体的行为特征，进而用微观分析模拟方法研究各类形态结构的收入不平等形成的条件，演变动因和方式，对经济增长（发展）可能产生的影响及控制改善，并由此探索个体和群体之间复杂的行为关系等经济系统复杂性的微观成因和涌现特征。

通过选定警戒线附近几个有代表性的不平等水平，比较不同形态结构的收入不平等对经济社会发展可能产生的影响和潜在风险的量化模拟实证，探讨多主体、多种综合因素反复交互影响、动态演变过程等复杂问题的计算模拟求解方法。

难点之一是合理刻画实际中收入不平等的形态结构，拟解决办法是通过将计量、博弈实验和模拟方法相结合来分类、分段地刻画。

难点之二是收入不平等问题的繁杂和多样性。由于收入分配问题的表现形式和衡量标准的多样性，以及它同其他问题的相互关联性，对不平等问题的研究涉及经济学大多数领域和相关的社会学、政治学、法律和心理学等学科，需要侧重对微观主体进行综合的行为分析，适度地实现大跨度的学科交叉。

（2）创新点。本文力图在以下几个方面有所创新：

1）在基本模型设定上，放宽主体行为假定，构建微观分析计算模型，引入并计算出临界变动风险系数。由于此方法能考虑收入分布的不同的结构形态，个体在效用价值、行为方式、就业、财富和智力禀赋和社会偏好等方面的差异性，在人均收入的某一水平上，主要会形成哪些可能的结构形态？哪种形态结构对不平等程度的影响最大？而原有理论方法基本上是依据均质性假设、相同的统计总体和分布函数建立解析模型，并进行影响因素与动态关系的分析求解，以达到某种意义上的均衡优化（同时对均衡解的存在性、稳定性、敏感性和唯一性等问题进行理论分析；此外，进一步考察动态过程、结构环节、关键点和特征化事实分析，逐步实现多层次、全方位、全真地逼近现实），得出总量平均意义上的结论。

2）在方法（论）意义上，转变研究视角，推广个体偏好到社会偏好，在模拟中实现偏好的动态变化。通过对微观主体异质行为的分析模拟，引入社会偏好等关注公平程度的概念，探析收入分配水平与收入差距临界值的微观效应机理、分布结构及影响因素类型的关系，合理有效地控制临界状态变动。因为在均质化假设情况下，不考虑个体主观感受和社会偏好的差异性，所考察的是同质个体在单纯经济意义上的不平等及可能产生的影响。然而，不平等天生就是一个社会经济概念，只有在考虑不同主体之间的交互行为和相互比较中才能真正把握其实质意义。将个体理性与集体理性割裂、相对孤立地仅从个体行为、纯经济利益角度考量，不可避免地会存在先天性的缺陷和片面性，也就难以得出合理一致的解释和结论。

3）在数据的获取利用中，根据复杂经济问题的需要和可获得性及有效性，拟将不同性质的数据适当处置，将经济计量、实验经济学和 ACE 等不同的模型方法相结合，对经验数据、实验数据和计算模拟生成数据等不同来源、不同类型和不同用途的数据的获取和处理进行分类对比、组合应用。在保证真实可信的基础上，增强数据获取利用的主动性、可选择性和可控性。

（3）研究方法与技术路线。

1）有关研究方法。以微观主体行为特征分析为基础，放宽均质性假设，拓展 Pareto 收入函数和 Lorenz 分配曲线等，改进收入不平等的衡量指标、分解方法，更深入地揭示收入差距拉大的演变规律及其与经济增长（发展）之间动态的相互作用关系；运用综合集成思想构建微观分析模型并进行计算模拟，用临界变动风险系数分类反映不同的不平等分布形态和结构对社会经济发展的影响程度，以便更有效地控制和调节相关因素，丰富收入分配理论。在模型校验方面，不仅是结果的拟合和参数的检验，更加注重起点动因、行为过程、重点现象、关键环节和典型案例的全程检验、反馈、控制和改进。

基于经验统计数据，运用经济计量等传统方法分别刻画实际中不同类型的收入分配形态和结构。博弈论是研究交互行为的普遍模式，博弈实验能够在相互比较意义上测定受综合因素影响的策略行为的特征参数，因而用最后通牒（UG）、公共品提供（PG）、互利互惠和信任博弈（TG）等相对成熟的经典博弈实验来测定主体对公平的关注程度和行为特征。根据需要和数据的可获取性，再借助计算机生成数据，选择足够多的个体和组别，分别考虑各种影响因素和不同的分布形态结构，模拟出不同临界标准下的理论参照曲线和同一水平下对应的不同现实情况的收入曲线，在一定程度上缓解数据获取困难的"瓶颈"制约。

2）技术路线。该项目研究所涉及内容的相互联系、逻辑关系和整体安排可分为理论基础探讨和实证研究及应用两部分，具体设计见图2。实际展开时所选内容和研究深度的权衡取舍视问题的需要和可行条件来调整。

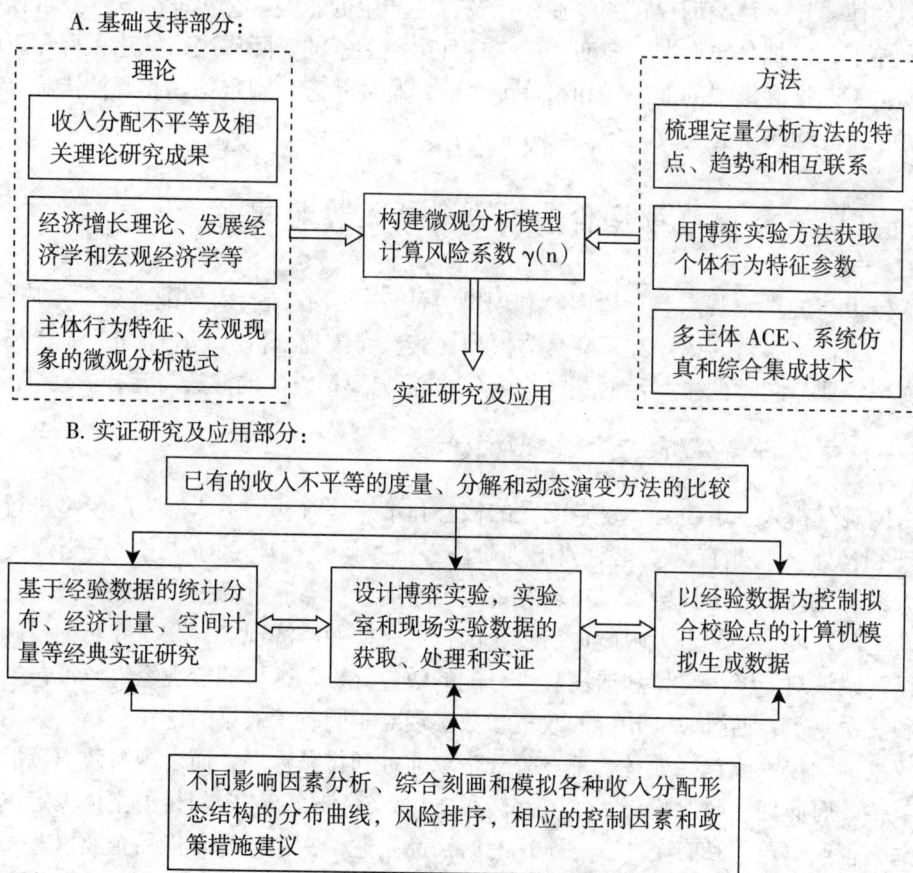

图2 本课题研究中拟采用的技术路线

3）实验手段和关键技术。关键技术是基于复杂适应系统（CAS）理论，运用综合集成思想对微观主体进行建模仿真及动态模拟，从微观角度分析主体行为，以与差异性个（群体）体相应的 α_i 替代均质个体的 α 推广 Pareto 函数和收入不平等衡量指标和度量方法；在同样的收入不平等水平上，通过与理论参照曲线相比计算出各种实际的不平等形态结构的风险系数，依此进行分类排序；利用 Eviews、SPSS、Z-Tree 和 Repast 等经济计量、统计、博弈实验及多主体建模软件，处理实验数据和结果解释；集成利用实验结果数据，在逼真的经济环境中识别出个体之间的差异性和策略型行为特征；将模拟与计量和实验等方法相结合进行实证研究，逐步将微观个体的异质性和交互性（复杂宏观现象的根本原因），收入的与非收入的、经济的与非经济的等因素转化和容纳进去。

（三）需要进一步研究的问题

在条件许可情况下，根据问题的需要可进一步开展理论和实证部分的深化研究。①理论部分：动态地研究主体行为演变、微观个体行为属性（满意度和公平感）与总体收入分布形态之间的关系，收入分布差距演变的诱因、起点、动力学机制、方式和路径、临界（分岔）点和阈值、随外界因素的变化与冲击反应、重要环节和关键点、目标域、反馈机制（又一轮演变周期），各种可能的影响因素作用下对应可能的分布形态的特点和规律，什么情况下存在哪些临界点及可能产生的影响。②实证部分：在数据可获取的前提下，模拟分布形态、演变轨迹、各种影响因素的实际作用，细化人群和影响因素分类，不断提高模拟的准确性和精确度；确定临界状态、制定预案和调控措施等。下面仅对收入分配政策的效应进行模拟实证。

四、收入分配政策评价的微观分析与模拟实证

依据上述的理论观点、分析内容和模型方法，结合我国收入分配政策的效应评价，首先是对主体真实行为描述并建立行为模型，其次在微观分析的基础上进行基于离散事件的模拟实证，同时也注意到了由 Monte-Carlo 经典模拟方法的渗透与互补。

（一）主体行为分析与基本模型构建

由微观分析入手解决宏观复杂问题的核心和难点是对基于主体行为的模型进行有效地设计和构建，为此有必要先对我国现阶段经济整体运行环境的描述做适当假设和说明：①经济大环境处于社会主义市场经济建设时期，重点通过模拟私有经济以及自由竞争的发生和发展，以便最大限度地仿真我国特定时期的经济现实；②研究目标被确定为宏观经济政策对于经济总体和居民收入分配的效应分析，这里的宏观经济政策包括财政政策和货币政策，通过改变相应的政策参数实现对不同政策效果的比较分析，其中宏观货币政策的调控手段包括准备金率、公开市场业务和再贴现率，而宏观财政政策的调控手段包括政府雇佣、政府购买、税收和转移支付；③该经济体中的行为主体设定主要包括家庭、企业（若干私有企业、一个国有必需品企业、一个国有奢侈品企业以及一个资本品企业）、银行、政府以及其他市场主体（用于劳动力雇佣的劳动力市场和政府债券

买卖的金融市场）等；④该经济体中存在（一种）必需消费品、（一种）奢侈消费品、货币和政府债券，生产过程中需要投入的生产要素有劳动力和资本品；⑤模型中微观的个体（家庭）取自经过时化处理（Aging）获得的2008年吉林省城镇人口微观数据库，以便依据较小的样本能对微观异质特征进行科学分类，从而使得模拟尽可能建立在经济现实的基础上。

基于以上假设，微观主体被有机地联系起来。借鉴和利用 CNSM 系列模型，①加强模拟前的主体行为分析，以便使要研究的问题更加突出、集中和有更好的微观理论基础，并结合应用 Monte-Carlo 模拟，可能发生的事件大多是靠随机制定，这导致不同主体的行为和状态因存在随机性而不同。尽管设定的行为模式类似，但随机状态依赖而导致最终的具体行为不同。整个经济随着多主体的协同向前进化而发展。同时，由于经济转轨过程的不确定性，模型没有给定均衡的增长路径。经济中的宏观指标，如 GDP、失业率和私有企业在经济产出中所占的比重等，由各微观主体相互作用直接产生。表2给出模型中各主体每一周期（一天）所发生的主要事件：

表2　模型运行一轮中的主要事件序列

（1）	家庭根据实际情况进化策略：包括劳动、消费和投资
（2）	家庭进行劳动、消费和纳税：包括生产、求职或领取失业救济；购买生活必需品和奢侈品；缴纳所得税等
（3）	家庭进行投资：包括建立私企、买卖政府债券或存储剩余资金
（4）	私企根据实际情况进化策略：首先，判断经营状况，如不满足继续经营的条件，则私有企业倒闭；然后，调整雇佣、工资、价格等指标
（5）	国企调整雇佣（只能雇佣，无权解聘）、工资和价格等
（6）	企业进行生产、销售、收益分配（缴税、完成投资回报等）和扩大再生产（申请贷款购买机器）
（7）	银行进化策略，调整存、贷款利率和资金投资分配等；银行处理储蓄和贷款业务，调整雇佣、工资等；进行债券买卖或要求政府贴现
（8）	政府根据实际财政政策对经济进行宏观调控：调整税收、政府雇佣以及对于贫困户的社会救济等
（9）	中央银行根据实际的货币政策进行宏观调控：调解存款准备金率、买卖债券以及实现商业银行再贴现②
（10）	劳动力市场完成劳动力分配；金融市场完成债券买卖，并根据供求关系修正债券价格

而各类主体的具体行为模式选定如下：

（1）家庭（或个人）。现实经济中最基本的因素就是家庭（个人）。CNSM-Ⅳ允许不同家庭在家庭规模、劳动生产水平、边际消费倾向和风险偏好等方面存在差异。家庭收入主要来自于在企业（银行和政府）就业的工资报酬、政府发放的失业救济金、存款利

---

① CNSM（China Simulation Models）是张世伟、万相昱等人研制的我国公共政策模拟系列模型，由算术模型（CNSM-Ⅰ）、行为模型（CNSM-Ⅱ）、微观—宏观连接模型（CNSM-Ⅲ）和基于主体的模型（CNSM-Ⅳ）等四个子模型构成，分别用于评价收入分配政策的即期（首轮）、短期（次轮）、中期（均衡）和长期（动态）效应。

② 在 CNSM-Ⅳ 中央行虽然对商业银行提供再贴现业务，但在实际的货币政策模拟中，我们提供再贴现率的调节机制，即不同的货币政策下再贴现率实际上保持不变。

息和债券收入、私有企业的经营利润。家庭支出包括必需品消费、奢侈品消费、缴纳税金或投资。家庭必需品消费支出采用凯恩斯线性消费函数：

$$C = \alpha + bI \tag{12}$$

式中，a 为基本消费，b 为边际消费倾向，I 为家庭实际收入。而奢侈品支出则根据分类器（GALCS）演化产生，[①] 其相关因素包括奢侈品市场价格、债券价格、存款利率以及预期企业投资回报等等，具体模式参见下文的企业定价模块。另外，奢侈品可以通过银行按揭贷款的方式支付。消费剩余作为预防性储蓄，用于维持失业时的稳定消费，或作为资金积累，用于未来债券投资或创立私有企业。为了实现消费效用，家庭要在产品市场上寻找合适的企业购买产品。假设经济中存在 n 家企业，不同企业产品的价格 p(i) 存在差异，则家庭购买企业 i（1≤i≤n）产品的概率表示为：

$$O(i) = p(i)^{-q} / \sum_{j=1}^{n} p(j)^{-q} \tag{13}$$

式中，q 为产品的需求指数，企业产品价格越低，家庭从该企业购买的机会就越大。

模型假设家庭具有不同的劳动生产能力，个体清楚其劳动生产水平，且有追求更高收入的愿望。另外模型假定在一家企业内部，工人的工资是基本固定的，它仅与该企业的平均劳动生产率有关。因而具有较高劳动生产水平和较高风险偏好的家庭，为了追求更高收入，可能就会创立私有消费品企业或到工资水平较高企业去就业。这不仅实现了私有企业的建立和发展，也为我们研究固定资产投资提供了条件。这与我国的经济现状非常吻合，也是传统分析中经常忽略的问题。

（2）企业。模型中第二类重要的主体是企业，消费品企业应用资本和劳动生产商品，[②] 生产函数为：

$$Y = AK^a \left(\sum L_j + 0.5 \sum (L_d + L_k) \right)^b \tag{14}$$

式中，Y 是每天企业商品的产出，K 是企业的机器数目，L_d 为企业平均劳动产出水平，L_k 为高于 L_d 的工人 k 的劳动产出，L_j 为低于 L_d 工人 j 的劳动产出，(j + k) 为企业工人数目，技术 A 以及 a 和 b 是常量，同一行业中 A 是固定的。企业可以通过改变 K 和 L 来改变产出。每年企业都有权申请贷款以购买新机器（增加 K）。通过权衡产量增加值和机器附加成本加上贷款成本来制定决策，企业有权每天雇佣（或解雇）工人。雇佣决策的制定依据库存量和近期社会需求量。和社会需求相比，如果库存量处于上界水平，企业要解雇少量工人；如果库存量处于下界水平，企业要增加少量工人。

私有企业采用分类器系统（GALCS）为产品制定价格。GALCS 规则形式如下：

　　　　IF（价格，销售量，利润，行业价格）THEN（价格变化）（强度）

其中，IF 表示规则的条件部分，参量（价格，销售量，利润，行业价格）的取值都是定性的（高或不高）；THEN 表示规则的动作部分，参量（价格变化）的取值也是定性

[①] GALCS（genetic algorithm learning classifier system）由 Holland（1986）在遗传算法的基础上提出，是目前人工智能主体进化其策略的重要机制。具体的系统规范可参见高慧玉等（2002）的相关著作，我们的研究中应用的实例可参见美国圣地亚国家实验室研制的著名的 ASPEN 模型（Basu 等，1998）。

[②] 模型还设计了唯一的资本品生产企业，它由国家控制拥有，其生产过程只需要投入劳动力，决策由国家统一给出。

的（涨价、降价或价格不变）；强度表示规则的适用程度，一条规则表示企业的一个定价策略。企业每天需确定产品的价格，追求企业利润最大化。首先，模型收集满足条件的规则；其次，以规则强度值为概率激活规则；再次，根据规则动作部分发送价格变化信号；最后，企业根据产品价格变化幅度和价格变化信号调整产品价格。如果在下一期，企业利润增量下降，则规则强度值将减少；反之，规则强度值将增大。随着时间推移，企业定价策略将越来越好，体现了企业行为的进化性。具体而言，每天企业确定四个趋势：①最近其产品价格是涨还是落；②最近销售是增还是减；③最近其利润是增还是减；④与行业平均价格水平相比，其定价是高还是低。依据对①~④的回答，企业将归入 16 个状态之一。GALCS 为每个状态赋一个概率向量（P1、P2、P3），其中，P1、P2、P3 分别表示企业下期将降价、涨价和价格不变的概率，而企业创立的初始阶段，所有的（P1、P2、P3）=（100、100、100）。当企业进入某一状态时，它首先通过应用该向量和引入一随机数来确定如何改变其价格。然后，依据价格变化如何影响收益来改变向量。例如，模拟的某一时刻某企业正处于"状态 3"，其（P1、P2、P3）=（20、50、30），那么我们可以判断该企业下期降价、涨价和价格不变的概率分别是 20%、50% 和 30%，利用转轮算法和随机数的引入可以得到一个符合概率的算子，假设该算子指向 P1——降价，而进一步假设降价使得下期收益减少，则 GALCS 将自动调整向量以反映这种变化，（P1、P2、P3）=（10、55、35）。这在人工智能领域是一种通过经验学习的机制，它说明该企业处于"状态 3"时是错误的决策。通过向量的调整，使得该企业再次进入"状态 3"时，做出降价这种历史上"错误"的决策的概率更小。企业的定价行为由此得以进化。

企业工资由前期企业税后收益与工人劳动产出加权计算得出，所以即使是同行业内部企业的工资也是大相径庭的。这为劳动力在整个市场上的自由流动创造了条件，也正是这种竞争机制使得企业的经营状况出现了明显的差异，导致最终的优胜劣汰。除了模型最初指定的企业外，模拟开始后，部分具有一定资金、风险偏好较高且劳动生产水平较高的家庭会创立自己的私有企业，以追求更高的收益，客观上实现了资产投资。企业除了为工人支付工资以外，必须将其利润的一部分以税金的形式上缴给政府。如果企业连续一段时期亏损，将被迫倒闭。企业为了生存和追求利润最大化，不得不改变经营策略以提高竞争力，这为经济的动态演化提供了一个微观基础。

而国有消费品企业基本产品定价模型为：

$$ps_t = \sum_{j=1}^{n} p_{t-1}(j)/n \qquad (15)$$

即国企的产品价格一般采用市场前期的平均价格，这是一个滞后的定价模型。同时，国企在定价时还受到政府宏观调控的影响。国企一般无权解雇工人，其工资水平除主要由利润决定外也要受到政府宏观调控的影响，且即使亏损也不能够破产倒闭。可见国企的负担很重而主动能力较弱。

（3）银行。模型中的商业银行只有四个功能：维持家庭储蓄；买卖政府债券；贷款（包括为个人提供奢侈品消费贷款、为个人提供投资贷款和为企业提供扩大再生产贷款）；雇佣少量劳动力。而银行对于资金的分配采用 GALCS 来决定，即根据目前情况来调节在提供贷款和债券投资间的分配。而根据我国现行的政策，各银行的存/贷款利息实行统一的比率，而具体的利率调整统一由中央银行根据模拟中实际的经济参数给出，并下达给各商业银行执行。贴现率与准备金率也类似地由系统外生给定。

这里，个人的储蓄是即期的，也就是每天都可以改变其储蓄的银行和储蓄量。储户的存款在扣除一定的银行准备金后，作为银行的金融资本用于提供贷款或债券投资。由于我们假定所有银行的利率由央行统一制定，所以我们预期所有的银行拥有大致相同的储蓄额。另外，银行必须雇佣劳动力，其数目是银行总资产的函数。由此，银行还必须为工人提供工资，并缴纳企业所得税。

中央银行行使具体的货币政策职能，具体根据模型外生指定的宏观货币政策，通过对市场货币流通量与实际需求的差异的判断，以调节准备金率、买卖政府债券等方式实现其经济职能。

（4）政府。在模型中，存在一个政府主体。政府通过制定宏观财政经济政策、改变其收入和支出，来追求经济的平等、稳定和效率。政府收入包括国有企业的利润、一般企业的经营税和就业工人的工资税以及缓解财政赤字而发放的债券。政府支出包括贫困户的社会救济金、政府雇员的工资和政府债券的利息。其中，政府雇员的雇佣按照外生的人口比例确定，而该比例值的具体设定，实质上就是宏观财政政策的一项具体调控手段。而政府雇员的实现在很大程度上是为了缓解就业压力、减少收入分配不公。在经济运行过程中，政府通过外生指定紧缩或扩张的财政政策来调解税收、政府雇佣以及对于贫困户的社会救济等，以此调控整个宏观经济的运行。

（5）其他主体。模型还定义了金融市场主体和劳动力市场主体。其中，前者负责实现政府债券的买卖，为债券买卖双方提供了交易的场所。金融市场首先统计市场内债券的买卖情况，并全额满足数量较少一方的要求，再根据统计的供求情况由市场经济自主调整下期债券价格，同时将数据上报央行，为其货币政策提供基本参量。而后者为求职和雇佣提供场所，无职或失业人员必须进入劳动力市场并如实上报个人的劳动能力，而需要增加雇佣的企业，也必须首先进入劳动力市场，给出实时的劳动力需求情况和工资待遇，进而在市场内完成雇佣。不再需要雇佣的企业必须离开劳动力市场。

（二）公共政策效应的模拟与评价

我们应用 C++Builder 语言在 PC 上实现了该模型，模型依据主体的状态和行为模式自动向前运行，模型运行是一个经济内生增长的过程。假设模拟开始时，经济中有 1000 个家庭（个体）、1 个国有必需品企业、1 个国有奢侈品企业和 1 个国有资本品企业以及 2 个商业银行、1 个中央银行和 1 个政府，另外包括 1 个劳动力市场和 1 个金融市场。经济转轨从首期开始，私有企业随即可以自由建立。当模拟运行到 1000 个周期时，所有企业数量趋于稳定，以此作为政策研究的"起始点"，从该点起通过调整到外生给定的宏观（财政的和货币的）经济政策，实现对相关经济问题的模拟研究。每项政策均自起始点向后模拟运行 3000 个周期，并将模型反复运行 10 次，以 10 次运行得出的各种模拟值（即某些宏观经济参数）进行算术平均，最终得出该模型的模拟实验结果。以下我们将根据模拟输出的结果，对公共政策的具体效应做出必要的分析。

（1）宏观经济政策对于 GDP 的影响。为便于比较分析，图 3 和图 4 分别描绘了紧缩和扩张的货币政策下不同财政政策对于宏观名义 GDP 的动态影响。其中 GDP 以基期标准化为单位 1。

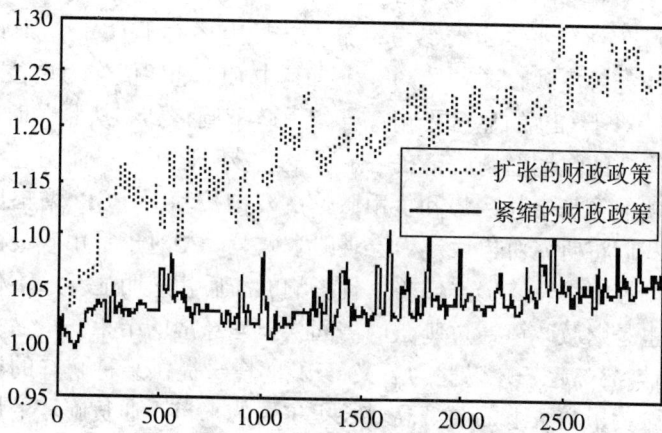

图 3 紧缩的货币政策对于 GDP 的影响

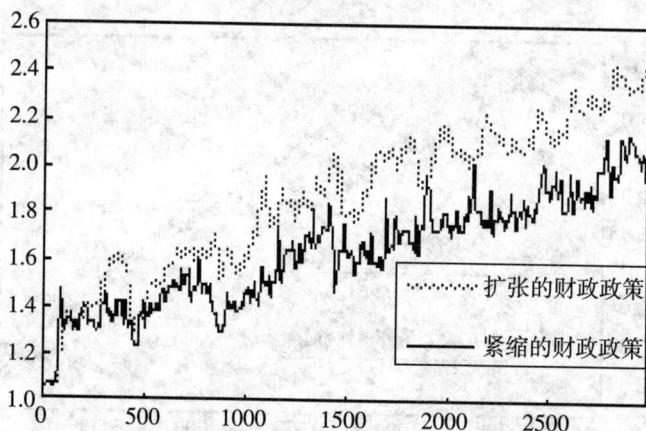

图 4 扩张的货币政策对于 GDP 的影响

在 CNSM-Ⅳ的经济假设和建模环境下，我们可以看到不同宏观经济政策对于经济增长的客观影响：①在不同的经济政策下，经济基本保持了增长的趋势，从转轨中走来的经济仍然处于增长路径中，宏观经济政策在其调控力度下尚不足以产生显著的消极影响，增长是大趋势；②不同的经济政策对于经济增长趋势有显著的影响，显然，"双紧"的经济政策对于经济增长的制约效果最为明显，GDP 保持相对的稳定状态，增幅较小，而"双松"的经济政策对于经济增长则有明显的推动作用，在我们的研究范围内 GDP 甚至实现了翻番；③在 CNSM-Ⅳ模拟的政策参数下，货币政策对于 GDP 影响力度要大于财政政策，在转轨经济中，投资拉动的经济增长模式更容易直接受到货币政策的影响，而政府通过购买、个人税收和转移支付等简化模式的财政政策手段对于经济的调控力度大打折扣。尽管以上对于 GDP 的模拟限于特定的数据和假设，但 CNSM-Ⅳ具备了对于经济增长的研究能力，这使我们能够将问题放到一个宏观的效率标准下，为实现公共政策微观模拟分析的有效性提供重要参考和保障。

（2）宏观经济政策对于 CPI 的影响。CPI（消费者物价指数，Consumer Price Index），是反映与居民生活有关的商品及劳务价格统计出来的物价变动指标，是一种度量通货膨胀水平的有效工具。因此，它不仅是市场经济活动与政府货币政策的一个重要参考指标，还是居民实际生活水平的重要参考标准。仿照上述对于 GDP 的刻画，我们将不同经济政策下的 CPI 趋势反映在图 5 和图 6 中，其中 CPI 基期值作为单位 1。从表中我们首先看到货币政策对于 CPI 的显著影响：当货币政策调整到"从紧"时，CPI 很快受到影响，在经历了短暂的惯性上扬后，在一定程度上被明显压抑；而当经济处于扩张的货币政策时，在转轨的经济增长趋势和货币政策的双向拉动下，CPI 增幅显著，明显出现通货膨胀。其次我们将研究对象设定为宏观财政政策。相对于货币政策而言，财政政策对于宏观经济的调控能力总体仍然偏弱，且影响的滞后相应明显。这不仅源于我们对政策的初始设定，也是财政政策通过刺激内需间接拉动经济的结果。最后我们将 CPI 与名义 GDP 的动态趋势结合起来，以此为名义 GNP 的增长提供某种解释的视角。模拟结果表明，事实上扩张货币政策下的经济高增长更主要的来自于通货膨胀的压力，不能有效抑制经济转轨过程中的流动性过剩成为这一现实的主要原因。如果我们结合 CPI 将名义

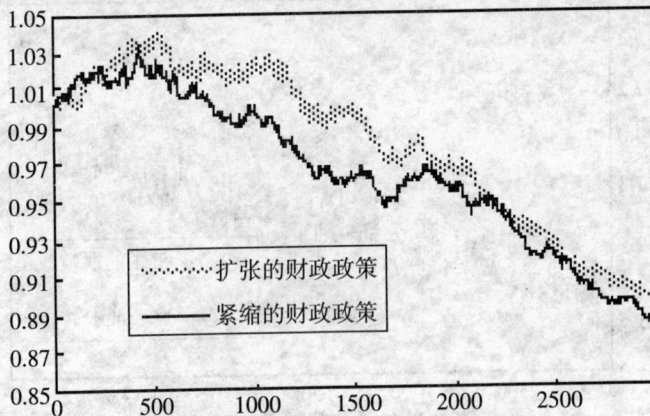

图 5　紧缩的货币政策对于 CPI 的影响

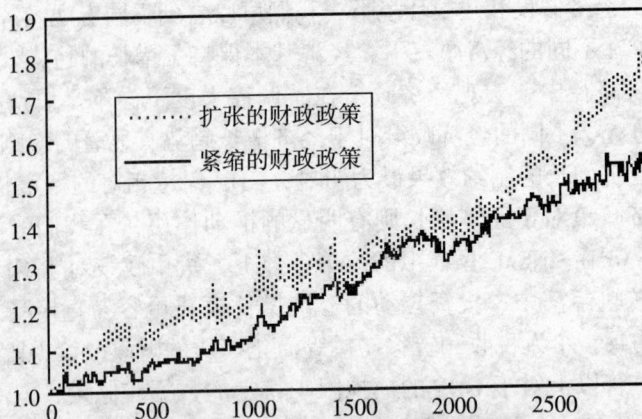

图 6　扩张的货币政策对于 CPI 的影响

GDP 转化为实际值时，一个有趣结果表明：货币政策与财政政策采取"一紧一松"的结合方式，尽管可能在一定程度上抵消作用效果，但在假定的转轨经济的一定发展路径中，却是最为有效的模式。

GDP 与 CPI 的获得使我们能够将公共政策的分析建立在宏观经济效率的基础上，以便更有效地对政策的作用效果进行全面的理解。下面将问题逐步转向具体的居民收入分配上来。

（3）宏观经济政策对于劳动供给的影响。在宏观经济政策调控中，CPI 稳定、GDP增长以及就业充分往往是最重要的社会经济目标，其中的劳动参与量不仅是宏观经济状况的重要评价指标，更是直接影响居民收入分配的重要因素，图 7 和图 8 反映了不同经济政策下劳动参与人数的变化情况。这里我们着重考察两个事实：首先，紧缩的货币政策在收紧银根的同时，直接限制了投资的扩大，用人企业采取相应的决策以降低劳动需求，进而使劳动参与量萎缩，而扩张的货币政策在刺激投资的同时加速了通胀，迫使劳动供给与劳动需求同步增长，劳动参与明显增大；其次，财政政策工具在确保充分就业上发挥了积极的作用，它通过扩大内需和政府雇佣的办法，在稳定劳动参与率的同时，

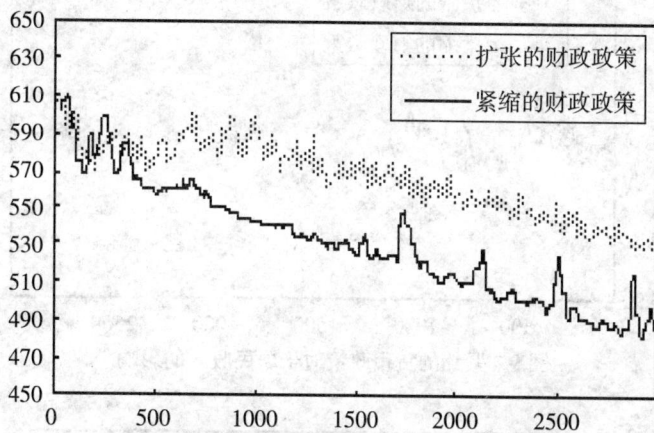

图7 紧缩的货币政策对于劳动参与的影响

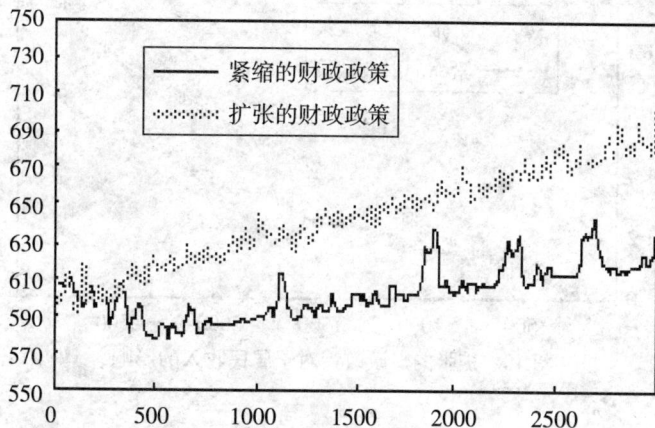

图8 扩张的货币政策对于劳动参与的影响

使其获得了一定的增长。

（4）宏观经济政策对于居民收入的影响。进一步地，我们将问题的研究深入到居民的收入规模上来，这是收入分配研究的直接指标。图 9 和图 10 以基期的居民人均收入为单位 1，刻画了不同经济政策下居民收入规模的变动趋势。该组曲线图在大体趋势上与名义 GDP 的动态相符，扩张的政策对于居民的收入规模有明显的促进作用，这种效应相对便于理解。如果假定将收入按可比价格进行转换，那么问题将趋于复杂。在我们的经济环境下，CPI 的稳定、GDP 的增长以及就业的充分性三者共同作用，从而刺激了居民有效收入的增长。单纯地刺激 GDP 的过热增长，尤其是以投资拉动经济增长的模式，虽然激励了劳动参与，但并不一定使社会群体获得有效的收益，相应地防止经济过热和抑制通货膨胀的经济政策也并不一定会限制居民收入的有效增长。相对而言，政府的财政政策通过增加政府购买、政府雇佣和转移支付，以及降低税负的手段能够更好地促进居民收入的效率增长，而且这种增长更有可能是居民整体范围而非个别群体的。

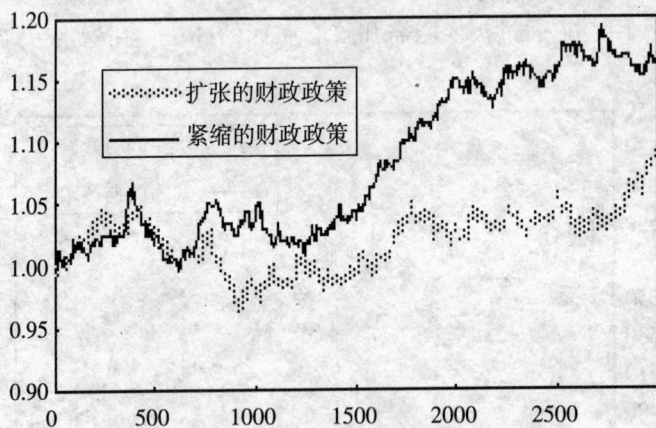

图 9　紧缩的货币政策对于居民收入的影响

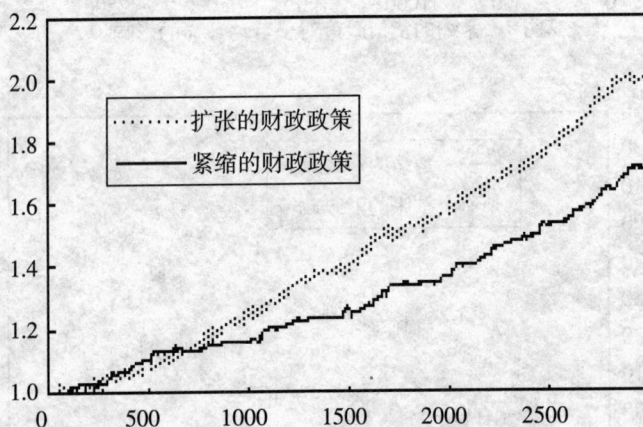

图 10　扩张的财政政策对于居民收入的影响

（5）宏观经济政策对于居民收入不平等的影响。宏观经济政策对于居民收入不平等的影响是本项研究的一个重点。传统的经济模型，包括绝大多数微观模拟模型，往往存在诸多缺陷：处于静态量值而非动态趋势的分析；研究的经济环境过于简化而不能满足复杂适应性假设；模拟的对象始终是针对具体某一个公共收入（再）分配政策而非系统的政策体系。基于 ACE 的 CNSM-Ⅳ模型显然能够对这一问题进行补充。它通过建立一个复杂的自适应经济系统，实现在特定宏观政策条件下对于微观个体异质演化状态的有效模拟分析。

图 11 和图 12 以 Gini 系数作为收入不平等的测度指标，将不同宏观经济政策对于居民收入不平等的动态影响趋势加以刻画。这里需要指出的是，出于突出比较结果的目的，我们对图进行了重新分组，与其他图不同，图 11 和图 12 分别建立在不同的财政政策下，而图内比较则建立在不同的货币政策下，以此展开论述。

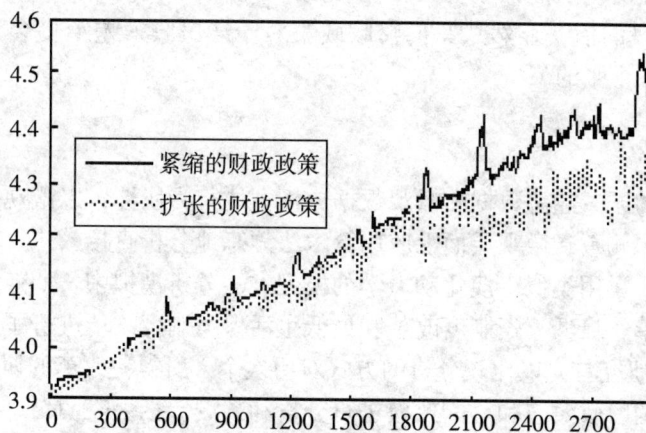

图 11　紧缩的财政政策对居民收入不平等的影响

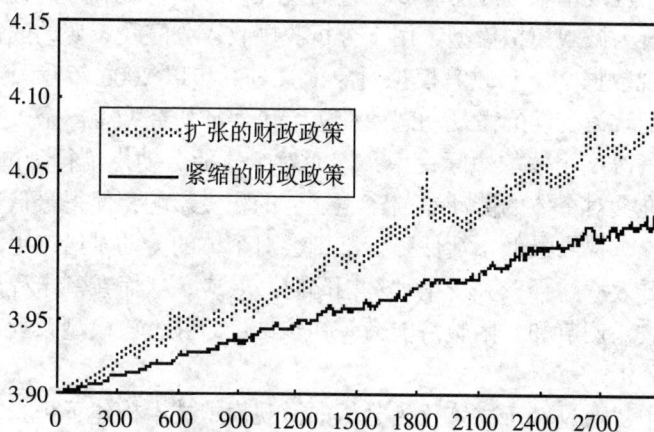

图 12　扩张的财政政策对居民收入不平等的影响

首先，我们看到模拟结果显示在我们构建的模型中，居民的收入不平等（Gini 系数）始终呈现上升趋势，不同的宏观经济政策显然不能对这一趋势施加方向性的干预。

另外，在这样一个处于发展状态的转轨经济环境下，收入不平等的拐点的出现仍是一个较长期的过程。其次，就宏观货币政策而言，其对于收入差距的具体影响在学界始终不能有一个一致性的论断，也就是说货币政策对于收入分配的影响方向和程度是不明确的。遗憾的是，在这一问题上，CNSM-Ⅳ的模拟同样没有给出确定性的结果。在两种不同的财政政策下，货币政策对于收入差距的影响方向恰恰相反，且影响程度不显著。也就是说，在符合我们构建的经济环境与假设下，货币政策与收入差距并不存在必然的联系。当然，我们认为这样的结果还是具有一定的实证意义的，至少我们在制定宏观货币政策时，不需要仅仅依据主观经验即对其收入分配效应进行界定，具体情况下可能存在不同路径解。最后，CNSM-Ⅳ再一次从经济演化的动态视角，对政府制定的收入分配政策的实证效果进行了肯定。在政府、企业与个人的多方博弈的演化经济环境下，扩张的宏观财政政策依然能够显著地对收入不平等加以有效地抑制。当然，这里我们将财政政策的调控手段界定为政府雇佣、税收和转移支付等。如果我们的政策改革同样是以这些对象作为调控手段的话，显然从紧的财政政策对于居民收入差距将会有显著的负面影响，这是我们所不主张的。

（三）实证研究

依据吉林省的区域经济数据和微观数据分析主体行为属性，以微观分析模拟模型作为政策评价工具，侧重在微观层面上应用算术法静态地分析直接效应、建立行为模型分析短期交互效应、运用类似于演化动力学的模型方法分析模拟中长期效应，具体地对个人所得税制度改革、最低工资制度改革和最低生活保障制度改革进行了模拟实验和经验实证研究。[①] 实证研究首先以比较分析的方式对历次个人所得税改革的属性和影响做出界定，对个税改革的财政效应和分配效应进行分析和预测。结果表明：个税改革对财政收入的显著削减及其在公平税负和调节收入上发挥积极的作用。然而这种改革效应随经济发展快速消失，个税改革难免经历不断调整的过程；进而将微观计量方法和微观模拟方法相结合，研制行为微观模拟模型，用于分析我国收入分配政策变动的短期（次轮）效应；用相同的微观数据基础和政策模拟对象，又进一步以 2006 年我国工薪所得税改革为例，对收入分配政策变动的微观动态效应进行了实证研究，得出个人所得税扣除标准的提高，不能显著改变个体的边际税率，因而对个体的劳动供给行为的影响是微弱的；提高最低工资标准会对个体的劳动参与产生显著的积极影响，使得最低工资制度的收入调节能力有所加强；提高最低生活保障标准则会对个体的劳动供给产生消极影响，易使低收入群体陷入低效率路径，并产生"贫困陷阱"效应，从而在一定程度上破坏了最低生活保障制度的收入调节和贫困救济能力等初步结论；并就该模型系列对制度改革的灵敏度进行了模拟分析。

在本项研究中，通过基于主体行为分析的微观模拟技术构建了仿真的公共政策微观模拟模型，其建立在现代经济学对经济系统的复杂适应性假说基础之上，强调了对微观主体行为特征、交互规则以及各类事件的描述和量化，实现了对经济问题的动态演化分

---

① 模拟实证研究部分详见万相昱的博士论文"微观模拟模型与收入分配政策评价"，吉林大学，2008 年。

析。应用该模拟模型，我们研究了在经济体制转轨过程中宏观经济政策对经济增长和收入分配等问题在微观层面上的动态效应，并且通过模拟获得了一些有益的经济信息，能对模拟分析预测的结果给予更加合理的经济解释。

模拟实验的结果表明：①转轨经济时期的经济增长过热和通货膨胀，并不会对促进居民实际收入增长和缩小收入不平等产生积极影响，有必要对此采取宏观经济政策手段进行调控。②即便是在动态演化的经济系统环境下，就长期经济效应而言，政府通过增加雇佣、降低所得税和提高转移支付额度等一系列扩张的财政政策手段，依然能够有效地实现促进就业、提高居民收入和缩小收入差距等实证效果。③扩张的货币政策能够刺激投资、促进就业，但同时也容易诱发通货膨胀。在收入分配问题的框架下单一地考察货币政策，难以精确地量化模拟个体收入分配效应。④在转轨经济的特定时期，尽管"松紧"搭配的财政政策和货币政策的相互作用存在一定程度上的"抵消"，但无论是从经济效率还是收入公平角度，模拟结果都不构成对这类政策组合的排斥。也就是说，我们的研究结论支持了应用货币手段调节经济发展、应用财政手段合理优化收入分配结构的组合政策主张，两者在复杂的经济环境中（即使是当前的国际金融危机）的作用效果并不矛盾，可以组合使用。此外，微观分析模拟方法还能反映出政府行为与市场微观主体行为之间的关系与可行的协调方向及措施。

应用微观分析模拟模型研究我国收入差距演变，积极地开辟新的途径，尝试性地将动态的分析过程引入了与收入分配相关的公共政策的微观效应评价中。强调在主体行为分析的基础上和动态框架中构建和运行经济系统演化模拟模型，一方面完善了仿真的理论基础，更好地实现与原有理论方法的对接；另一方面使要研究的问题更加集中、更具有针对性，由此大大增强了仿真模型在分析解释和预测方面的有效性。今后需要更加精确地捕捉个体的经济行为与状态、增大实证样本和更加逼近真实环境。尽管如此，本项研究所做的努力和探寻依然具有重要的理论和现实意义，能够为相关前沿领域的研究探索提供建设性的指导。

五、结语

在微观层面上从行为属性、传导过程到总体形态，深入地揭示收入分配演变等复杂现象的特点和规律，是经济理论研究非常值得关注的发展动向。本项研究结合我国收入分布的实际状况，运用微观分析模拟方法，在拓展传统的测度方法和改进 Pareto 模型的基础上，试图通过有选择地引入满意度、公平感和社会偏好等反映异质化行为的参数，对不同的收入分布形态及演变的主要行为特征、影响因素和过程控制、临界状态、诱发因素和条件、前兆迹象、程度和方式等，对收入分布形态和可能存在的临界点等进行基于微观行为建模与模拟实证分析，在此基础上尽可能准确有效、适时地制定预案和措施，把握和控制临界状态与实现预期效应，如此的研究方法在理论意义和对实践的作用上有望取得实质性突破。

[参考文献]

〔1〕Arthur, W. Inductive Reasoning and Bounded Rationality〔J〕. American Economic Review. 1994, 84: 406–411.

〔2〕Atkinson, Anthony B. On the Measurement of Inequality〔J〕. Journal of Economic Theory 2, 1970: 244–263.

〔3〕Basu, N, Pryor, R. and Quint, T. ASPEN: A Microsimulation Model of the Economy〔J〕. Computational Economics, 1998, 12: 223–241.

〔4〕Bourguignon, F. Decomposable Income Inequality Measures〔J〕. Econometrica, Vol.47 , Issue 4, 1979, July, 901–920.

〔5〕Bourguignon, F., Spadaro, A. Microsimulation as a Tool for Evaluating Redistribution Policies〔J〕. Journal of Economic Inequality, 2006, 4（1）: 77–106.

〔6〕Bruun, C. Growth and Inequalityin Agent –Based Models: Effects of Introducing a Wealth Tax〔W〕. Working Paper, Denmark: Aalborg University, 2001.

〔7〕Bruun, C. and Luna, F. Endogenous Growth with Cycles in a Swarm Economy: Fighting Time, Space, and Complexity〔A〕. in: F. Luna and B. Benedikt. Economic Simulations in Swarm: Agent–Based Modelling and Object Oriented Programming〔C〕. 2000, Kluwer: 105–131.

〔8〕Citro C. and Hanushek E. Improving Information for Social Policy Decision –The Uses of Microsimulation Modelling〔M〕. National Academy, Washington, D.C.1991.

〔9〕Cowell, Frank and Kuga, K Inequality measurement: an axiomatic approach〔J〕. European economic review. 1981, 15（3）: 287–305.

〔10〕Dalton, Hugh. The Measurement of Inequality of Incomes〔J〕. the Economic Journal, Vol. 30, No. 19, September, 1920: 348–361.

〔11〕Dagum, C. Gird ratio. The New Palgrave Dictionary of Economics〔J〕. Vol. 2, London: MacMillan Press, 1987: 529–532.

〔12〕Dagum, C. On the relationship between income inequality measures and social welfare functions〔J〕. Journal of Econometrics, 1990, 48: 91–102.

〔13〕Datt, G., and M. Ravallion. Growth and redistribution components of changes inpoverty measures: A decomposition with applications to Brazil and India in the 1980s〔J〕. Journal of Development Economics, 1992, 38（2）: 275–295.

〔14〕Deltas, George. The Small –sample Bias of the Gini Coefficient: Results and Implications for Empirical Research 〔J〕. the Review of Economics and Statistics, Vol. 85, No. 1, February, 2003: 226–234.

〔15〕DiNardo, J., Fortin, N. M. and Lemieux, T. Labor market institutions and the distribution of wages, 1973–1992: A Semiparametric Approach 〔J〕. Econometrica, Vol. 64（5）, September 1996: 1001–1044.

〔16〕Dorfman, Robert. A Formula for the Gini Coefficient〔J〕. the Review of Economics and Statistics, Vol. 61, No. 1, 1979, February, 146–149.

〔17〕Epstein, J. and Axtell, R. Growing Artificial Societies: Social Science from the Bottom Up〔M〕. MIT Press. 1996.

〔18〕Gastwirth, Joseph, L. The Estimation of the Lorenz Curve and Gini Index〔J〕. the Review of Economics and Statistics, Vol. 54, No. 2, 1972, August, 306–316.

[19] Gini, C. Sulla Misura della Concertrazaione e della Variabilitità dei Caratteri[J]. Atti del. R. Istituto Veneto di SS.LL.AA., 1914, 73: 1023-1248.

[20] Gupta, A., Kapur, V. Microsimulation in Government Policy and Forecasting [M]. Elsevier Science. 2000.

[21] Holland, J. Escaping brittleness: The possibilities of general-purpose learning algorithms applied to parallel rule-based systems [A]. in: R. Michalski, J. Carbonell and T. Mitchell. Machine Learning [C]. Volume II. Los Altos: Morgan Kaufmann. 1986: 593-623.

[22] Juhn, C., K. M. Murphy and B. Pierce, Wage Inequality and the Rise in Returns to Skill [J]. Journal. of Political Economy, 1993, 101 (3): 410-442.

[23] Lerman, Robert. U.S. Wage-Inequality Trends and Recent Immigration [J]. American Economic Review, American Economic Association, 1999, May, Vol. 89 (2): 23-28.

[24] Lerman, Robert & Yitzhaki, Shlomo. Improving the accuracy of estimates of Gini coefficients [J]. Journal of Econometrics, Elsevier, 1989, 9, Vol. 42 (1): 43-47.

[25] Newbery, David. A Theorem on the Measurement of Inequality [J]. Journal of Economic Theory 3, 1970: 64-266.

[26] Orcutt, G. A new Type of Socio-Economic System [J]. Review of Economic and Statistics, 1957, 80: 1081-1100.

[27] Orcutt, G. Simulation of Economic Systems[J]. American Economic Review, December, 1960, 50: 893-907.

[28] Pingle, M. Evolution of Worker-Employer Networks and Behaviors Under Alternative Non-Employment Benefits: An Agent-Based Computational Study [A]. in: A. Nagurney. Innovations in Financial and Economic Network [C]. Edward Elgar Publishers, 2003, 256-285.

[29] Sheshinski, Eytan. Relation between a Social Welfare Function and the Gini Index of Income Inequality[J]. Journal of Economic Theory, 1972, 4: 98-100.

[30] Shorrocks A. and G. Wan. Ungrouping Income Distributions: Synthesising Samples for Inequality and Poverty Analysis [M]. in K. Basu and R. Kanbur (eds.), Essays for Amartya Sen's 75th Birthday, Volume 1: Welfare Economics (Oxford University Press). 2008.

[31] Tesfatsion, L. Introduction to the Special Issue on Agent-Based Computational Economics [J]. Journal of Economic Dynamics and Control, 2001, 25: 281-293.

[32] Theil, H. Statistical decomposition analysis [J]. Amsterdam: North-Holland Publishing Company. 1972.

[33] Thurow, L.C. Analyzing the American income distribution [J]. American Economic Review, Papers and Proceedings 1970, 60: 261-269.

[34] Wan, G. Understanding Inequality and Poverty in China: Methods and Applications[J]. New York: Palgrave Macmillan. 2008.

[35] Whitemore, G. A. Third Degree Stochastic Dominance [J]. American Economic Review, 1970, 60 (3): 457-459.

[36] 唐爱国. 广义随机占优理论: 群体决策、收入分配与风险管理 [M]. 北京: 北京大学出版社, 2005.

[37] 万广华. 经济发展与收入不均等——方法和证据 [M]. 上海: 三联书店 (当代经济学文库), 2006.

[38] 万广华, 周章跃, 陆迁. 中国农村收入不平等: 运用农户数据的回归分解 [J]. 中国农村经济,

2005（5）.

　　[39] 王弟海，龚六堂. 持续性不平等的原因及其动态演化综述 [J]. 经济学（季刊），2008，7（2）：731-774.

　　[40] 王国成. 经济分析模型微观基础的异质化 [J]. 数量经济技术经济研究，2008（11）：149-161.

　　[41] 王国成. 当代经济学的行为转向与中国契机 [J]. 中国社会科学院研究生院学报，2010（4）：49-56.

　　[42] 夏斌，刘玲莉. 我国城乡居民收入差距影响因素的实证分析 [J]. 西北大学学报（哲学社会科学版），2008，38（3）：96-101.

　　[43] 张世伟，冯娟. 经济增长与收入差距：一个基于主体的经济模拟途径 [J]. 财经科学，2007（1）.

　　[44] 张世伟，万相昱，曲洋. 公共政策的行为微观模拟模型及其应用 [J]. 数量经济技术经济研究，2009（8）.

　　[45] 张作云，陆燕春. 社会主义市场经济中的收入分配体制研究 [M]. 北京：商务印书馆，2004.

第四章 中国住户生产核算若干重要理论与方法问题探究*

李金华

一、中国住户生产核算的理论背景

2008 年，欧盟委员会、国际货币基金组织、经济合作和发展组织、联合国、世界银行对《国民经济核算体系 1993》（System of National Accounts，SNA1993）再度进行了修订，出版了国民经济核算体系的第四个版本《国民经济核算体系 2008》（简记为"SNA2008"）。这是国民经济核算理论发展史上的重要文献，也是中国住户生产核算理论的重要理论基石。

（一）国民经济核算理论发展简述

联合国统计委员会及相关机构曾向世界各国推荐过 4 个核算体系：《国民经济核算体系》（System of National Accounts，SNA）、《物质产品平衡表体系》（System of Material Products Balances，MPS）、《社会和人口统计体系》（System of Social Demographic Statistics，SSDS）和《环境和经济综合核算体系》（Integrated Environmental and Economic Accounting，SEEA），用以指导世界各国的经济核算、社会核算和环境核算。四大核算体系为协调各国的核算实践、推动统计和经济分析数据的国际对比发挥了重要作用。

为实现核算工作与国际接轨，中国国家统计局依据联合国的 SNA，于 1992 年制定了适合中国国情的《中国国民经济核算体系（试行方案）》（以下简称"中国 SNA"），并在实践中推广应用。但是，随着社会的发展、经济形势的变化，特别是在环境与资源作为一个全球关注的问题日益受到世界各国重视的背景下，中国 SNA 的功能、范围受到普遍质疑。不少专家、学者提出要拓展现今的国民经济核算体系的范围，增加对环境资源的核算，构造中国的大国民经济核算体系；也有学者主张，依据联合国的环境核算体系，构造中国独立的环境核算体系，全面开展环境资源的统计核算。

国民经济核算理论的发展史上，最早出现的核算体系是 1953 年由联合国经济和社会事务部统计委员会推出的《国民经济核算体系 1953（SNA）》（以下简称"SNA1953"），

* 本文由国家社会科学基金项目（项目编号：08BTJ005）和中国社会科学院经济政策与模型重点研究室资助。

这是以英国著名统计学家理查德·斯通①（John Richard Nicolas Stone）教授为首的专家组根据此前的核算理论、方法研制的第一部较为系统的国民经济核算体系，目的在于制定一套标准的国民经济核算体系，以便提供一个具有普遍适用性的报告国民收入和生产统计的框架。

在 SNA 的发展过程中，联合国统计委员会于 1971 年向世界各国推出过另一核算体系，《物质产品平衡表体系》（MPS）。② MPS 包含五大平衡表，物资平衡表、财政平衡表、人力平衡表、国民财富平衡表、固定资产平衡表以及三个补充表（非物质平衡表、劳动力平衡表、居民物质财富和非物质服务总消费表）。推出 MPS 的目的是要满足实行计划经济国家进行国民经济核算的需要。

MPS 的重要理论依据之一是马克思的劳动价值论和再生产理论。马克思在分析劳动的二重性时，揭示了创造商品价值的源泉是人类的抽象劳动。他指出："劳动是惟一的价值源泉"，③ "价值除了劳动本身，没有任何别的物质"，④ "从一般劳动过程的单纯观点出发，实现在产品中的劳动，更贴近些说，实现在商品中的劳动，对我们就表现为生产劳动"，⑤ 这表明，在生产过程中，生产资料只是转移它已含有的价值，而不创造新的价值，创造价值财富的源泉只能是投入的活劳动。所以，只有物质生产领域中生产商品的劳动才能形成价值，非物质生产领域中的劳动不创造价值。这种思想对 MPS 框架形成的典型意义就体现在 MPS 的部门分类及其核心指标上。

MPS 规定，⑥ 劳动的生产性是划分物质生产领域的标准，生产性劳动就是人们为了满足人类的需要而作用于自然界的劳动。据此，全部经济活动部门被分为两大领域：物质生产领域和非物质生产领域。物质生产领域的国民经济部门包括工业、建筑业、农业、林业、运输业、邮电业、商业物质供应和采购、其他物质生产部门；而非物质生产部门也包括 8 个部门，即住宅公用事业、生活服务业、科学教育文化和艺术业等。基于国民经济部门分类而形成的一个核心指标是"社会总产值"，它被定义为一定时期内各物质生产总部门所生产的物质产品价值的总和，即工业、农业、建筑业、运输邮电业和商业五个物质生产部门总产值之和。这一基本分类、核心指标，以及由此衍生出的系列平衡表，形成了 MPS 的基本架构。显然，这些核算范畴和核算表适应于物质管理高度集中的计划经济体制国家进行国民经济核算。然而，这一目标指向和定位，在世界经济飞速发展，全球经济一体化，特别是计划经济体制国家逐步转型的背景下，决定了 MPS 退出历史舞台的命运。

事实上，MPS 的退出，除了世界经济形势和国民经济核算环境的巨大嬗变之外，其本身也存在一些重大缺憾。一是 MPS 从物质生产的概念出发，把国民经济核算的范围锁

---

① 理查德·斯通，因为在国民经济核算方面的卓越成就，而荣膺 1984 年诺贝尔经济学奖。

② 随着经互会各国经济形势的发展和变革，特别是东欧国家经济体制改革的推行，原有的 MPS 已不适应计划经济国家进行国民经济核算的需求，经互会统计合作常设委员会于 1984 年提出并交由联合国发表了《编制国民经济统计平衡表的基本方法原则》（简称"新 MPS"），以取代旧版 MPS。

③ 马克思恩格斯全集. 第 1 版第 26 卷 I，第 75 页.

④ 马克思恩格斯《资本论》书信集. 第 132 页.

⑤ 资本论. 第 1 卷. 第 5 章.

⑥ 新 MPS. 第 1 页第 5 条.

定在物质产品的生产、分配、交换和消费方面，排斥了大量非物质生产活动，这注定了它不能适应国民经济活动中日益增长的服务活动，也使得它难以成为一个完整全面的国民经济核算系统；二是 MPS 集中于对经济活动成果实物量的核算，主要描述社会再生产过程中的实物运动，对全社会资金缺乏完整而系统的反映，特别是资金运动和国民财富的存量在 MPS 中没有得到充分体现，国民经济系统中的实物流和价值流也不能完整展现；三是 MPS 中的平衡表之间缺乏有机的联系，彼此间的相关项目和平衡项目没有严格的核算关系，故而无法建立反映全部平衡表内在联系的国民经济平衡总表，这使得整个核算体系略显松散，核算功能相对薄弱。同时，现代经济的发展，使得产业结构发生了巨大变化，物质生产活动和非物质生产活动一体化的趋势日益明显，物质生产领域与非物质生产领域的划分已陷入困境，这严重动摇了 MPS 成立的基础。最终，MPS 退出了国民经济核算实践，成为历史。

回顾和评述 MPS 的历史，绝对不能否定 MPS 在国民经济核算理论发展过程中的地位和科学价值。无论怎样，它对当时背景下计划经济国家进行国民经济核算是发挥了积极指导作用的。也应该看到，它的某些理论和方法方面的局限和不足，主要是由于其核算对象和客观背景所致，不能否认当时环境下它的现实意义和实际作用。

MPS 的退出，促成了联合国的经济学家和统计学家将更多的精力投向 SNA 的发展、完善以及新核算体系的研究。继 SNA1953 后，根据各国统计核算的实践，并考虑不同发展水平、不同经济体制国家国民经济核算的需求，联合国统计委员会又推出了修订的 SNA，即 1968 年版的 SNA[1]（以下简称 "SNA1968"）。25 年后的 1993 年，联合国统计委员会与世界银行、国际货币基金组织、经济合作和发展组织、欧洲共同体委员会等共同推出了 SNA 的又一修订版，即 SNA1993。这一版本吸收了 SNA1968 实施以来各国国民经济核算理论与实践的最新成果，具有普遍的指导意义，代表了国民经济核算进入一个全新阶段。

在不断发展和完善 SNA 的过程中，联合国统计委员会也开始关注社会和人口发展的核算。20 世纪 60 年代初期，联合国的统计专家就开始研究收集和处理社会人口统计数据的理论和方法。在完成 SAN1968 后的 1969 年，以斯通教授为首的专家组就开始着手社会核算体系的研制工作。1970 年 7 月，日内瓦专家组会议讨论了体系的原始报告，[2]经过 1970 年 10 月联合国统计委员会第 16 届会议、1971 年 4 月欧洲经济委员会和世界卫生组织的联席会议、1971 年 5 月欧洲统计学家会议、1971 年 9 月亚洲统计学家会议、1971 年 11 月非洲统计学家会议以及 1972 年 12 月拉丁美洲经济委员会工作小组会议的多次讨论，最终形成了 SSDS，并于 1975 年公布。

SSDS 的序言中有这样一段话：[3] "本书有意只对环境进行有限的讨论，这也是由于联合国统计局正着手建立环境统计体系（SES），作为一个单独的项目，有人可能会说，

---

① 1964 年，联合国组成专家小组讨论 1953 年版 SNA 的修订，会议以斯通教授的一篇论文和经合组织准备的补充性论文为基础；1966 年，专家小组在第二届年会上再次讨论了关于 SNA 修订的相关文献和资料，研究了不变价的国民经济核算和收入分配统计以及投入产出问题；1967 年的第三届年会进一步研究修订方案，形成了最终决议并提交统计委员会；1968 年，统计委员会批准了 SNA 的修订版。

②③ United Nations: Towards a System of Social and Demographic Statistics, New York, 1975.

对 SSDS 与 SES 之间必然存在的联系作一些讨论是有益的。"这表明，在修订 SNA、研制 SSDS 的同时，联合国的专家已开始环境核算体系的设计。从 20 世纪 70 年代起，一些国家的经济学家、统计学家就开始了环境和资源核算理论与方法的研究。至 20 世纪 90 年代，联合国统计署（UNSD）、欧盟（EU）、经合组织（OECD）、世界银行（WB）为实现环境资源核算框架和方法的标准化，推出了《环境核算临时手册（1993）》。而后，经各国环境核算实践，于 1998 年开始修订，最终于 2003 年推出了《环境和经济综合核算体系（2003）》（SEEA）。至此，与 SNA 相并立的国际三大核算体系形成。

（二）三大核算体系的比较及对中国住户核算的启示

（1）自成一体，目标各异。三大核算体系 SNA、SSDS、SEEA 为世界各国进行经济、社会和环境核算提供了一个统一的标准和范式。自从其问世以来，就一直被各国统计学者视为圭臬，长期受到追捧。它们自成一体，目标各异，因而也各具特色，成为统计核算的经典理论和方法。

SNA 是建立在全面生产[①]概念基础之上的，其关键性概念和核心指标之一是 GDP。法国经济学家让·萨伊（Jean Baptiste Say）的效用价值论对 SNA 的形成具有重要的指导意义。萨伊认为："创造具有任何效用的物品，就等于创造效用，就等于创造财富。这是因为物品的效用就是物品价值的基础，而物品的价值就是由财富所构成。"[②] 在他看来，生产的数量不是由产品的大小、长短来衡量，而是由产品的效用来衡量，生产不仅创造效用，也创造价值；物品的效用是由劳动、资本、土地共同创造的，因而价值也是由劳动、资本和土地共同作用的结果。这一思想，成为奠定 SNA 核算范围和 GDP 统计口径的重要理论依据之一。

SSDS 的构架更多地体现了人文主义[③]的思想。这一点，从 SSDS 的核算范围、内容等方面都得到了印证。SSDS 强调以人为中心，注重人的社会性，注重人的思想活动、社会活动的考量和测度。它使用存量、流量和生命序列来描述人的状况，描述甚至包括经济活动在内的人类各方面的活动，如人类存流量、时间预算和时间分配、人口的出生死亡与迁移、社会等级分层与流动、住房及环境、社会保险和福利服务、学习与教育、健康与保健、谋生活动和无活动能力人口、公共秩序和治安等。整个体系以人为中心，以人的社会活动为主线，形成了逻辑清晰、结构严整的体系。

SEEA 则更多地体现了可持续发展的思想。SEEA 在开篇就论及可持续发展的观点，

---

① A.马歇尔曾说过："在一年期限内所生产的任何东西，提供的各项服务，以及各种效用均为国民收入的一部分（A.Studenski，The Income of Nations，p.20）。这是全面生产概念的雏形。全面生产概念是相对于限制性物质生产而言，它认为：生产既包括物质产品的生产，又包括非物质服务的生产；社会产品既包括具有物质形态的货物，又包括不具有物质形态的货物；国民收入既可以在物质生产中形成，又可以在非物质服务中形成。

② 萨伊.政治经济学概论［M］.北京：商务印书馆，1982.

③ 彼特拉克（Petrarca，Francesco，1304-1374）意大利诗人，提出以"人的思想"代替"神的思想"，被称为"人文主义之父"。人文主义，是一种以"人性"的解放为中心的人性论的世界观，它肯定颂扬人的一切，在一切领域中都贯彻"抑神扬人"的原则；它强调人的社会性，认为人都是有价值、有尊严的；同时，它始终对思想十分重视，认为思想不能孤立于它们的社会和历史背景来形成和加以理解。

即所谓的"三支柱论"、"生态论"和"资本论"。并强调：[①]"贯穿于本手册始终的四个类别账户是实物和复合流量账户、SNA 中环境交易账户、用实物和货币量表示的环境资产账户、核算资源耗减和环境退化以及环境防护性支出的账户。"显然，环境与资源是 SEEA 的核算中心。为全面体现可持续发展的思想，SEEA 强调了 Robinson 和 Tinker（1998）[②] 的可持续发展"三支柱论"，Golley（1990）的可持续发展"生态论"，Daly 和 Cobb（1989）、Pearce 和 Turner（1990）的可持续发展的"资本论"。正是依据这些理论，[③] SEEA 划定了核算范围，确定了核算内容，这些内容包括：环境活动与产品、环境资产和环境税、地下资源水资源、自然资源存流量、资源的耗减和防护性支出等。

（2）一脉相承，互为补充。尽管三个体系有着各自的理论基础、独立的核算对象，且各具特色，但它们又一脉相承，互有联系。

三个体系均出自联合国统计委员会，斯通教授是 SNA、SSDS 两个体系专家组的负责人，不少专家是两个、甚至是三个体系的研制者。事实上，在 SNA 的研制过程中，另两个体系就已经列入了专家组的研究计划。这决定了三个体系的研制思路、手段，特别是行文风格如出一辙。其间的联系，通过体系本身的描述就可以得到佐证。如 SSDS 在"引言"中就明确指出：[④]"本书相当详细地论述了早已存在的有关体系，如国民经济核算体系 SNA 与 SSDS 之间的必要联系"；"（本书）[⑤] 两个主要领域需要经济信息，它们是提供社会服务的领域以及分配社会服务救济的领域，扩大联合国公布的 SNA 中的有关条目，可以得到组织投入及其成本信息的一套标准账户形式"。而 SEEA 则在"引论"中十分明确地表明：[⑥]"SEEA 是 SNA 的一个卫星体系，由四个类别的账户构成……SEEA 的最后一个类别的账户考虑的是如何对现行的 SNA 进行调整，以说明经济对环境的影响。"特别地，SEEA 的附录 9，则专门论及其与 SNA 的联系：[⑦]"SEEA 被设想为 1993 年 SNA 的一个卫星账户，这意味着，虽然在 SNA 中可以引入某种灵活性，重要的是要弄清何时有意地引入了这种灵活性以及为什么要引入，本附录的目的是说明 SEEA 核算体系如何与 SNA 核算体系相互联系起来，说明这两个体系的概念与定义、核算准则与估价方法之间的联系。"而 SNA 1993 的第 17 章是"人口和劳动投入"的核算，第 20 章则是"社会核算矩阵"，附件四则是"保险、社会保险和养恤金的处理"。显然，这些新增添的内容均可划归到 SSDS。不同体系的这些表述，清楚地反映了三个体系之间的逻辑联系。当然，更多、更紧密的联系则体现在核算内容的关联上。

---

①⑥⑦ United Nations：Integrated Environment and Economic Accounting 2003-Handbook of National Accounting, New York，2003.

② Robinson，J. and J.Tinker. Reconciling Ecological，Economic，and Social Imperatives. International Development Research Center，1998，pp.9-44.

③ 可持续发展的三支柱论认为：可持续发展应该是经济、社会和环境三个系统的同时可持续，实现可持续性"支柱"的任意之一，却不能实现两个，都是不充分的；可持续发展的生态论认为：经济和社会系统都是全球环境的子系统，经济和社会的可持续性从属于环境的可持续性，从生态学角度看，发展指的是生态系统对变化和机会作出积极反应的能力；可持续发展的资本论认为：自然资源存量、土地和生态系统这些自然资本对发展的长期可持续性都是至关重要的，发展的长期可持续性取决于自然资本的维护，如果自然资本存量下降到不再能够充分地提供资源功能、沉淀功能和服务功能时，任何依赖于这些功能的发展模式都是不可持续的。

④⑤ United Nations：Towards a System of Social and Demographic Statistics，New York，1975.

第一，SNA 为范本，三个体系有着基本相同的模板。SNA 是最先面世的第一个核算体系，其在研制、更新、完善的过程中，SSDS 和 SEEA 就已在酝酿中。因而 SNA 的范式，就已经成为了后两个体系的模板。相似的范式体现在三个体系均在开篇规定核算原则、重要统计分类、核算范围及体系的用途等，主体部分则是由开篇所确定的核算对象，最后是由附属账户、主要概念等组成的附录。SNA 的开篇是体系的特色、用途，概念和范畴，核算规则（存流量）、机构单位和机构部门分类、[①] 核算工具；SSDS 则是一般性问题、范围和内容、存流量模型等；SEEA 则是体系的结构、用途，核算范围，核算工具等。可见，三个体系开篇的基本指导思想和功能基本一致。

第二，账户是三个体系的核心链接体，是构成体系的主要元素。三个体系的主体是由若干账户组成的账户体系，账户、与账户相匹配的表式以及由此衍生出的指标，构成了每一体系的主体内容。特别是账户，在整个核算体系中贯穿始终，它连接被核算的各个主体，表现各个变量之间的经济关系和逻辑联系，成为整个核算体系的骨架。SNA中，第 6 章至第 17 章分别是核算主体，论及的是生产核算、资金资产核算、国民财富核算、对外贸易核算、价格核算等，但其章名却是：生产账户、收入初次分配账户、收入二次分配账户、收入使用账户、资本账户、金融账户、资产其他变化账户、资产负债表、对外交易账户、供给和使用表、价格和物量核算以及人口和劳动力投入。SEEA 的第 3 章至第 10 章是核算主体，其章名则分别是实物流量账户、复合流量账户、与环境有关的经济活动和产品的核算、与环境有关的交易的核算、资产账户、具体资源账户、退化计量的估价技术、流量账户的环境调整。SSDS 由于核算对象的特殊性，虽然引入了许多计量模型、指标，但账户仍然是最主要的核算工具，它与核算表共同构成体系的主体。可见，失去了账户，也就动摇了三个体系的根基。

第三，目标各有侧重，内容相互补充。三个体系中，SNA 成形最早，内容最为丰富，结构最为完整。另两个体系虽然独立于 SNA 之外，但由于核算对象间的内在联系，也出于核算成果准确、全面性的需要，它们与 SNA 表现出了千丝万缕的联系。SNA1953旨在提供一个具有普遍适用性的报告国民收入和生产统计的框架，它提供了一套六个标准账户，并考虑了发展中国家进行国民经济核算的要求；SNA1968 则从国民经济核算的精心设计和建立总量分解的经济模型两方面进行了发展，它设计了一套容量为 20 个账户的账户体系；SNA1993 则在对前面版本进行修正完善的基础上，增加了环境核算的内容，"显示了经济核算和环境核算一体化方面目前的最高核算水平"。[②] 这一版本的 SNA 初步界定了环境核算账户的总方针、设计、概念和分类，提出了将自然资源作为货物和服务生产的资本来处理的理念。同时，在资产平衡表中列出了自然资产，勾画出了一个扩展到环境账户的 SNA 框架。

而 SEEA 则更多地考虑了与 SNA 的协调和对其的补充。其第一章的"导论"，论及

---

① 机构单位，是能以自己的名义拥有资产、发生负债、从事经济活动并与其他实体进行交易的经济实体；机构部门，则是由常住机构单位组成的经济总体，一般包括五个互不重叠的部门，即非金融公司部门、金融公司部门、一般政府部门、为住户服务的非营利机构部门、住户部门。机构单位和机构部门分类是 SNA 中最重要的统计分类，它是编制国民经济账户的基础，也是统计核算的主要依据。

② United Nations: System of National Accounts 1993, New York, 1995.

了[①] "将 SNA 总量指标扩展以核算资源耗减、防护性支出和退化";在第二章 "SEEA 核算结构",论及了 "SNA 的流量账户、SNA 账户在 SEEA 中的相关性、识别 SNA 账户内的环境交易、SNA 的资产账户";第六章 "其他与环境有关的交易的核算",论及了 "经济手段在 SNA 中的定位";第七章 "资产账户与自然资源存量"。

由前述不难发现,三个核算体系,特别是 SNA 对所有核算活动都具有极重要的指导意义,同样是中国住户核算的重要理论基础。

(三) 住户生产核算理论成果简评

早些版的 SNA1993 强调对住户活动的核算,它建议:在某一个国家内,当住户内部生产的货物和服务相对本国的货物总供应量非常重要时,就应该记录这种生产。事实上,SNA1993 一直将住户经济活动列为其重要内容,其中的诸多篇章都对住户的生产、收入、消费、储蓄等活动进行过阐述和推介。所以,一些国家的国民经济核算体系也都十分重视对住户经济活动,特别是生产活动的核算。在市场经济日益发达的今天,住户生产在国家经济活动中发挥的影响作用越来越大。

从 20 世纪 90 年代开始,联合国组织有关专家讨论住户生产、无偿服务的核算问题,加拿大、德国和日本等国也先后开始了这方面的研究,并对本国的无偿劳动价值进行了试算。在学术界,John Devereux、Luis Locay 于 1992 年在《美国经济评论》上发表了《专业化、住户生产和经济增长的测度》一文,文章研究了住户的生产概念及其测度方法,分析了住户生产在经济增长中的作用,设计了住户消费模式和住户生产总值测度模型。Euston Quah (1986) 则研究了住户生产的定义、生产活动连接点的处理方法以及住户生产价值的测度方法。他定义:住户生产是在市场外住户内所生产的经济服务活动,包括户主通过市场雇用的第三人所提供的活动,这种活动相对于住户成员而言没有改变其用途。

Gordon E. Bivens (1986) 研究了住户增加值的计算方法,并运用美国 1977~1978 年的数据分析了住户大小、住户收入以及户主年龄对住户生产的影响;Wilson L. Farman (1953) 从社会核算的角度,研究了住户部门的生产,设计了住户部门的生产账户体系;Charles C. Fischer (1994) 利用国情调查的数据,研究了住户生产的机会成本、影响因素,构造了住户生产核算的技术。Martin Murphy (1976) 研究了家庭生产中时间价值的计量问题,并对传统的时间计量模型 $L = U(J_1, J_2, Y) + V_1(J_1W_1 + J_2W_2 - Y) + V_2(24 - J_1 - J_2)$ 进行了更新和完善;Daphne John (1996) 探讨了住户劳动的分配、家务劳动时间的计量以及住户劳动时间数据的采集方法等;Robyn Eversole (2002) 则从微观的角度以一个地区的住户为样本,研究了住户的生产、收入和分配问题。

国内一些学者也研究了住户核算问题,如谷彬 (2007) 认为:无偿服务限定于住户成员为自身或为家庭内其他成员最终消费而提供的没有报酬的服务。它是由机构单位——住户提供的,也经历了生产要素投入和服务产出的过程。因此,无偿服务属于具有经济意义的生产。他主张,将住户的无偿服务纳入生产核算范围,以体现最全面的生产观。曾五一 (2005) 认为:无偿服务是社会福利的重要组成部分,人类劳动的相当部

---

① 后面引号中的文字分别为 SEEA 中相应章节的章名或节名。

分被用于无偿服务的生产，将此纳入核算可以更加全面地反映全社会的生产劳动成果和经济福利；无偿服务可以使不同国家和地区或不同时期的生产总量更加具有可比性。据此，他系统研究了无偿服务的定义、特征及分类方法。不难发现，国内学者对住户生产活动研究的视角主要是无偿服务。事实上，住户的生产活动与国民经济系统中的其他机构部门相同，同样有着生产活动和生产成果，同样有着生产的投入与产出，同样有着物化劳动和活劳动的消耗，但其生产有着特殊性，特别是非正规经济的比重较大。因此，其生产核算方法值得探讨和研究。

前述显示：学术界的相关成果均散见于一些文章，鲜有系统论述住户核算理论与方法的专著；住户核算还未形成较为完整科学的方法论体系，相对于国民经济核算的其他理论，住户核算研究还是一个弱项；无论在理论还是在实践上，中国 SNA 的住户核算还很欠缺，如住户核算数据采集、住户账户的编制，住户生产的产品和服务价值的计量，非正规经济、地下经济、非法生产等的核算等，都面临着许多亟待解决的问题。因此，全面系统地研究中国住户生产的核算理论和方法在理论和实践上均具有重要意义。据此，本文旨在对中国住户生产核算的框架或基本范式以及住户生产核算中的若干重大理论问题展开探讨。

根据联合国的 SNA2008，以及国际、国内学术界对住户生产活动的核算研究状况，本文将根据住户生产的特征，思考中国住户生产活动的核算范围、核算原则，探索构建中国住户生产的账户体系，探讨住户生产活动、住户活动成果的核算方法。全文的逻辑结构：住户生产核算范围的界定；住户正规生产活动的核算方法；住户非正规生产活动的核算方法；住户生产活动成果的综合核算方法；结语。

二、中国住户生产核算的主体与范围

住户生产主要是指非法人单位专为自身最终使用而进行的生产活动。虽然可以通过各种形式的估算大概地获得有关信息，但是这样的数据既不够准确，也不够详细，并不能满足国民经济分析的需要。国民经济核算分析要求对中国住户部门有深入的、详细的了解。如果住户生产的核算得以实现，不但可以有效弥补中国宏观经济核算数据的不足，还可以有效地为经济管理分析服务。国际统计核算界正在研究的"未观测经济"的问题已经对中国经济核算的全面性提出了严峻的考验，住户生产核算作为其中的一项重要内容也已普遍受到关注。

事实上，SNA1993 对住户生产核算的相关问题已作过界定和研究，提出过一些原则和规范。如第一章中的"绪论"论及了住户生产的概念和分类、住户的生产范围；第四章的"机构单位和机构部门"论及了住户部门及其子部门、为住户服务的非营利机构；第六章的"生产账户"论及了住户内的生产范围、隐蔽的生产和地下经济等；第九章的"收入使用账户"论及了住户的最终消费支出、住户的实际最终消费、一般政府和为住户服务的非营利机构负担的消费支出；第十一章的"金融账户"论及了住户保险账户、住户对人寿保险准备金和养恤基金的净权益；第十四章的"国外账户"论及了住户及个人的常住性、国外账户中住户的地位等；第十九章的"综合框架下在不同情况和需要下的应用"论及了住户部门的子部门划分、住户部门的社会核算等。由前述不难发现，SNA1993 对住户生产核算的框架、内容、原则都有了基本描述和指导性建议。显然，这些建议应该是世界各国设计本国住户生产核算准则的重要理论依据。

住户生产核算需要对住户经济交易进行定量描述。因此，统计学、经济计量学的有关理论为住户生产核算提供了方法论依据。特别是指标、核算表、账户的设计，账户、分析模型的构建等都离不开统计学、经济计量学的理论指导。所以，除了 SNA1993，统计学、经济计量学也是中国住户生产核算的理论基础。

（一）核算主体

与核算的理论基础相关的另一重大理论问题是住户生产核算主体的确定。住户生产核算的主体是"住户"。

比照 SNA1993 的推荐，中国国民经济核算中的"住户"可定义为：共同享用同样生活设施，共同消费一些货物和服务，集中支配和使用部分或全部收入和财产的社会单元。通常地，住户与家庭是一致的，每一个住户成员都有权利享有住户的共同资源，这些资源主要是集体创造的财富，消费的是住房和食品。在国民经济核算体系中，住户部门可分为机构单位住户和生产者的住户。前者指那些永久居住在某些机构或预备居住较长时间的自然人（较长时间可依据情况在统计制度中确定），在这些机构中，其对经济事务方面的行为很少有决策或者没有自主权；后者是住户部门内的非法人企业生产者，非法人企业所使用的固定资产和其他资产不属于企业而属于企业的拥有者，他们无条件地以个人身份对生产过程中发生的债务或欠款负有责任。

非法人企业是住户生产核算中最主要的核算主体，通常具有双重身份。一方面它可作为企业主负责企业的创办和管理；另一方面又可作为一个工人像其他有酬雇员一样提供部分劳动投入。实践中，它又可分为非法人市场企业住户和为自身最终使用的住户企业。非法人市场企业住户，是为了生存而在市场上销售或交换的货物和服务而创办的，可以从事各类生产和服务活动，且以销售或交换为目的，这些企业在实际中多居住在城镇，为个体工商户；为自身最终使用的住户企业，其生产以满足自身需求为目标，但不排除会销售满足自身需要后的剩余产出，产出包括货物也包括服务。

按照中国国民经济核算的实际，全部住户可分为农村住户和非农村住户两类。而每类住户又可细分为雇主、雇员、自营生产者、财产和转移收入接受者。其中，财产和转移收入接受者，是指主要以财产收入、养恤金收入或其他经常性转移收入作为收入主要来源的住户。这一分类是关于住户的主要分类，也是住户生产核算的基础。这种分类也基本符合 SNA1993 的要求。

各类住户是国民经济核算中住户生产核算的主体，其生产活动则决定了住户生产核算的范围。

（二）核算范围

按照 SNA2008 的界定，生产活动是最基本的经济活动，它是机构单位通过投入劳动、资本，生产货物和服务的过程。一个生产活动，必须有一个机构单位对这一过程承担责任，这一单位对过程所产生的货物和服务拥有所有权和支配权，没有人参与或管理和纯自然过程不是经济意义上的生产。据此，结合中国国民经济核算的实际，可将住户生产的核算范围划定为：①由住户生产，并提供给住户以外的一切公共货物和服务的生产；②为自身的最终消费或资本形成所保留的所有货物的自给性生产；③受雇家政人员的家庭服务性生产。事实上，住户为自身最终消费的货物自给性生产、自己动手的装修保养、消费品的使用以及自有住户的服务等，也具备生产的特征和性质，应该包括在生产核算的范围之内，但考虑到对其确认和收集数据的困难，可暂不列入住户生产核算的范围之内。另外需要注意的是，当住户成员作为受雇于某个公司（或准公司或政府部门）为其工作时，则这一生产不能作为住户的生产，只有当住户成员独自，或与他人合伙而直接拥有并控制企业的生产，才能作为住户的生产活动加以核算。

在 SNA2008 中，"生产"是一个十分宽泛的概念。它定义："本体系将实际上要进入市场的全部生产，不论用于销售还是用于易货，均列入生产范围，它也包括政府单位或营利机构免费向各个住户或向社会集体提供的所有服务。"根据这一思想，住户生产除了正常性生产即正规生产之外，其非法生产、隐蔽生产也是住户生产核算的重要内容。

目前，国际统计学界热议的非正规经济包括非法生产和地下生产（隐蔽生产）。按照 SNA2008 的界定，非法生产是法律禁止销售、分配或持有的货物和服务的生产，或者是活动过程合法，但由于未经许可的生产者从事它。而地下经济或称隐蔽生产，是具有现实经济意义且完全合法，但因为各种原因生产者以隐瞒政府方式的形式所从事的生产，如住户为规避缴税、规避社会保障款，或为避免遵守某些法定标准或避免遵守某些特定程序等所从事的生产活动均被称为地下经济或地下生产。但是，这些货物和服务生产过程真实，产出也有实际市场需求，活动成果与正规经济活动成果并无本质区别，因而被理所当然地列入住户生产范畴。长期以来，因为获取数据的困难，此类活动的成果始终未能得到真实反映和计量。今后，非正规生产应该受到足够重视，并逐步将其纳入国内生产总值核算中。

至此，我们可将中国住户生产核算的重要范畴列示见图1。

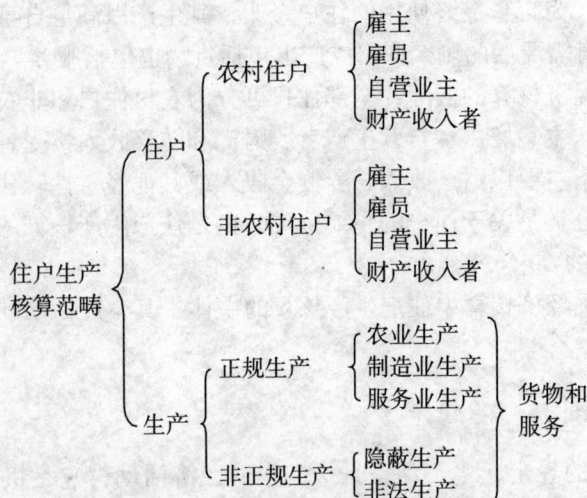

图1　住户生产核算范畴

图 1 显示：住户部门是中国 SNA 中的机构部门之一，可将其简单分为农村住户和非农村住户。两类住户的活动包括生产活动、收入分配活动、资本活动和金融活动，而生产活动又包括正规生产和非正规生产。四类活动的成果经过核算可分别并入中国 SNA 账户体系中对应的生产账户、收入账户、资本账户和金融账户，形成既与 SNA 密切联系又相对独立的住户生产核算数据系统。其具体核算内容见图 2。

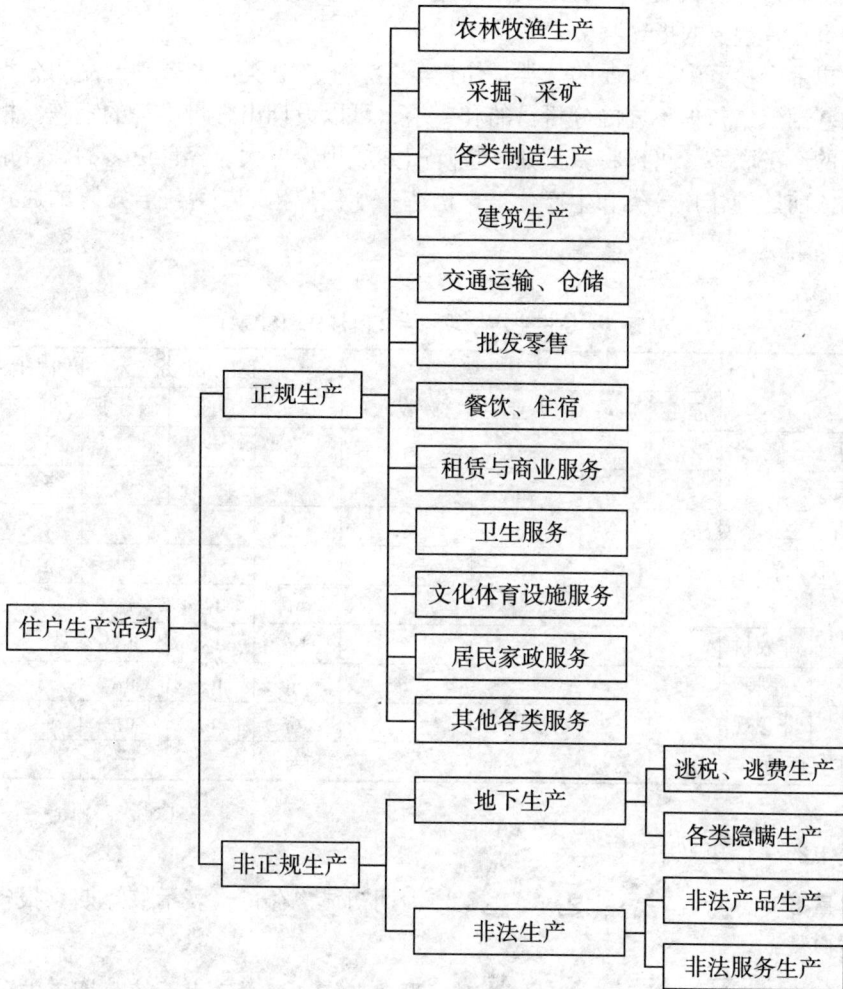

图 2　中国住户生产核算范围

需要说明的是，在国民经济核算实践中，我们是把住户作为一个总体看待的，即"住户"实质上指的是"住户部门"。因此，一切测定方法和分析方法均是针对住户总体而言的。

三、中国住户生产核算的基本工具

住户生产核算的基本工具是矩阵、账户以及一些特有的分析方法，这些工具的基本范式和功能是住户生产核算研究中最重要的内容。

（一）住户生产核算矩阵范式

社会核算矩阵（Social Accounting Matrix，SAM）是 SNA1993 进行核算的主要工具之一，它容量大、囊括的信息全，基于一定的主体分类后，能清楚地描述众多实物量和价值量的经济联系和逻辑关系，对刻画存流量有着无与伦比的优势。同时，对计量分析模型的构建也有着重要的指导意义。

在住户生产核算中，重要的分类是住户分类、生产分类以及劳动产品的分类。在不同分类的基础上，依据不同的分析目的和要求，可以设计出容量不等的矩阵。根据各交易量之间的经济联系，可以将多个独立矩阵归并成规模更大、容量更多的综合矩阵。此处，我们依前述的住户分类和生产分类，构造一个住户生产核算综合矩阵的通式或一般表达（见表 1）。

表 1　住户生产核算综合矩阵通式（SAM）

期末 ＼ 期初			住　户				货物和服务			期末住户存量	核算期产出量
			雇主	雇员	自营业主	财产收入者	农业	工业	服务业		
住户	雇主		s_{11}	s_{12}	s_{13}	s_{14}				$\sum s_{1.}$	
	雇员		s_{21}	s_{22}	s_{23}	s_{24}				$\sum s_{2.}$	
	自营业主		s_{31}	s_{32}	s_{33}	s_{34}				$\sum s_{3.}$	
	财产收入者		s_{41}	s_{42}	s_{43}	s_{44}				$\sum s_{4.}$	
生产	住户	农村					t_{11}	t_{12}	t_{13}		$\sum t_{1.}$
		非农村					t_{21}	t_{22}	t_{23}		$\sum t_{2.}$
	经济	正规					u_{11}	u_{12}	u_{13}		$\sum u_{1.}$
		非正规					u_{21}	u_{22}	u_{23}		$\sum u_{2.}$
期初住户存量			$\sum s_{.1}$	$\sum s_{.2}$	$\sum s_{.3}$	$\sum s_{.4}$	—	—	—	—	

在表 1 的综合矩阵中：

行向量 $S^0 = (\sum s_{.1}, \sum s_{.2}, \sum s_{.3}, \sum s_{.4})$ 为期初住户存量，表示核算期（报告期）初的各类住户数；

列向量 $S^1 = (\sum s_{.1}, \sum s_{.2}, \sum s_{.3}, \sum s_{.4})$ 为期末住户存量，表示核算期末的各类住户数；

列向量 $T^1 = (\sum t_{1.}, \sum t_{2.})$ 则是为各类住户（农村住户、非农村住户）所生产的各种物质产品和服务产品的价值量；

列向量 $U^1 = (\sum u_{1.}, \sum u_{2.})$ 是住户中正规经济、非正规经济所生产的各种物质产品和服务产品的价值量。

矩阵 $S = \begin{pmatrix} S_{11} & S_{12} & S_{13} & S_{14} \\ S_{21} & S_{22} & S_{23} & S_{24} \\ S_{31} & S_{32} & S_{33} & S_{34} \\ S_{41} & S_{42} & S_{43} & S_{44} \end{pmatrix}$ 反映核算期内各类住户的转移变化情况。对角线上的元

素是期内住户性质没有发生变化的住户数，非对角线上的元素是由一种状态转化为另一种状态的住户数。如：S_{22} 表示整个核算期内一直保持雇员身份的住户数；S_{13} 指期初为自营业主，期末为雇主的住户数；S_{43} 指期初为自营业主，期末为财产收入者的住户数；其他元素含义以此类推。

矩阵 $T = \begin{pmatrix} t_{11} & t_{12} & t_{13} \\ t_{21} & t_{22} & t_{23} \end{pmatrix}$ 反映的是农村住户和非农村住户各类物质产品和服务产品的价

值量。$U = \begin{pmatrix} u_{11} & u_{12} & u_{13} \\ u_{21} & u_{22} & u_{23} \end{pmatrix}$ 反映的是住户中正规经济和非正规经济所生产的货物和服务的

价值量。

上面的综合矩阵，既有流量又有存量，将动态描述和静态描述有机地结合在了一起，充分展示了不同经济交易量之间的逻辑关系。更进一步，若将矩阵中各行元素与对应的行之和相比，则可以计算出各类住户的转移系数 r_{ij}，

$$r_{ij} = \frac{s_{ij}}{\sum s_i} (i, j = 1、2、3、4)$$

于是可得住户转移系数矩阵 $\tilde{R}$ 为：

$$\tilde{R} = \begin{pmatrix} r_{11} & r_{12} & r_{13} & r_{14} \\ r_{21} & r_{22} & r_{23} & r_{24} \\ r_{31} & r_{32} & r_{33} & r_{34} \\ r_{41} & r_{42} & r_{43} & r_{44} \end{pmatrix}$$

本质上，$\tilde{R}$ 可视为一个马尔科夫链中的转移概率矩阵。因此，根据 $\tilde{R}$ 可对各类住户在未来时期的转移情况进行预测。所以，未来时期经过 n 步转移后的 n 步转移概率矩阵就为：

$$\tilde{R}(n) = \begin{pmatrix} r_{11}(n) & r_{12}(n) & r_{13}(n) & r_{14}(n) \\ r_{21}(n) & r_{22}(n) & r_{23}(n) & r_{24}(n) \\ r_{31}(n) & r_{32}(n) & r_{33}(n) & r_{34}(n) \\ r_{41}(n) & r_{42}(n) & r_{43}(n) & r_{44}(n) \end{pmatrix}$$

根据 $\tilde{R}(n)$ 就可以对未来某一时刻核算地域内住户的构成分布情况做出预测。需要说明的是，此处提供的仅是一个综合矩阵的通式，根据研究的需要，调整其中的分类和交易项目就可演化出新的核算矩阵。

（二）住户生产账户范式

账户记录经济活动的存量和流量，反映经济生活的某一方面，反映实物量或价值量在某一时期的增减变化。从内容上看，账户分为经济账户、积累账户和资产负债表。经常账户反映物质产品和服务产品的生产、财产的收入分配与使用；积累账户反映资产、负债及其净值的变化；资产负债表则是资产存量的记录，反映被核算总体在某一时刻资

产、负债的存量。从形式上看，账户分为简单账户和综合账户，简单账户反映单个现象的某一个方面，而多个账户有机地整合在一起形成综合账户或账户体系，可完整地反映现象的多个方面，特别是多个现象间的逻辑关系。

根据前述生产核算的范围和内容，可将住户生产核算的简单账户的一般形式设计如下：

账户 I　住户生产核算账户通式一

使　用	来　源
使用项目	来源项目
使用总额	来源总额

账户 I 中平衡式为：来源总额＝使用总额

另一种形式的账户可设计为：

账户 II　核算账户通式二

流　入	流　出
期初存量	期内减少量
期内增加量	期末存量
流入总量及存量	流出总量及存量

账户 II 中的平衡式为：　期初存量 + 期内增加量 − 期内减少量 = 期末存量

由账户通式可演化出不同功能、不同形式的住户生产活动和生产成果账户，从而达到对住户生产的核算。

四、住户正规生产活动的基本核算方法

（一）生产活动综合矩阵的设计

住户的生产活动分为正规生产和非正规生产，由于这两类生产活动资料采集的方式和途径不相同，因而需要分开核算。可设计一个综合矩阵从总量上描述两类生产活动的规模以及其投入产出结构（见表2）。

表2　住户生产活动综合矩阵通式

投资要素＼活动类型	正规生产					非正规生产			总计
	活动1	活动2	…	活动n	小计	地下	非法	小计	
要素1	f_{11}	f_{12}	…	f_{1n}	$f_{1.}$	g_{11}	g_{12}	$g_{1.}$	$t_{1.}$
要素2	f_{21}	f_{22}	…	f_{2n}	$f_{2.}$	g_{21}	g_{22}	$g_{2.}$	$t_{2.}$
⋮	⋮	⋮	⋮	⋮	⋮	⋮	⋮	⋮	⋮
要素n	f_{n1}	f_{n2}	…	f_{nn}	$f_{n.}$	g_{n1}	g_{n2}	$g_{n.}$	$t_{n.}$
总　计	$f_{.1}$	$f_{.2}$	…	$f_{.nn}$	$f_{..}$	$g_{.1}$	$g_{.2}$	$g_{..}$	$t_{..}$

表 2 中，表的主词栏是投入的各类生产要素，宾词栏是各类生产活动。其中，正规生产是与国内生产总值 GDP 基本相吻合的生产活动分类，包括农林牧渔生产、采掘采矿生产、各类制造生产、建筑生产、交通运输仓储活动、餐饮住宿活动、租赁与商业服务活动、卫生体育服务活动、居民家政服务活动以及其他各类服务活动等；非正规生产包括地下生产和非法生产；主词栏中投资要素是各种生产活动中消耗的生产要素。

此处，f_{ij} 是住户从事第 j 种正规生产对第 i 种生产要素的投资量；

g_{ij} 是住户从事第 j 种非正规生产活动对第 i 种生产要素的投资量；

$F_{i.} = \sum_{j=1}^{n} f_{ij}$ 为第 i 种生产要素投资在住户各类正规生产活动中的总量；

$G_{i.} = \sum_{j=1}^{n} g_{ij}$ 为第 i 种生产要素投资在住户各类非正规生产活动中的总量；

$F_{.j} = \sum_{i=1}^{n} f_{ij}$ 为住户各类正规生产活动中生产要素的投资总量；

$G_{.j} = \sum_{i=1}^{n} g_{ij}$ 为住户各类非正规生产活动中生产要素的投资总量。

于是有：

$$T_{i.} = \sum_{j=1}^{n} f_{ij} + \sum_{j=1}^{n} g_{ij}$$

$$T_{..} = f_{..} + g_{..}$$

根据表 2 的生产活动综合矩阵，可以计算两个分析指标：一是住户正规生产投入系数；二是住户非正规生产投入系数。其中，正规生产投资系数 λ_{ij} 的计算式为：

$$\lambda_{ij} = \frac{f_{ij}}{\Delta y_j} (i, j = 1, 2, 3, \cdots, n) \tag{1}$$

式中：Δy_j 是第 j 种正规生产活动的产出增加量；

λ_{ij} 是住户第 j 种正规生产活动对 i 种生产要素的投入系数，表示住户从事第 j 种正规生产活动增加一个单位的产出量而需要的第 i 种生产要素的数量。

这样，就可求得住户正规生产活动的投资系数矩阵如下：

$$\Lambda = \begin{pmatrix} \lambda_{11} & \lambda_{12} & \cdots & \lambda_{1n} \\ \lambda_{21} & \lambda_{22} & \cdots & \lambda_{2n} \\ \vdots & \vdots & & \vdots \\ \lambda_{n1} & \lambda_{n2} & \cdots & \lambda_{nn} \end{pmatrix} \tag{2}$$

Λ 中的各行之和 $\lambda_{i.} = \sum_{j=1}^{n} \lambda_{ij}$，是住户各类正规生产活动均增加一个单位的产值对 i 种生产要素所需的投资量；

Λ 中的各列之和 $\lambda_{.j} = \sum_{i=1}^{n} \lambda_{ij}$，是住户从事第 j 种正规生产活动时每增加一个单位产值所需要的生产要素的投资量。

同理，我们可以定义住户非正规生产投资系数如下：

$$\theta_{ij} = \frac{g_{ij}}{\Delta x_j} \tag{3}$$

式中：Δx_j 是住户从事第 j 种非正规生产活动的产出增加量；

θ_{ij} 是住户从事第 j 种非正规生产活动对第 i 种生产要素的投资系数，表示住户从事第 j 种非正规生产活动增加一个单位的产出量而需要的第 i 种生产要素的数量。

这样，住户从事非正规生产活动的投资系数矩阵就可以计算如下：

$$\Theta = \begin{pmatrix} \theta_{11} & \theta_{12} \\ \theta_{21} & \theta_{22} \\ \vdots & \vdots \\ \theta_{n1} & \theta_{n2} \end{pmatrix} \tag{4}$$

同理，矩阵 Θ 中的各行之和 $\theta_{i.} = \sum_{j=1}^{n} \theta_{ij}$，是住户各类非正规生产活动均增加一个单位的产值对第 i 种生产要素所需的投资量；

Θ 中的各列之和 $\theta_{.j} = \sum_{j=1}^{n} \theta_{ij}$，是住户从事第 j 种非正规生产活动时每增加一个单位产值所需要的生产要素的投资量。

由于非正规生产活动的数据需要通过抽样调查取得，所以，后文我们只进一步研究住户正规生产活动的投入与产出状况。

根据前述的定义有：

$$f_{ij} = \lambda_{ij} \Delta y_j (i, \ j = 1, \ 2, \ \cdots, \ n)$$

于是有住户正规生产活动的投资矩阵 F 为投资系数矩阵与各类生产活动产出增量的对角矩阵之积，即：

$$F = \Lambda \Delta \tilde{Y} = \begin{pmatrix} \lambda_{11} & \lambda_{12} & \cdots & \lambda_{1n} \\ \lambda_{21} & \lambda_{22} & \cdots & \lambda_{2n} \\ \vdots & \vdots & & \vdots \\ \lambda_{n1} & \lambda_{n2} & \cdots & \lambda_{nn} \end{pmatrix} \begin{pmatrix} \Delta y_1 & & \cdots & 0 \\ & \Delta y_2 & & \\ \vdots & & \ddots & \vdots \\ 0 & & & \Delta y_n \end{pmatrix} \tag{5}$$

利用上述各式，可以进行住户生产活动的系列分析：

（1）住户各类生产活动产出增量或生产要素投资总量的核算。在生产结构不变的情况下，t +1 期住户第 j 种生产活动的产出增量矩阵为：

$$\Delta Y^{(t+1)} = \Lambda_{(j)}^{-1} * F_{(j)}^{(t+1)}$$

即：

$$\begin{pmatrix} \Delta y_1^{(t+1)} \\ \Delta y_2^{(t+1)} \\ \vdots \\ \Delta y_n^{(t+1)} \end{pmatrix} = \begin{pmatrix} \lambda_{.1} & & \cdots & 0 \\ & \lambda_{.2} & & \\ \vdots & & \ddots & \vdots \\ 0 & & & \lambda_{.n} \end{pmatrix}^{-1} \begin{pmatrix} f_1^{(t+1)} \\ f_2^{(t+1)} \\ \vdots \\ f_n^{(t+1)} \end{pmatrix} = \begin{pmatrix} 1/\lambda_{.1} & \cdots & & 0 \\ & 1/\lambda_{.2} & & \\ \vdots & & \ddots & \vdots \\ 0 & & & 1/\lambda_{.n} \end{pmatrix} \begin{pmatrix} f_1^{(t+1)} \\ f_2^{(t+1)} \\ \vdots \\ f_n^{(t+1)} \end{pmatrix}$$

因为：

$$f_j^{(t+1)} = \sum_{i=1}^{n} \lambda_{ij} \cdot \Delta y_j^{(t+1)}$$

$$= \lambda_{.j} \cdot \Delta y_j^{(t+1)} \quad (j=1, 2, \cdots, n) \tag{6}$$

式中：

$\Delta y_j^{(t+1)}$ 是 t+1 期住户第 j 种生产活动总产出的增加量；

$f_j^{(t+1)}$ 是 t+1 期住户第 j 种生产活动生产要素的投入量；

$\lambda_{.j}$ 是 t 年度第 j 种生产活动的生产要素投资系数。

写成矩阵形式即为：

$$\begin{pmatrix} f_{.1}^{(t+1)} \\ f_{.2}^{(t+1)} \\ \vdots \\ f_{.n}^{(t+1)} \end{pmatrix} = \begin{pmatrix} \lambda_{.1} & & \cdots & 0 \\ & \lambda_{.2} & & \\ \cdots & & \ddots & \\ 0 & & & \lambda_{.n} \end{pmatrix} \begin{pmatrix} \Delta y_1^{(t+1)} \\ \Delta y_2^{(t+1)} \\ \vdots \\ \Delta y_n^{(t+1)} \end{pmatrix}$$

将上式变形后即得前面的 t+1 期核算值计算式（6）。

（2）住户各种生产性要素投资量核算。同理，我们可以核算 t+1 期各类生产活动对 i 种生产性要素的投资总量。

由于

$$f_{i.}^{(t+1)} = \sum_{j=1}^{n} \lambda_{ij} \cdot \Delta y_j^{(t+1)} \quad (j=1, 2, \cdots, n)$$

写成矩阵形式有：

$$F_{(i)}^{(t+1)} = \Lambda * \Delta Y^{(t+1)}$$

即：

$$\begin{pmatrix} f_{1.}^{(t+1)} \\ f_{2.}^{(t+1)} \\ \vdots \\ f_{n.}^{(t+1)} \end{pmatrix} = \begin{pmatrix} \lambda_{11} & \lambda_{12} & \cdots & \lambda_{1n} \\ \lambda_{21} & \lambda_{22} & \cdots & \lambda_{2n} \\ \vdots & \vdots & & \vdots \\ \lambda_{n1} & \lambda_{n2} & \cdots & \lambda_{nn} \end{pmatrix} \begin{pmatrix} \Delta y_1^{(t+1)} \\ \Delta y_2^{(t+1)} \\ \vdots \\ \Delta y_n^{(t+1)} \end{pmatrix}$$

变换矩阵等式即有：

$$\Delta Y^{(t+1)} = \Lambda^{-1} * F_{(i)}^{(t+1)}$$

即：

$$\begin{pmatrix} \Delta y_1^{(t+1)} \\ \Delta y_{2.} \\ \vdots \\ \Delta y_{n.} \end{pmatrix} = \begin{pmatrix} \lambda_{11} & \lambda_{12} & \cdots & \lambda_{1n} \\ \lambda_{21} & \lambda_{22} & \cdots & \lambda_{2n} \\ \vdots & \vdots & & \vdots \\ \lambda_{n1} & \lambda_{n2} & \cdots & \lambda_{nn} \end{pmatrix}^{-1} \begin{pmatrix} f_{1.}^{(t+1)} \\ f_{2.}^{(t+1)} \\ \vdots \\ f_{n.}^{(t+1)} \end{pmatrix} \tag{7}$$

运用式（7）可以核算 t+1 期住户各类生产活动对 i 种生产性要素的投资量情况。

（二）综合矩阵运用验证

为实例验证综合矩阵（见表2）的核算功能，假定一地域某时期住户正规生产活动的数据如表3所示。

表3　某地域住户正规生产活动数据

单位：亿元

		各类生产活动投资				合计
		农林牧渔	制造	建筑	服务	
生产要素	农林牧渔	10	8	8	15	41
	制造	20	10	10	8	48
	建筑	8	22	12	18	60
	服务	22	16	6	14	58
	合计	60	56	36	55	207
新增产出		360	280	200	320	1160

注：表中数据仅说明矩阵的应用，不作其他经济解释。

由表 3 数据可计算得该地域住户正规生产活动的投资系数矩阵如下：

$$\Lambda = \begin{pmatrix} \lambda_{11} & \lambda_{12} & \cdots & \lambda_{1n} \\ \lambda_{21} & \lambda_{22} & \cdots & \lambda_{2n} \\ \vdots & \vdots & & \vdots \\ \lambda_{n1} & \lambda_{n2} & \cdots & \lambda_{nn} \end{pmatrix} = \begin{pmatrix} 10/360 & 8/280 & 8/200 & 15/320 \\ 20/360 & 10/280 & 10/200 & 8/320 \\ 8/360 & 22/280 & 12/200 & 18/320 \\ 22/360 & 16/280 & 6/200 & 14/320 \end{pmatrix}$$

$$= \begin{pmatrix} 0.028 & 0.029 & 0.04 & 0.047 \\ 0.056 & 0.036 & 0.05 & 0.025 \\ 0.022 & 0.079 & 0.06 & 0.056 \\ 0.061 & 0.057 & 0.03 & 0.044 \end{pmatrix}$$

则各类正规生产活动投资系数的向量为：（0.167，0.201，0.18，0.172）

这样，该地域农林牧渔生产、制造生产、建筑生产、服务生产活动所需的全部生产要素的投资总量分别为：

$$\begin{pmatrix} 0.167 & 0 & 0 & 0 \\ 0 & 0.201 & 0 & 0 \\ 0 & 0 & 0.18 & 0 \\ 0 & 0 & 0 & 0.172 \end{pmatrix} \begin{pmatrix} 360 \\ 280 \\ 200 \\ 320 \end{pmatrix}$$

即：（193.72，233.06，208.8，199.52）

同理：核算其对各种生产要素的投资

$$\begin{pmatrix} f_1^{(t+1)} \\ f_2^{(t+1)} \\ \vdots \\ f_n^{(t+1)} \end{pmatrix} = \begin{pmatrix} 0.028 & 0.029 & 0.04 & 0.047 \\ 0.056 & 0.036 & 0.05 & 0.025 \\ 0.022 & 0.079 & 0.06 & 0.056 \\ 0.061 & 0.057 & 0.03 & 0.044 \end{pmatrix} \begin{pmatrix} 360 \\ 280 \\ 200 \\ 320 \end{pmatrix} = \begin{pmatrix} 41.32 \\ 48.24 \\ 59.96 \\ 58 \end{pmatrix}$$

即核算期该地域住户对农林牧渔、制造、建筑、服务生产要素的投资需求量分别为 41.32 亿元、48.24 亿元、59.96 亿元和 58 亿元。

五、住户非正规生产活动的核算方法

由于非正规生产活动的具有隐匿性的特征，所以我们考虑运用抽样推断的方式进行住户非正规生产活动的核算。其基本思路是先测定全部住户总体中从事非正规经济活动的住户数，而后再推断住户总体的非正规生产活动总量。

第一步，先划定住户总体范围，而后运用随机抽样方式从中抽选出若干住户构成样本，观测样本中从事非正规生产活动的住户在样本住户中所占的比重，以推断出住户总体中从事非正规生产活动的住户数。

非正规生产住户数的估计，可用整群抽样方式。设定：被研究的地区（如一个省、一个大行政区域）的全部住户为总体，下属的各次级单位（如一个县、一个县级市）的全部住户为一个群，总体中共有 R 个群，根据随机抽样原则，抽取 r 个群，再通过调查可确定样本中非正规生产住户数占样本住户的比重为 p，据此可推断出住户总体的非正规生产住户比重。此时，抽样平均误差的计算公式如下：

$$\mu_p = \sqrt{\frac{\delta_p^2}{r}\left(\frac{R-r}{R-1}\right)} \tag{8}$$

式中：R 为总体群数，r 为抽样群数；群间方差 δ_p^2 的计算式为 $\delta_p^2 = \frac{\sum(p_i - P)}{r}$，$p_i$ 为总体各群的成数，实际中可用样本各群成数代替；P 理论上应为历史资料中的总体成数，但通常由样本成数代替。

这样，总体成数 P 的区间估计式就为 $P \pm t\mu_p$，此即为非正规生产住户在全部生产住户中的比重。

第二步，推断总体的非正规生产活动总量。在求出了总体的非正规生产活动住户数后，则可运用多阶段抽样或分类抽样的方式进行非正规生产总量的推断。

在多阶段抽样条件下，设住户总体中初级单位的总数为 N，从总体中抽取初级单位的样本数为 n。假设初级单位的大小相同，包括的基本单位相同，即为 M；第二阶段从抽中的各初级单位中再抽取 m 个基本单位。这样，整个两阶段抽样所抽取样本容量就为 mn 个，以 y_{ij} 表示第 i 个初级单位第 j 个基本单位的标志值，$\bar{y}_i$ 为第 i 个初级单位中抽取的样本单位标志值的平均值，$\bar{Y}_i$ 为第 i 个初级单位中所有基本单位标志值的平均值。这样，总体平均数（非正规生产总量）的估计值为：

$$\hat{\bar{Y}} = \bar{\bar{y}} = \frac{1}{nm}\sum_i\sum_j Y_{ij} = \frac{1}{n}\sum_i \bar{y}_i$$

可以证明 $\bar{\bar{y}}$ 是总体平均值 $\bar{\bar{Y}}$ 的无偏估计量。对应地，其区间估计中抽样平均误差的计算公式为：

$$\mu_y = \sqrt{\frac{s_1^2}{n}(1-f_1) + \frac{s_2^2}{nm}(1-f_2)}$$

式中，s_1^2 为初级单位的样本方差：$s_1^2 = \frac{1}{n-1}\sum_i(\bar{y}_i - \bar{\bar{y}})^2$

s_2^2 为初级单位内基本单位的样本方差：$s_2^2 = \dfrac{1}{n(m-1)} \sum_i (\bar{y}_{ij} - \bar{y}_i)^2$

$$f_1 = \frac{n}{N}, \quad f_2 = \frac{m}{M}$$

这样，总体平均数的区间估计值就为 $\bar{y} \pm t\mu_y$，此即为所需要测定的总体的非正规经济生产总量（增加值总量）。

同理，在分类抽样条件下，总体均值的区间估计表达式为 $\bar{x} \pm t\mu_x$。式中，$\bar{x}$ 为样本均值，t 为概率度，μ_x 为抽样平均误差，其计算公式为：

$$\mu_x = \sqrt{\frac{\sum n_i \sigma_i^2}{n^2} \left(1 - \frac{n}{N}\right)}$$

式中：N 为总体单位数，n 为样本单位数，n_i 为各组单位数，σ_i^2 为各组方差。

通过一个案例可以说明这种测定方法的可操作性。为测定某一地区住户（总体）的非正规生产总量，根据总体内全部生产单位的结构，将其划分为 180 个群，按 10% 的比例随机抽取 18 个群组成整群抽样下的样本，进行非正规生产住户比重的不重复随机抽样调查，得到样本数据如下（见表4）。

表 4　整群抽样下样本非正规生产住户比重

样本单位序号	非正规生产住户比重（%）	样本单位序号	非正规生产住户比重（%）	样本单位序号	非正规生产住户比重（%）
1	2.51	7	2.30	13	2.13
2	2.21	8	2.31	14	3.05
3	1.63	9	3.20	15	2.19
4	1.51	10	2.41	16	2.06
5	1.70	11	2.55	17	3.01
6	1.90	12	3.21	18	1.99

注：表中数据仅作方法运用的验证，不作其他经济解释。

根据表 4 资料，计算得样本成数的均值为：

$$p = \frac{\sum p_i}{r} = 2.3261\%$$

群间方差为：

$$\delta_p^2 = \frac{\sum (p_i - P)^2}{r} = 0.271\%$$

于是，可得整群抽样条件下抽样平均误差为：

$$\mu_p = \sqrt{\frac{\delta_p^2}{r} \left(\frac{R-r}{R-1}\right)} = \sqrt{\frac{0.00271}{18} \left(\frac{180-18}{18-1}\right)} = 1.6864\%$$

这样，就可以在 95% 的概率保证下，估计出被核算住户总体中从事非正规生产活动住户数的比重如下：$2.3261\% \pm 1.96 \times 1.6864\%$。

通过整群抽样推断出住户总体中从事非正规生产活动住户数的比重后，可再运用分类抽样推断出总体非正规生产的生产总量。设定样本中按生产特性进行分组的相关数据如表 5 所示。

表 5　分类抽样下住户非正规生产活动总量情况表

	抽取单位数（个）n_i	增加值均值 $\bar{x}_i$（亿元）	增加值方差 σ_i^2	$n_i\bar{x}_i$	$n_i\sigma_i^2$
逃税、逃费生产	158	21.3	118.4	3365.4	18707.2
其他隐瞒生产	38	19.6	96.6	744.8	3670.8
非法产品生产	36	6.8	36.9	244.8	8812.8
非法服务生产	66	13.2	81.1	871.2	5352.6
合计	298	—	—	5226.2	36543.4

由表 5 得样本均值为：

$$\bar{x} = \frac{\sum \bar{x}_i n_i}{n} = \frac{5226.2}{298} = 17.54$$

$$\mu = \sqrt{\frac{\sum n_i \sigma_i^2}{n^2}\left(1 - \frac{n}{N}\right)} = \sqrt{\frac{36543.4}{298^2}\left(1 - \frac{298}{2980}\right)} = 0.6086$$

这样，就可以在 95% 的概率保证下，估计出被核算住户总体非正规生产活动总量的估计区间为：$17.54 \pm 1.96 \times 0.6086$。

类似地，也可以按多阶段抽样方法推断住户总体非正规生产的活动总量。

六、住户生产活动的综合核算方法

（一）住户生产活动综合矩阵的设计

住户生产活动包括正规生产和非正规生产，成果体现为增加值数量，其生产活动的收入构成主要是生产的物质产品的销售收入、服务劳务收入以及混合收入，此外还有生产税的补贴收入等。在对住户的正规生产活动和非正规生产活动进行分别核算后，则可设计一个住户生产成果的综合矩阵，全面反映住户总体在核算期内的生产活动成果（见表 6）。

表 6 综合反映了一定时期住户的生产活动成果。各行是核算时期全部住户各类货物生产收入、各类服务收入、各类混合收入以及生产税收入净额；各列是全部住户各类生产活动，包括非正规生产的活动成果总量。这一综合矩阵完整地反映了全部住户的生产活动成果总量及构成。由此可以分析住户生产活动中物质产品生产和服务性生产在全部生产活动中的比重，测定一个地域住户生产在第一、第二、第三产业的分布情况。

更进一步，将住户的生产活动进行延伸分析，可设计一个反映住户生产成果、收入形成、收入使用和资本存量状况的综合矩阵（见表 7）。

综合矩阵表 7 中，$G_i = G_j$，即 $\sum G_i = \sum G_{j\circ}$

其中的 A、B、Z、H、Ψ、Ω、Φ 等本身就是一个子矩阵，在细分组的情况下，它们可以进一步分析各类经济变量的结构。如"货物与服务"细分为农林牧渔、制造、建筑、服务，则"货物产出"矩阵 Z 可为：

表 6　中国住户生产成果综合矩阵

分类/代码			正规生产													非正规生产		总计
			农林牧渔	采掘采矿	制造	建筑	运输仓储	批发零售	餐饮住宿	租赁与商业服务	卫生服务	文化体系服务	居民家政服务	其他生产与服务	地下生产与服务	非法生产	
			1a	2a	3a	4a	5a	6a	7a	8a	9a	10a	11a	12a	1b	2b	
货物销售	城镇	1A	0.1	0.1	16.2	—	—	—	—	—	—	—	—	1.2	…	…	17.6
	农村	2A	28.9	0.2	0.5	—	—	—	—	—	—	—	—	0.8	…	…	30.4
服务收入	城镇	1B	0.1	0.2	1.2	0.5	9.5	12	31	13.2	9.8	2.3	6.5	2.6	…	…	88.9
	农村	2B	5.6	2.3	1.2	2.6	0.9	1.5	2.3	0.4	0.1	0.2	0.6	0.8	…	…	18.5
混合收入	城镇	1C	0.1	0.1	3.6	0.9	0.3	0.6	1.2	0.6	0.1	0.1	0.6	0.2	…	…	8.4
	农村	2C	0.3	0.2	0.9	0.3	0.2	0.6	0.4	0.5	0.1	0.2	0.1	0.1	…	…	3.9
生产税净额		1D	0.9	0.1	0	0	0	0	0	0	0.1	0	0	0	…	…	1.1
其他生产性收入		1E	0.1	0	0	0.1	0.2	0.1	0	0.2	0	0	0	0.2	…	…	0.9
总计			36.1	3.2	23.6	4.4	11.1	14.8	34.9	14.9	10.2	2.8	7.8	5.9	…	…	169.7

注：表中数据依《中国农村住户调查年鉴 2008》调整，计量单位为百元/年人，仅用来说明矩阵表的应用，不作其他经济解释。

表7 住户核算综合矩阵例示

	货物与服务	生产活动	增加值构成	转移收入	收入使用	资本 固定	资本 金融	总计∑
货物与服务	货物运输费用（A）	中间消耗（B）			消费支出（Γ）	固定资本形成总额（E）		G1.
生产活动	货物产出（Z）							G2.
增加值构成	生产补贴（Q）	增加值（H）						G3.
转移收入				财产所得、赠与（T）			储蓄增加（Φ）	G4.
收入使用				可支配收入（Ψ）				G5.
资本 固定资本		固定资产折旧（Ω）					固定资本形成净额（Π）	G6.
资本 金融资本						资产借出净额（M）		G7.
总计∑	G.₁	G.₂	G.₃	G.₄	G.₅	G.₆	G.₇	—

$$Z = \begin{bmatrix} z_{11} & z_{12} & z_{13} & z_{14} \\ z_{21} & z_{22} & z_{23} & z_{24} \\ z_{31} & z_{32} & z_{33} & z_{34} \\ z_{41} & z_{42} & z_{43} & z_{44} \end{bmatrix}$$

其中，Z反映住户生产活动成果在各部门的分布情况。其他子矩阵也可作类似分解。

综合矩阵全面勾画了住户生产、分配、消费及资本形成的图景，成为统计核算和分析的重要工具。

（二）住户生产核算延伸分析矩阵

在国民经济活动系统中，各类住户投入劳动和资本，生产出各种货物产品和服务产品。这些产品通过初次分配和再分配，一部分进行消费，另一部分进行投资。前者形成个人消费和社会消费，后者形成投资和储蓄，最终形成固定资本和社会资产。整个过程可通过住户生产账户、住户收入分配账户、住户收入使用账户以及住户资本资产账户等来描述。显然，这些独立账户间的交易项目有着内在的逻辑联系，据此，我们可归并设计出住户生产核算延伸分析矩阵（见表8）。

表8实际上容纳了住户生产账户、住户收入形成账户、住户原始收入分配账户、住户二次收入分配账户、住户收入使用账户、住户资本账户、住户资产负债账户等7个账户的内容，中间的交易项目清晰地描述了住户生产及其延伸过程的经济活动存流量，刻画了住户生产核算中的若干重要平衡关系。结合左右两边农村住户与非农村住户的分类、正规经济与非正规经济的分类，由这一综合矩阵，可以衍生出生产核算中的若干重要指标。如住户生产增加值（Gross Product of Households，GPH）、住户收入总值

表 8　住户生产核算延伸分析矩阵

非农村住户		农村住户		经济交易项目	农村住户		非农村住户		
非正规经济	正规经济	非正规经济	正规经济		正规经济	非正规经济	正规经济	非正规经济	
				P1 产出					Ⅰ.生产账户
				P1.1 货物					
				P1.2 服务					
				E1 中间消耗					
				E2 固定资产折旧					
				A1 增加值					
				A1.0 净增加值					
Ⅱ.收入形成账户				K1 劳动者报酬					Ⅲ.原始收入分配账户
				K1.1 雇主生产收入					
				K1.2 雇员生产收入					
				K1.3 自营劳动者收入					
				T1.t 生产税额					
				减：T1.0 生产补贴					
				T1.n 生产额净额					
				B1 营业盈余					
Ⅳ.二次收入分配账户				R1 财产收入					
				R1.1 利息					
				R1.2 红利					
				R1.3 土地租金					
				R1.4 实物转移					
				R1.5 其他经常性转移					
				D1 可支配总收入					V.收入使用账户
				D1.1 农村住户					
				D1.2 非农村住户					
				F1 最终消费支出					
				F1.1 购买					
				F1.2 自给性最终消费					
				F1.3 经常转移支出					
Ⅵ.资本账户				S1.t 总储蓄					Ⅶ.资产负债账户
				E2 固定资产折旧					
				S1.n 储蓄					
				C1 资本形成总额					
				C1.1 固定资本形成					
				C1.2 存货增加					
				C2 负债					
				C3 金融资产					
				C4 期末资产总额					

（GRH，Gross Revenue of Households）、住户资产总额（GCH，Gross Capital of House-holds）等。几个指标的计算式可由综合矩阵中的交易项表现如下：

（1）GPH = P1 – E1 = E2 + K1 + B1 + T1.n

式中：P1 =（P1.1 + P1.2）；K1 =（K1.1 + K1.2 + K1.3）；T1.n =（T1.t – T1.0）。

（2）GRH = K1 + B1 + R1

式中：K1 =（K1.1 + K1.2 + K1.3）；R1 =（R1.1 + R1.2 + R1.3 + R1.4 + R1.5）。

（3）GCH = C1 + C2 + C3

式中：C1 =（C1.1 + C1.2）。

GPH、GRH、GCH 这几个核心指标的产生，从一个侧面也反映了表 2 综合账户的功能和有用性。

七、结语

在国民经济核算体系中，住户部门是重要的机构部门，其生产活动及其成果在国内生产核算中占有重要地位。本文以联合国 SNA2008 为理论基础，以住户生产的概念、住户生产核算的范围为切入点，探讨了住户生产核算的理论背景、核算主体与核算范围，研究了住户生产核算的基本工具、正规生产活动与非正规生产活动以及住户生产综合核算的方法，设计了住户生产核算的账户和延伸分析账户等。由于住户生产的特殊性以及数据取得的困难，文中所提方法理论还需在实践中进一步检验和完善。

[参考文献]

[1] 联合国. 国民经济核算体系 1993 [M]. 北京：中国统计出版社，1995.

[2] 联合国. 国民经济核算体系 2008 [M]. 联合国文件，2008.

[3] 王小波主编. 投入产出分析 [M]. 北京：中国统计出版社，1996.

[4] 杨灿. 关于总产出核算方法及理论规范的探讨 [J]. 统计研究，2006（2）.

[5] 吴涧生，左颖. 关于中国开展非正规部门核算的几个问题 [J]. 统计研究，2001（5）.

[6] 蒋萍. 非法生产与 GDP [J]. 经济科学，2006（6）.

[7] 李松林，田新茄. 不可观测经济对 GDP 核算的影响 [J]. 内蒙古统计，2001（6）.

[8] Robinson, J. and J. Tinker. Reconciling Ecological, Economic, and Social Imperatives. International, 1998.

[9] Gagan. P. The Demand for Currency Relative to the Total Money Supply, Journal of Political Economy 66.1958, 8, pp.302– 28.

[10] John Devereux, Luis Locay. Specialization, Household and the Measurement of Economic Growth, The American Economic Review, Vol. 82, No. 2, Papers and Proceedings of the Hundred and Fourth Annual Meeting of the American Economic Association. 1992, 8, pp. 399–403.

[11] Euston Quah. Persistent Problems in Measuring Household Production：Definition. Quantifying Joint Activities and Valuation issues Are Solvable. American Journal of Economics and Sociology, Vol. 45, No. 2. 1986, 4, pp. 235–245.

[12] Gordon E. Bivens, Carol B. Volker. A Value–Added Approach to Household Production: The Special Case of Meal Preparation, The Journal of Consumer Research, Vol. 13, No. 2. 1986, 9, pp. 272–

279.

[13] Wilson L. Farman. Social Accounting in Subsistence and Family-Production Type Economics, The Accounting Review, Vol. 28, No. 3. 1953, 6, pp. 392-400.

[14] Charles C. Fischer. The Valuation of Household Production: Divorce. Wrongful Iniurv and Death Litigation; American Journal of Economics and Sociology, Vol. 53, No. 2. 1994, 4, pp. 187-201.

[15] Robyn Eversole. Balancing Act: Business and Household in a Small Bolivian City, Development in Practice, Vol. 12, No. 5. 2002, 11, pp. 589-601.

[16] Janet C. Hunt, B. F. Kiker. Valuation of Household Services: Methodology and Estimation; The Journal of Risk and Insurance, Vol. 46, No. 4. 1979, 12, pp. 697-706.

[17] Nancy Folbre, Barnet Wagman. Counting Housework: New Estimates of Real Product in the United States, The Journal of Economic History, Vol. 53, No. 2. 1993, 6, pp. 275-288.

[18] Reuben Gronau, Home Production—A Forgotten Industry: The Review of Economics and Statistics, Vol. 62, No. 3. 1980, 8, pp. 408-416.

第五章 中国 1995~2007 年碳排放因素分解分析及对策研究*

蒋金荷

一、当前国内外的研究现状

研究中国碳排放特征以及影响因素分解分析既是中国政府应对全球气候变暖降低碳排放的战略需要，也是解决国内能源资源结构性短缺、转变经济增长方式的内在迫切需要。当前中国经济正处于城镇化、工业化加速推进发展阶段，经济社会发展具有典型的"二元经济"特征。这就需要在未来一段时期内中国经济保持一定的增长速度，因而，能源需求和二氧化碳排放量也就不可避免地继续增长。同时，为了应对全球气候变暖，中国政府在 2009 年主动做出国际承诺，即到 2020 年中国碳排放强度比 2005 年降低40%~45%。节能减排是中国政府推进经济结构调整、转变经济增长方式的一项重要战略举措。因此，研究影响中国碳排放变化的因素就很有必要。

根据最新的世界能源统计数据显示，[①] 2009 年中国一次能源消费量达到 21.77 亿吨油当量，比 2008 年增加了 8.7%，占全世界一次能源消费量的 19.5%，几乎与美国的消费量持平；同时，按照 BP 公司估算的碳排放水平，中国 2009 年碳排放达 75.18 亿吨 CO_2，比 2008 年增加了 9.1%，占全球碳排放的 24.2%。由于碳排放的统计存在不确定性，中国碳排放的数据有待进一步讨论，但中国碳排放大国的位置也指日可待。

目前国内外对中国能源消费、碳排放影响因素分解做过一些研究。首先，大部分研究缺乏对方法的系统分析，属于"拿来主义"，因为每种分解分析方法都有适用范围。其次，缺少对最近几年中国经济发展引起能源消费、碳排放特征变化的分析。本篇报告就是基于这两个目的，在系统分析各种分解分析方法的基础上，根据可利用的统计数据，应用碳排放指数分解的完全分解方法——对数平均 Divisia 指数法（LMDI），得到截至 2007 年引起中国碳排放改变量的主要影响因素及其贡献率，并对这种碳排放变化特征作了详细的分析。基于分解结果，提出了中国走低碳发展战略的几点对策建议。

---

* 中国社会科学院经济政策与模拟重点研究室 2009~2010 年度项目。
① BP 公司 BP Statistical Review of World Energy 2010 年 6 月，http://www.bp.com/statisticalreview。

二、碳排放因素分解模型

在提出碳排放因素分解方法前，首先我们根据著名的 Kaya 恒等式建立碳排放量关系式，设 C 为全国总碳排放量，C_i 为部门 i 的碳排放量，则有：

$$C = \sum_i C_i = \sum_i G \times \frac{V_i}{G} \times \frac{E_i}{V_i} \times \frac{C_i}{E_i} = \sum_i G \times S_i \times I_i \times F_i \qquad (1)$$

或者对公式（1）两边同时除以人口总量，即可得到人均碳排放量 U 分解公式：

$$U = \frac{C}{P} = \sum_i \frac{G}{P} \times S_i \times I_i \times F_i = \sum_i Y \times S_i \times I_i \times F_i \qquad (2)$$

式中，G 为经济产出，用国内生产总值表示；E_i 为第 i 部门的能源消费量；V_i 为第 i 部门的产出，用部门 i 的增加值表示；S_i 为第 i 部门的产出份额（$=V_i/G$）；I_i 为第 i 部门的能源消费强度（$=E_i/V_i$），即单位产出的能源消费量；F_i 为第 i 部门的碳排放强度，即单位能源消耗的 CO_2 排放量；P 为全国人口总量；Y 为人均 GDP。可见碳排放量与经济产出、经济结构、能源使用效率、能源结构等因素有关。

碳排放因素分解方法就是利用指数分解方法研究引起碳排放量变化的主要因素，如经济结构的改变、能源效率的提高、能源结构的改变对碳排放量变化的影响程度，即贡献率的大小。在方法论上碳排放因素分解分法与能源消费（或者能源强度即单位国内生产总值能源消费）是一致的，对于能源消费（或能源强度）的指数分解方法，我们已经做了详细的分析和阐述（蒋金荷、徐波，2009）。对于碳排放量，我们采用基于加法分解原理的对数平均迪氏指数法，即 LMDI（Logarithmic Mean Divisia Index Model）分解法，加法分解是对报告期与基期碳排放的差进行分解，是分解碳排放量在一个时期内的绝对数变化，这是一种完全分解方法。根据碳排放量的 Kaya 分解公式，我们将碳排放水平的改变分解为四种效应，即经济规模效应、结构效应、能源强度效应、碳强度效应。第一，如果经济规模或者经济产出效应是影响碳排放水平的主要因素，也就是说，引起碳排放量增大的主因是由于经济的增长，那么碳排放将随 GDP 增加而线性增长。第二，结构效应表示了碳排放的增长取决于经济结构的改变，如果经济结构中有更多的行业属于低碳排放的"清洁部门"，那么碳排放量将会降低。第三，能源强度效应表示碳排放的变化取决于能源强度的改变，通过引进节能技术等可以提高能源使用效率，降低能源强度，对能源的消费量也就相应地减少，从而减少了碳排放。第四，碳强度效应显示碳排放的改变取决于碳强度的改变。碳强度是指单位能源在使用过程中所产生的碳排放量，碳强度取决于能源结构，在能源消费中采用更加清洁的燃料可以降低碳强度。显然，能源强度效应和碳强度效应属于技术效应，表示技术变化对碳排放量变化的影响。

根据前面的定义，以及 Divisia 指数分解法的原理（Ang 等，1998；Ang，2005），可以得到碳排放变化量 ΔC 加法形式的 LMDI 分解公式：

$$\Delta C = C_T - C_0 = \Delta C_{out} + \Delta C_{str} + \Delta C_{Eint} + \Delta C_{Cint}$$

$$\Delta C_{out} = \sum_i L(C_{iT}, C_{i0}) \ln\left(\frac{G_T}{G_0}\right)$$

$$\Delta C_{str} = \sum_i L(C_{iT}, \ C_{i0})\ln\left(\frac{S_{iT}}{S_{i0}}\right)$$

$$\Delta C_{Eint} = \sum_i L(C_{iT}, \ C_{i0})\ln\left(\frac{I_{iT}}{I_{i0}}\right)$$

$$\Delta C_{Cint} = \sum_i L(C_{iT}, \ C_{i0})\ln\left(\frac{F_{iT}}{F_{i0}}\right) \tag{3}$$

对于 $a>0$，$b>0$，对数平均数 $L(a, \ b)$ 定义为：

$$L(a, \ b) = \begin{cases} \dfrac{a-b}{\ln a - \ln b} & a \neq b \\ a & a = b \end{cases}$$

其中，C_T、C_0 分别表示第 T 期和基期的碳排放量；ΔC_{out}、ΔC_{str}、ΔC_{Eint}、ΔC_{Cint} 分别表示经济规模效应、经济结构效应、能源强度效应、能源结构（碳强度）效应。对于人均碳排放量 U 的指数分解公式，只需将以上各式中的碳排放量替换为人均排放量即可。本文我们仅给出碳排放量的 LMDI 分解结果，同时也间接验证了 LMDI 指数分解方法是一种完全分解分析方法，即分解的残差项值为零。

三、碳排放量估算方法

对碳排放量的测算属于气候变化研究中比较复杂的问题之一。由于没有官方公布的统计数据，一般只能基于已有的其他统计量，粗略估算化石能源（煤炭、石油、天然气）使用所产生的碳排放量。

化石能源燃烧所导致的 CO_2 年排放量，从 20 世纪 90 年代的平均每年 64 亿吨碳（即 235 亿吨 CO_2），增加到 2000~2005 年的每年 72 亿吨碳（或 264 亿吨 CO_2）。因此，发展低碳经济、限制能源系统化石燃料产生的 CO_2 排放成为限制全球温室气体排放的首要目标。由于组成一次能源的各种化石燃料的碳排放系数不同，即单位燃料所产生的 CO_2 排放量不同。故有：

$$CO_2 排放量 = \sum（每种能源消费量×分品种单位能耗碳排放因子） \tag{4}$$

在排放量估算中，有两个指标可以度量：CO_2 排放量与 C 排放量，两者的结果相差很大。C 排放量到 CO_2 排放量的转换系数为 44/12，即单位质量碳排放相当于 44/12（约等于 3.67）的 CO_2 排放。对于每种能源的单位能耗碳排放因子，不同使用者采用的估计值是有差别的（见表1）。通过查阅有关能源消耗的碳排放系数的相关文献，本文取平均值确定为各能源消耗碳排放系数（见表1）。

（一）全国碳排放量估算

根据公式 CO_2 排放量 = $\sum$（每种能源消费量×分品种单位能耗碳排放因子）基于 1990~2008 年全国能源消费总量及其构成，就可估算出 1990~2008 年全国化石能源消费产生的碳排放总量。一般来说，用这种及类似方法估算的碳排放量都低于国际上一些机构公布的数据，这是由于除了使用不同碳排放系数外，还在于我们没有考虑水泥使用过

程中产生的 CO_2 排放量。

表1 各种能源的碳排放系数

单位：吨碳/吨标煤

数据来源	煤炭	石油	天然气	水电、核电
DOE/EIA	0.7020	0.4780	0.3890	0.0
日本能源经济研究所	0.7560	0.5860	0.4490	0.0
国家发改委能源所	0.7476	0.5825	0.4435	0.0
Zhang Zhongxiang	0.6510	0.5430	0.4040	0.0
平均值	0.7142	0.5474	0.4214	0.0

资料来源：①徐国泉，刘则渊，姜照华. 中国碳排放的因素分解模型及实证分析：1995~2004. 中国人口资源与环境，2006，16（6）：158~161.

②Zhang Zhongxiang. The Economics of Energy Policy in China：Implications for Global Climate Change，Cheltenham，UK：Edward Elgar Publishing Limited，1998，279.

（二）地区碳排放量估算

在具体估算每个省市的碳排放总量时，由于每个省市对能源消费统计指标的差异，尤其多个省市缺乏 2000 年以后能源消费分品种的结构数据。本文利用各年份分地区煤炭、四种油品（汽油、煤油、柴油、燃料油）、天然气的消费量进行估算。但这些能源指标都是实物量，需要这些能源换算标准煤的折算系数（见表2），再根据以下公式估算：

表2 各种能源标准煤折算系数

能源名称	平均低位发热量	折标准煤系数
煤炭	20908 千焦（5000 千卡）/千克	0.7143 千克标准煤/千克
汽油	43070 千焦（10000 千卡）/千克	1.4714 千克标准煤/千克
煤油	43070 千焦（10000 千卡）/千克	1.4714 千克标准煤/千克
柴油	42652 千焦（10000 千卡）/千克	1.4571 千克标准煤/千克
燃料油	41816 千焦（10000 千卡）/千克	1.4286 千克标准煤/千克
天然气	37238 千焦（8900 千卡）/立方米	1.2722 千克标准煤/立方米

资料来源：根据国家标准（GB2589-81）规定。

$$T_j = \sum_{i=1}^{6} E_{ji}f_i c_i \quad (j = 1, 2, \cdots, 6) \tag{5}$$

式中，T_j 为第 j 省市的碳排放总量；i 表示化石燃料种类，分别为煤炭、汽油、柴油、煤油、燃料油、天然气；E_{ji} 表示第 j 省市在某个时期对第 i 种能源的消费数量；f_i 为第 i 种能源标准煤折算系数；c_i 为第 i 种能源的碳排放系数。

（三）行业碳排放量估算

在估算分行业碳排放量时，行业的能源消费数据只有分品种的消费量。考虑到行业间生产的差异性，如果利用煤炭、原油、天然气作为三类分品种能源消费品，导致估算出来的碳排放量结果的不合理性。最明显的是交通运输业，该行业的主要消费品是汽油、柴油等油品，而原油消耗量是很少的，所以得到的碳排放量也很低，显然这是不合理的。另一个特殊行业是石油加工业，直接将原油作为其原材料投入的一部分，因而在估算碳排放量时，会明显偏高。所以我们在估算行业排放量时，也利用估算公式（5）。

四、中国碳排放特征分析

根据各年的能源消费量以及分品种消费量，我们对全国、各地区以及主要行业的碳排放量利用公式（1）、公式（2）和表 1 进行了估算，分析这些排放量不难得到以下结论。

（1）1990~2008 年中国碳排放总量呈增长趋势，万元产值碳排放强度年均下降率达到 4.7%，经济发展属于"高碳排放"期。

1990~2008 年中国化石能源消费碳排放量估算结果见表 3。2008 年一次能源中因化石能源使用所产生的 CO_2 排放量达到 63.6 亿吨，为 1990 年的 2.73 倍，年均增长 5.7%，占世界总排放量的比重 20% 左右，尤其 2002~2008 年的 6 年间，年均增长率达到 10.9%。经济发展与能源消费、碳排放水平的关系见图 1。可见，1990~2008 年随着经济的发展，

表 3　1990~2008 年中国经济增长、能源消费、碳排放关系

年份	GDP（亿元）	能源消费（亿 tce）	碳排放（亿吨 CO_2）	人均碳排放（吨 CO_2）	能源强度（tce/万元）	碳排放强度（吨 CO_2/万元）
1990	43023	9.87	23.30	2.04	2.29	5.42
1991	46981	10.38	24.57	2.12	2.21	5.23
1992	53653	10.92	25.80	2.20	2.03	4.81
1993	61164	11.60	27.27	2.30	1.90	4.46
1994	69177	12.27	28.75	2.40	1.77	4.16
1995	76717	13.12	30.60	2.53	1.71	3.99
1996	84389	13.89	32.59	2.66	1.65	3.86
1997	92237	13.78	31.88	2.58	1.49	3.46
1998	99431	13.22	30.25	2.42	1.33	3.04
1999	106988	13.38	30.72	2.44	1.25	2.87
2000	115975	13.86	31.54	2.49	1.19	2.72
2001	125601	14.32	32.14	2.52	1.14	2.56
2002	137031	15.18	34.10	2.65	1.11	2.49
2003	150734	17.50	39.83	3.08	1.16	2.64
2004	165958	20.32	46.11	3.55	1.22	2.78
2005	183217	22.47	51.10	3.91	1.23	2.79
2006	204471	24.63	55.99	4.26	1.20	2.74
2007	239474	26.56	60.27	4.56	1.11	2.52
2008	280463	28.50	63.60	4.79	1.02	2.27
年均变化率（%）	10.98	6.07	5.75	4.86	-4.42	-4.72

注：GDP 按照 2005 年不变价格计算。

资料来源：笔者根据各年《中国统计年鉴》整理、推算。

能源消费与碳排放水平相应地随之增加，能源的消费弹性系数和碳排放系数分别为0.55、0.52。也就是说，经济每增长1%，需要消费能源0.57%，CO_2排放增长0.52%。但2002年以后随着经济以年均12.7%的速度快速增长，能源消费、碳排放增长也更加快速，2008年能源消费、碳排放比2002年增加了90%。这种发展导致的直接后果是能源资源对经济增长制约的瓶颈效应更加明显。

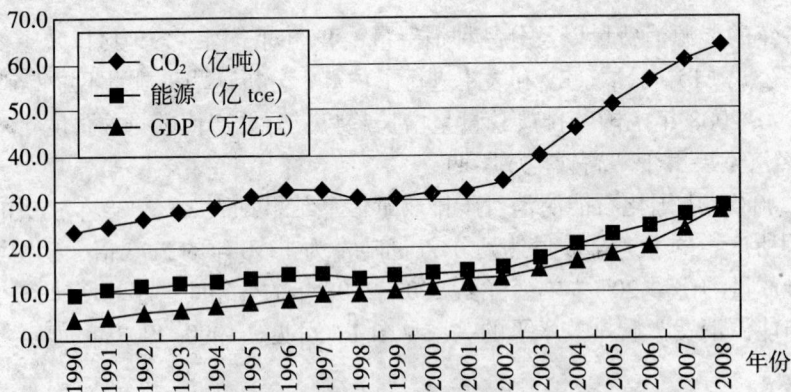

图1　1990~2008年中国经济增长、能源消费、碳排放关系

资料来源：笔者根据各年《中国统计年鉴》整理、推算。

从人均碳排放水平分析，随着经济的发展，中国人均碳排放水平也在增大，从1990年的2.04吨CO_2/人增加到2008年的4.79吨CO_2/人，年均增长率达到4.86%。2008年世界平均碳排放水平为4.73吨CO_2/人，即中国目前的人均碳排放水平与世界平均水平相当，在碳排放的倒U型曲线中处于"上升期"，经济发展过程中会逐渐呈现出"高碳排放"特征。

与世界各国相比，中国碳排放强度明显偏高，2006年碳排放强度为22.55吨/万美元，比世界平均水平高出2.93倍。如果仅仅以能源消费中化石燃料的使用而产生的CO_2排放量来估计"碳排放强度"，按照2005年不变价格，"碳排放强度"由1990年的5.42吨CO_2/万元GDP下降到2008年的2.27吨CO_2/万元GDP，即18年期间万元GDP碳排放强度降低了58%，年均下降率达到4.72%。因而，随着国家相关政策的完善与落实以及技术的发展，未来中国碳排放强度的减少趋势是可以期待的。但由于经济发展阶段的特点、能源生产与消费的结构特征决定了中国经济社会发展过程在短时期内不可能达到"低碳排放"。

（2）工业碳排放量占全国总排放量的85%，处于主导地位，工业单位产值碳排放强度呈递减趋势，而交通运输业则略缓慢上升。

2007年中国因化石能源使用引起的碳排放达到60.23亿吨CO_2，其中排放最大的行业是工业和交通运输业，分别占总排放量的85%和6.1%，农业排放占1.7%（见表4）。1995~2007年工业碳排放量由25.1亿吨CO_2增加到51.2亿吨CO_2，增加了1倍，其占全国碳排放比例逐渐升高，从81%增加到85%。从碳排放强度分析，工业单位增加值碳排放远远高于农业和商业、服务业。交通运输业和工业都属于"高碳排放"行业。1995~2007年除了交通运输业外，其余五大产业的碳排放强度均有不同程度的降低，降幅最大的是工业和商业服务业，分别降低了 43.2%、45.8%，交通运输业则增加了 9%；农业的碳排放强度处于平稳态势。

表4　1995~2007 年六大产业的碳排放量、占全国碳排放量比例、单位增加值碳排放量

行业	1995 年	2000 年	2002 年	2003 年	2004 年	2005 年	2006 年	2007 年
碳排放量（亿吨 CO_2）								
农业	0.69	0.74	0.78	0.80	0.99	1.03	1.07	1.05
第二产业	25.22	26.18	27.48	33.90	39.06	43.29	47.88	51.83
工业	25.07	25.84	27.26	33.43	38.53	42.74	47.30	51.19
第三产业	2.14	2.78	3.02	3.30	3.86	4.17	4.56	4.93
交通运输	1.08	1.80	1.98	2.25	2.65	2.96	3.31	3.69
商业服务业	0.29	0.32	0.33	0.37	0.42	0.45	0.48	0.52
占全国碳排放量比例（%）								
农业	2.24	2.33	2.36	1.99	2.16	2.02	1.91	1.74
第二产业	81.80	82.80	82.70	84.50	84.80	85.20	85.70	86.00
工业	81.30	81.80	82.00	83.40	83.60	84.20	84.70	85.00
第三产业	6.92	8.81	9.09	8.22	8.38	8.20	8.17	8.19
交通运输	3.50	5.70	5.94	5.60	5.75	5.83	5.94	6.12
商业服务业	0.93	1.00	1.00	0.92	0.90	0.88	0.85	0.86
单位增加值碳排放量（吨 CO_2/万元）								
农业	0.45	0.40	0.39	0.40	0.38	0.45	0.44	0.44
第二产业	7.22	4.58	4.16	4.42	4.57	4.56	4.47	4.21
工业	8.31	5.17	4.68	4.98	5.12	5.12	5.02	4.72
第三产业	0.73	0.60	0.53	0.54	0.57	0.56	0.54	0.51
交通运输	2.47	2.57	2.42	2.61	2.70	2.72	2.73	2.69
商业服务业	0.36	0.26	0.22	0.23	0.23	0.23	0.21	0.20

资料来源：笔者根据各年《中国统计年鉴》整理、推算。

从工业行业内部看，2007 年六大主要碳排放工业，包括电力工业、石油加工、冶金工业、建材工业、化学工业和煤炭采掘业的碳排放总量达 35.65 亿吨 CO_2，占全国碳排放总量的 59.2%，占工业部门的 78.3%（见图 2），是碳排放最多的六大行业。根据中国经济社会发展特点，当前还处于工业化加速推进阶段，可以预见这种趋势还需维持一段时期。目前我国碳排放主要集中在工业部门内的这六大部门，经济发展仍然属于"高能耗、高排放、高污染"的粗放型经济发展模式。

五、碳排放分解结果及分析

根据本文第二部分的公式，考虑到数据的可利用性，基于五大部门，包括农业、工业、建筑业、交通运输业、商业服务业，我们得到了中国 1995~2007 年碳排放量变化的 LMDI 分解结果（见表 5、表 6、图 3、图 4）。总体上说，1995~2007 年中国因化石能源

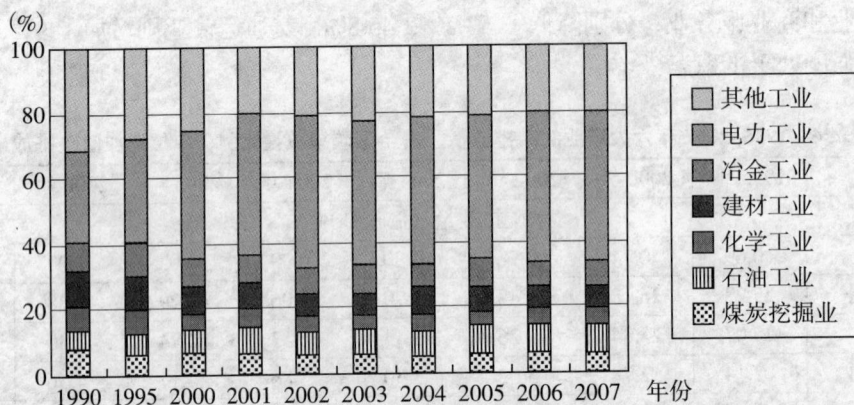

图 2　1990~2007 年主要工业部门碳排放比例变化

资料来源：笔者根据各年《中国统计年鉴》整理、推算。

使用产生的碳排放量增加了 29.75 亿吨 CO_2，其中 45.14 亿吨 CO_2 可以由经济活动或者经济规模扩大解释，占 61.4%；其次是能源强度的下降有利于碳排放量的减少，达到 21.82 亿吨 CO_2，贡献了 29.7%。而因经济结构改变引起碳排放量增加了 6.12 亿吨 CO_2，贡献率为 8.3%，能源结构（或者碳强度）的改变对碳排放的影响不明显，仅仅 0.42 亿吨，占 0.6%。可见，能源效率提高引起的碳排放量减少却由于经济发展、产业结构的改变、能源结构的改变抵消了，导致总的碳排放量增加，并且主要是由于经济发展引起的。

表 5　1995~2007 年中国 CO_2 排放变化 LMDI 分解结果

单位：亿吨 CO_2

	1995~2007 年		1995~2000 年		2002~2007 年	
	变化量	贡献率（%）	变化量	贡献率（%）	变化量	贡献率（%）
规模效应	45.14	61.4	11.79	43.3	22.60	85.8
结构效应	6.12	8.3	2.04	7.5	2.81	10.7
能源强度	−21.82	−29.7	−12.76	−46.9	0.15	0.6
碳强度	0.42	0.6	0.61	2.3	0.78	3.0
实际变化	29.75		1.67		26.32	
分解值	29.86		1.69		26.34	

资料来源：模型结算结果。

表 6　1995~2007 年同比上一年碳排放变化量的 LMDI 分解结果

单位：亿吨 CO_2

年 份	经济规模	产业结构	能源强度	碳强度	实际变化	分解结果
1996	2.58	0.62	−1.91	−1.52	−0.22	−0.22
1997	2.42	0.49	−2.80	−0.41	−0.30	−0.30
1998	2.01	0.26	−3.41	−0.07	−1.21	−1.21
1999	1.95	0.24	−2.24	0.59	0.54	0.54
2000	2.27	0.36	−1.75	1.98	2.86	2.86

续表

年　份	经济规模	产业结构	能源强度	碳强度	实际变化	分解结果
2001	2.34	0.12	−1.55	−1.69	−0.79	−0.79
2002	2.63	0.20	−1.05	0.78	2.55	2.55
2003	3.32	0.66	1.23	1.30	6.51	6.51
2004	3.92	0.56	2.11	−0.67	5.92	5.92
2005	4.42	0.55	−0.18	−0.22	4.57	4.57
2006	5.65	0.41	−1.28	0.25	5.03	5.03
2007	6.87	0.67	−3.03	−0.21	4.30	4.30

资料来源：笔者根据各年《中国统计年鉴》整理、推算。

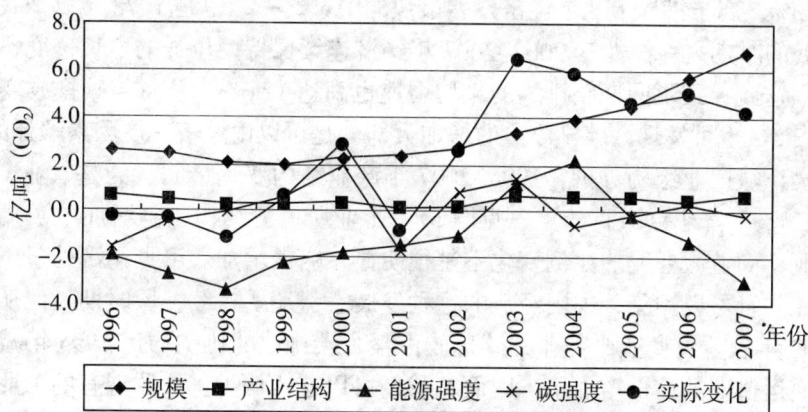

图3　1995~2007 年同比上一年碳排放改变量的分解结果

资料来源：笔者根据各年《中国统计年鉴》整理、推算。

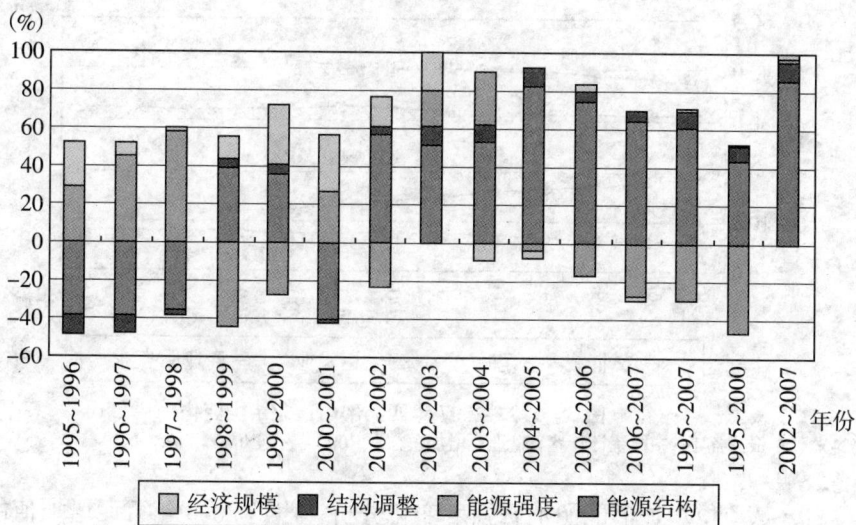

图4　1995~2007 年各时期碳排放变化量的四种效应的贡献率

资料来源：笔者根据各年《中国统计年鉴》整理、推算。

但不同时期这四种效应对碳排放变化的影响率是不同的。1995~2000 年的"九五"

时期，能源强度的下降引起碳排放量降低超过了由于经济发展引起的碳排放量的增加，而经济结构的改变与能源结构的改变对碳排放量的增加影响很小，故2000年中国碳排放量与1995年的水平基本持平。特别需要指出的是，最近几年2002~2007年碳排放量增加了26.32亿吨CO_2，几乎85.8%都是由于经济发展规模扩大引起的，11%是由于经济结构的调整引起的，能源效率不但没有提高，反而下降了，导致了对碳排放量的改变几乎没有影响，这是需要政策制定者引起特别关注的地方。这也从图3、图4和表6给出的结论可以得出，也就是说最近几年能源强度的下降或者能源效率的提高对碳排放变化的贡献非常有限。

下面分析造成我国碳排放这种变化特征的原因，需要分析这四种影响因素在同一时期的变化特点。首先，1995~2007年我国经济年均增速达到9.6%（见图1），人均GDP达到8.83%，属于世界上几个经济发展最快的国家之一，也是1978年以来我国经济处于最快发展的时期之一。尤其2002~2007年经济连续保持两位数的增长速度，年均增速高达11%，这就导致了同期碳排放的年均增速也高达12.6%。从每年碳排放变化的分解结果（见表6）也可发现，碳排放量的增加大部分是可以由经济发展因素解释的。

其次，从产业结构分析，1995~2007年产业结构变化最明显的是农业，从18.8%下降到9.8%，下降了9个百分点（见图5）。工业所占的结构比例增加了7个百分点，交通运输业、商业服务业的比例变化不是很明显，略微增加。可见经济处于工业化快速发展时期，并且可以预见，中国经济的这种发展态势还要持续一段时期。但从表4不难发现，2007年农业、商业服务业的碳排放占整个碳排放的比例均比1995年减少了，而工业、交通运输业的比例增加了。因而，我们可以这样认为，按照现有的工业、交通运输业发展模式，如果两者在经济结构中的比例增加只会带来碳排放量的增加。

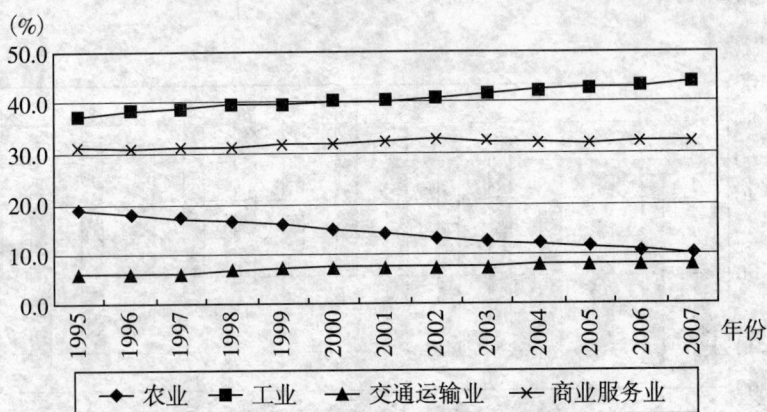

图5　1995~2007年四大部门产业结构变化

资料来源：根据各年《中国统计年鉴》整理；增加值按照2000年不变价格。

再次，从单位增加值能源消费强度变化分析，假定2000年万元增加值能源消耗量为1（见图6），1995~2007年四大部门的能源强度指数变化最明显的是工业部门，1995~2002年几乎直线下降，但2004年、2005年出现波动，随后下降，即2002~2007年能源强度的变化出现波动，而其他几个部门的能源强度相对较低，一直处于波动状态。故

1995~2002 年能源强度的改变对碳排放改变的贡献率较高，而 2003 年以来影响减弱。

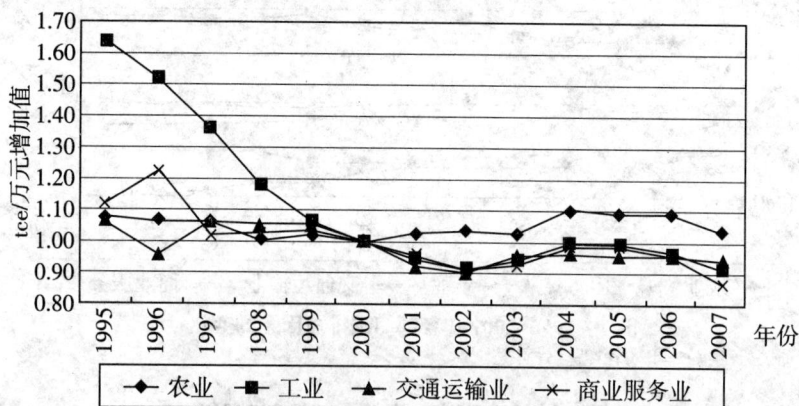

图 6 1995~2007 年四大部门万元增加值能耗指数变化（2000 年指数为 1）
资料来源：根据各年《中国统计年鉴》整理；增加值按照 2000 年不变价格。

从不同时期各产业的单位增加值能耗变化分析（见表 7），总体上能源强度的下降，即能源效率的提高有利于碳排放量的减少。除了建筑业，其他部门的单位增加值能耗都是降低的，但 2002~2007 年工业、交通运输业略微增加。从单位增加值能耗的下降幅度而言，其对碳排放量的减少不足以因产业发展引起的碳排放量增加，因为 2007 年所有部门的碳排放量比 2002 年都是增加的。

表 7 1995~2007 年不同部门不同时期单位增加值能耗变化的百分比

年 份	农 业	工 业	建筑业	交通运输业	商业服务业	总体
1995~2007	−4.3	−44.1	11.8	−11.3	−21.9	−30.9
1995~2000	−7.3	−38.9	20.0	−6.0	−10.7	−29.4
2002~2007	−0.1	0.3	−8.9	4.3	−4.2	5.5

最后，分析一次能源消费的碳强度即消耗单位能源的碳排放量变化（见图 7），总体上工业部门的碳排放因子最高，即消耗单位能源所排放的碳最高，亦即能源消费构成中化石能源比例过高；第三产业的碳排放因子最小，并在 1995~2007 年工业、运输业的碳排放因子变化不大，即能源消费结构基本不变，这从表 8 列出的一次能源消费结构也可得到验证，可再生能源比例增加不到 3 个百分点。所以能源结构的变化对碳排放的改变影响较少。

同时，不同部门的碳排放因子差别还是比较大的，工业、交通运输业都属于"碳排放密集型"产业，要降低碳排放量，不外乎两种方法：一是改变这些产业的内部结构，提高产业的"清洁度"；二是改善能源结构，提高非化石能源消费比例。需要指出的是，农业部门的碳排放因子是增大的，估计是由于最近几年来农业的机械化程度越来越高，消耗的能源也更多。

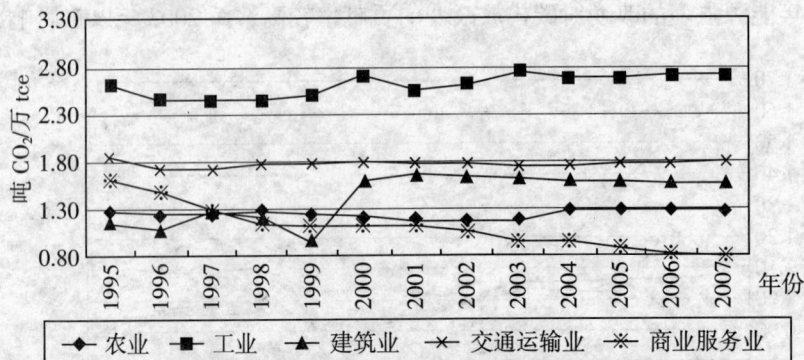

图7　1995~2007 年各部门碳排放因子的变化

资料来源：根据各年《中国统计年鉴》计算整理。

表8　1995~2007 年一次能源消费结构变化

单位：%

年　份	煤炭	石油	天然气	可再生能源
1995	74.6	17.5	1.8	6.1
2000	67.8	23.2	2.4	6.7
2002	66.3	23.4	2.6	7.7
2007	68.7	18.7	3.8	8.9

资料来源：历年《中国统计年鉴》。

六、结论与对策建议

研究碳排放问题，首先需要碳排放统计量。我们根据国家、地区、行业不同的能源消费特征和可利用的统计数据，提出了不同层次的碳排放量的测算方法，并估计了各个行业、各省市区的碳排放量序列数据。基于指数分解方法的特点，利用碳排放的完全指数分解方法——对数平均迪氏指数（LMDI 法）定量分析了中国 1995~2007 年碳排放变化的影响因素和贡献率。

碳排放的指数分解结果表明，1995~2007 年对碳排放增加影响最大的因素是经济发展，其次是产业结构和能源结构或者是碳强度的改变，而能源强度下降会带来碳排放量的减少。但最近几年的碳排放量的增加明显是由于经济发展引起的，而且经济结构和能源结构的改变、能源强度的增加都对碳排放量起到了正向作用。也就是说，我国经济结构中"高碳排放"行业比例越来越大，能源消费结构中清洁能源比例过低，这需要引起我们对这几年的产业政策、能源发展等方面引起反思。基于分解分析结果，对于未来有关低碳发展提出以下五点对策。

（1）以低碳经济理念指导我国"高碳排放"产业的可持续发展。与欧美国家相比，目前中国经济发展属于典型的"低发展、高碳排放"阶段，也就意味着这种经济的增长是以资源高消耗和牺牲环境为代价。实行低碳发展战略既是减缓气候变化的需要，同时也是解决传统化石能源供需矛盾的迫切要求，从现实来看，后者显得更加迫切。因而，发展低碳经济，降低碳排放，要转变现有的"高消耗、高排放、高污染"的经济体系，走"低消耗、低排放、低污染"的可持续经济发展之路。对重点行业、"高碳排放"行业在低碳经济理念的指导下,制定未来发展规划,积极向低碳产业转型。同时大力扶持新兴低碳行业,实现产业结构的优化升级。

(2)提高工业部门能源使用效率,确保能耗、碳排放强度指标的顺利完成。工业,尤其高耗能产业是当前中国的主要能源消耗部门和高碳排放部门,也是直接影响节能降耗指标的主要部门,控制高耗能、高排放行业过快增长,加快淘汰落后生产能力,加强行业制度建设,强化目标责任制的落实和评价考核,确保节能降耗指标的顺利完成。对重点行业、重点企业设立专题研究,为制定有效的切实可行的低碳技术路径提供科学的数据支撑。

(3)继续加大新能源和可再生能源开发利用的扶持力度。尽管目前新能源和可再生能源在中国能源消费中的比例还很低。但世界各国已将可再生能源作为投资和扩大就业的重要领域,并成为国际竞争的焦点。在开发利用太阳能、风能、生物质能等新能源和可再生能源方面加大投资和政策扶持力度。通过技术进步不断降低使用成本,逐步提高其在能源消费中的比例,减少煤炭在能源消费结构中的比重,这是走低碳发展之路的重要措施。

(4)继续实行推广绿色低碳的建筑规范,达到节能经济的双赢目标。建筑能耗属于能源消费大户,同时也是温室气体排放大户。中国当前在建筑节能、绿色建筑方面已经取得了初步的成绩。通过引入市场机制、完善各项管理措施、强化标准执行力度,大力推广可再生能源、绿色材料在建筑领域的应用,既达到了节能减少碳排放的目标,又使居民享受到绿色建筑带来的经济实惠。

(5)加强舆论宣传和组织保障、提高公众认知水平,形成低碳消费理念。利用电视、报纸、网络等各种媒介,大力宣传普及气候变化和低碳经济的知识,倡导公众低碳消费、低碳经营的理念,鼓励选择高效利用能源和交通资源等,形成低碳的生产方式和消费行为,是我们保护地球这个唯一家园的必然选择。

[参考文献]

[1] 徐国泉,刘则渊,姜照华. 中国碳排放的因素分解模型及实证分析:1995-2004 [J]. 中国人口资源与环境,2006,16(6):158-161.

[2] 蒋金荷,徐波. 能源强度分解方法综合评价和中国能源的实证分析 [J]. 经济政策与模拟研究报告(第二辑)(中国社会科学院经济政策与模拟重点研究室编),北京:经济管理出版社,2009,147-176.

[3] Zhang Zhongxiang. The Economics of Energy Policy in China:Implications for Global Climate Change,Cheltenham,UK:Edward Elgar Publishing Limited. 1998.

[4] B.W.Ang, Zhang, F. Q., Choi, K. H. Factorizing changes in energy and environmental indicators through decomposition. Energy, 1998, 23(6), pp.489-495.

[5] B. W. Ang. The LMDI approach to decomposition analysis:a practical guide, Energy Policy, 2005 (33), pp.867-871.

第六章　国际贸易与碳减排协定达成关系的研究
——理论框架及数值一般均衡模拟 *

蔡跃洲

一、引言

当前，气候变化问题越来越成为全球各国共同关注的焦点。2009年12月结束的哥本哈根气候大会最终尽管坚持了《联合国气候变化框架公约》、《京都议定书》和《巴厘路线图》，但是发达国家逃避其在有关国际公约和议定书义务的企图非常明显，并直接导致许多关键问题谈判进展甚微。事实上，欧美发达国家此前一直在极力推卸自身的责任和义务，更假借"碳减排"和"碳关税"之名在全球范围内推行"新贸易保护主义"。

从局部均衡的角度来看，对高碳产品征收"碳关税"似乎能对各国乃至全球的碳排放起到一定的限制作用。然而，"碳减排"作为一项外部性很强的活动，归根到底需要全球各国在协商一致的条件下，通过具有法律效力的协议才能真正实现。从一般均衡的角度来看，征收"碳关税"的行为是否有利于"碳减排协议"的达成还有待深入分析。"碳关税"的征收必然导致全球贸易自由化的倒退，给各国间正常的贸易往来带来负面影响。如果国际贸易有助于各国"碳减排协议"的达成，那么以促进"碳减排"为名的"碳关税"等贸易保护措施的最终效果很可能适得其反。基于上述背景和原因，弄清楚国际贸易对碳减排协议的影响机制有着直接的现实意义。

本文将碳减排协议的达成过程看做是一场由多个国家参与的合作博弈（Cooperative Game）。减排协议能否达成，其实就是合作博弈的核（Core）是否为非空集。或者说，至少有一个以上的国家在接受协议条件后，其效用将有所增加，这样才会激励它们加入减排协议。因此，本文的研究重点将主要讨论单个国家参与减排协议的激励问题，特别是讨论加入贸易条件后，各国减排的激励是否会增加，以及其背后的经济学含义。通常来说，规模较小的国家加入减排协议的意愿相对较小。因为小国减排带来的效用损失将由其自身承担，而其减排对于全球气候变化所起到的积极作用微不足道。相对来说，经济规模较大的国家，由于其单方面减排所产生的积极作用已经不可忽视，因此，大国相对来说更具备（单方面）减排的激励。当然，由于外部性的存在，通常的情况是没有国

* 本文为中国社会科学院经济政策与模拟重点研究室 2009 年度招标课题。

家愿意单方面减排，减排协议就无法达成。要促成减排协议的达成，就需要增加各国减排的激励，贸易自由的存在就很可能有着提升激励的作用，而这也恰恰是本文的目的所在。

本文后续各部分将做以下安排：第一部分将进行相关文献综述，并提出研究的基本思路；第二部分将构建一个"基于各国同质（对称）假设的理论模型框架"，配合以人造数据为基础的示例性数值模拟，据以从理论上分析经济规模与减排激励的关系以及加入贸易因素后各国减排激励的变化；第三部分则在第二部分理论模型框架基础上进行相应的调整，并结合全球主要经济体的实际数据，进行相关的参数校准和数值模拟，并重新分析不同经济体的减排意愿以及国际贸易对各国碳减排意愿的影响；第四部分是相关的结论和建议。

二、文献综述

以应对全球气候变化为目标的"碳减排"活动首先是一个典型的外部性问题。一方面，各国单方面的碳减排行动必然带来本国相关产出的降低或相应支出的增加，而这些成本都需要由各减排国独自承担；另一方面，碳减排行动有利于抑制全球气候变暖，其好处为全球各国所共同享有。要克服上述外部性问题，根本途径在于世界各国通过谈判达成一项具有约束力的碳减排协议。因此，"碳减排谈判"就成为一场具备外部性特征的合作博弈（Cooperative Game）。

"碳减排谈判"作为一种合作博弈能否最终达成协议，取决于由各国减排策略共同构成的合作博弈的核（Core）[①]是否为空集。Scarf（1960）给出了无外部性条件下，合作博弈核为非空的条件。Debreu & Scarf（1967）证明在可复制经济（Replica Economy）条件下，作为博弈均衡解的核如何退化为完全竞争均衡，从而在合作博弈均衡与完全竞争均衡之间架起了一座联系的桥梁。Shapley & Shubik（1969）则通过几个实例说明，在存在外部不经济的条件下，如果博弈主体需要付出很大成本才能实现外部效应内部化（Internalize Externalities），它们参与合作博弈的动力就很小，或者说合作博弈的核可能为空集。其中的"冶炼博弈"（Smelting Game）其实可以看做是当前全球"碳减排谈判"的缩影，这意味着全球"碳减排谈判"最终可能无解。

事实上，较晚一些的相关文献，包括 Barrett（1994），Botteon & Carraro（1997），Chen（1997），Uzawa（1999）等，都将"碳减排谈判"看做是具有外部性特征的多主体合作博弈（N-person Cooperative Games），并尝试着为此类合作博弈寻找到均衡可行解，为推动碳减排协议的达成提供新的思路和方案。

Barrett（1994）试图通过建立一个自我实施机制（Self-enforcement Mechanism）来解决这个"碳减排活动"中出现的"搭便车"（Free-riding）问题。在一系列假设条件下，Barrett（1994）构造了"碳减排活动"的成本函数，据以分析自我实施协议达成的决定

---

① 即部分博弈主体达成的一种联盟，该联盟内部的所有成员都无法提升自身效用。该联盟也是合作博弈的稳定均衡解。

因素；运用数值模拟方法，Barrett（1994）对不同情景下非合作（Non-cooperative）转向全面合作（Full Cooperative）的净收益做了大量的模拟计算。此外，Barrett（1994）还将协议的达成看做是一种重复博弈，并做了进一步的分析和模拟。然而，Barrett（1994）的模拟结果是比较令人沮丧的。根据 Barrett（1994）的计算，自我实施协议可能不会对参与者带来实质性的收益，当参与国家很多时更是如此；而当净收益很大时，协议又只能维持很少的参与国，对全球福利的改善也非常有限。

Botteon & Carraro（1997）则是将减排成本和环境损害两部分同时纳入到各国福利函数当中，分别以二次方程和线性方程予以刻画。每个国家或每种可能的联盟都试图实现成本最小化。对于每种可能的联盟来说，成本按照"纳什讨价还价规则"（Nash Bargaining Burden Sharing Rule）或"夏普里值规则"（Shapley Value Burden Sharing Rule）进行分担。联盟的稳定性取决于加入和退出联盟的收益比较。在理论模型的基础上，Botteon & Carraro（1997）进一步将世界划分为"日本"、"美国及加拿大"、"欧盟"、"俄罗斯东欧"、"中国和印度"五个部分，据以进行数值情景模拟。Botteon & Carraro（1997）的模拟结果表明，当包含三个以上国家时，联盟就不再稳定。该结果与 Barrett（1994）的结果比较吻合。

Shapley & Shubik（1969）讨论时显然没有考虑转移效用（Transferable Utility）或旁支付（Side Payments）的因素。Uzawa（1999）证明，如果允许效应转移（或旁支付），博弈各方在外部性内生化过程中都将获益，原先核为空集的情况也将随之发生改变。Chen（1997）为分析全球气候谈判而构造的两国讨价还价模型，其重点就在旁支付上。在模型中，旁支付被看做是协议的重要组成部分。Chen（1997）主张旁支付的确定完全是各方讨价还价能力（Bargaining Power）的结果，与所谓的"谁污染谁支付"或"谁受害谁支付"原则无关。

根据上述文献回顾可知，在没有旁支付[①]的情况下，要在全球范围内达成碳减排协议基本是不可能的。小规模主体，即碳减排谈判中的小国，参与合作谈判的动力通常更弱。这主要是因为：减排行动需要承担较大的成本；较小的经济规模又使其减排行动对气候变化带来的影响很小，从中获得的直接收益自然也很小。对于大国来说，虽然减排行动同样需要大量成本，但是其参与合作谈判的动力相比效果则要大得多。因为大国经济规模庞大，其减排行动对全球气候变化能产生非常明显的作用，使得大国在减排行动中能够直接受益。此外，由于缺乏有效的低成本监督机制而带来的"搭便车"现象也是"碳减排协议"难以达成的重要原因。

如何才能使更多国家自愿参与到碳减排谈判中，并达成可行的减排协议？从合作博弈的角度来看，也就是如何附加其他条件，使得合作博弈的核变为非空，并尽可能扩大。Chen（1997）、Uzawa（1999）等已有的研究是从增加旁支付的角度出发寻求解决途径，具体到谈判实际就是通过转移支付或征收关税等措施促进协议的达成。本文同样也致力于研究如何扩大合作博弈的核，推动碳减排协议在更大范围内达成。与 Chen（1997）、Uzawa（1999）等不同的是，本文模型中并不涉及旁支付及转移效用

---

① 在气候变化谈判中，发达国家给予发展中国家的资金技术支持可以看做是旁支付。

（Transferable Utility），着重考察的是国际贸易的出现是否有利于碳减排谈判及协议的达成，具体思路是：

我们首先构建了一个"单一商品多国对称理论模型"（Symmetric Single Good Multi-country Model），据以从理论上分析无贸易条件下各国参与碳减排谈判的激励，以及意愿减排的"规模临界点"（Critical Country Size）。[①] 为了考察国际贸易对碳减排意愿的影响，我们又进一步放松模型假设，将单一商品拓展为"每个国家生产一种产品"。然后，将阿明顿贸易模型（Armington Trade Model）与对称模型相结合，构建新的模型框架，对无贸易理论模型进行拓展。在上述模型框架下，利用人为设定的参数和人造的产出、消费数据，进行了相关的数值模拟，以便从理论上分析印证加入国际贸易因素后各国减排激励的变化情况。

在理论模型的基础上，我们将对前面的理论模型框架进行一定的修正，并利用世界主要经济体，包括美国、欧盟、日本和"金砖四国"（中国、印度、俄罗斯和巴西）2006 年的相关数据，对上述修正后模型框架中涉及的参数进行校准。然后，利用数值一般均衡模拟方法（Numerical General Equilibrium Simulation Technique）考察各国参与碳减排谈判的临界（气候变暖）损失比例，并分析国际贸易的出现对各国参与碳减排谈判的影响，考察引入国际贸易是否有利于碳减排协议在更大范围内达成。

三、理论框架及计算示例

（一）单一商品无贸易理论框架

假定全球共有 N 个国家，每个国家都生产同一种商品。第 i 个国家的产出为 R_i，全球（潜在）总产出水平固定为 $\bar{R}$。各国的效用受其产出和全球气候变化两个因素的影响。不失一般性，我们先假定各国的效应函数为简单的柯布—道格拉斯函数形式。

$$U_i = U_i(R_i, \Delta T) = R_i^\alpha \Delta T^\beta \quad \alpha > 0, \beta < 0 \tag{1}$$

全球温度变化又受各国总产出变化的影响，全球总产出的上限就是 $\bar{R}$，于是有：

$$\Delta T = \rho \left(\sum_1^N R_i \right) - \phi \quad \rho > 0, \phi < 0 \tag{2}$$

$$N \cdot R_i \leqslant \bar{R} \tag{3}$$

各国的碳减排行为可以看做是产出的减少，而产出的减少将对各国效应产生正向和负向两个方面的影响。一方面，产出的减少将直接降低一国的效用水平；另一方面，一国减排后有利于减缓全球气候变暖，从而有进一步提升各国的效用。一国若有激励自行减排从而达成减排协议，就要求减排后上述两种效应导致的效用变化大于等于零。

---

① 对称模型的意思是，假定模型中各国的规模相等；规模临界点的意思则是，当一国经济规模达到或超过该临界点时，该国将有足够的意愿和动力参与全球气候变化谈判并实施单方面的减排行动；一国经济规模小于该临界点时，该国则没有足够的动力参与减排活动。

$$\frac{dU_i}{dR_i} = \frac{\partial U_i(R_i,\ \Delta T)}{\partial R_i} + \frac{\partial U_i(R_i,\ \Delta T)}{\partial \Delta T}\frac{\partial \Delta T}{\partial R_i} \leqslant 0 \Rightarrow$$

$$MU_i = \alpha\Delta T^\beta R_i^{\alpha-1} + \beta R_i^\alpha \Delta T^{\beta-1}\rho \leqslant 0 \tag{4}$$

在各国完全相同的对称情况下，满足公式（4）的最大国家数被称为临界值 N。如果临界值 N 大于或等于 2，则上升合作博弈的核即为非空。

对相关参数赋予不同的取值，我们利用公式（2）~公式（4）进行了数值模拟（Numerical Simulation），并从理论上计算出上述临界值 N。

表1　柯布—道格拉斯效用函数下临界值模拟结果

α	β	ρ	φ	$\bar{R}$	N	边际效用
1.2	−0.20	0.95	90	100	4	0.345
1.25	−0.20	0.95	90	100	4	0.480
1.3	−0.20	0.95	90	100	3	0.060
1.35	−0.20	0.95	90	100	3	0.200
1.4	−0.20	0.95	90	100	3	0.490
1.2	−0.21	0.95	90	100	4	0.270
1.2	−0.25	0.95	90	100	4	0.010
1.2	−0.30	0.95	90	100	5	0.060
1.2	−0.35	0.95	90	100	6	0.090
1.2	−0.20	0.92	90	100	8	0.070
1.2	−0.20	0.96	90	100	3	0.180
1.2	−0.20	0.95	91	100	4	0.010
1.2	−0.20	0.95	92	100	6	0.200

注：表中每种情况下的边际效用都略大于 0，达成减排协议的国家数为 N−1。

我们同时还采用 CES 效用函数形式进行了类似的模拟，模拟结果见表2。

表2　CES 效用函数下临界值模拟结果

α	β	ρ	φ	τ	$\bar{R}$	N	边际效用
1.2	−0.2	0.95	90	0.01	100	4	0.36
1.2	−0.2	0.95	90	0.10	100	3	0.20
1.2	−0.2	0.95	90	0.30	100	2	0.30
1.2	−0.2	0.92	90	0.30	100	4	0.15
1.2	−0.2	0.96	90	0.30	100	2	0.43
1.2	−0.2	0.95	90	0.80	100	1	0.89
1.2	−0.2	0.92	90	0.80	100	1	0.83
1.2	−0.2	0.97	90	0.80	100	1	0.90
1.2	−0.2	0.95	91	0.80	100	1	0.87
1.2	−0.2	0.95	90	0.90	100	1	0.96
1.2	−0.2	0.95	92	0.90	100	1	0.94

从表 1、表 2 的模拟结果可以看出，无论是 C-D 函数形式还是 CES 函数形式，设定的不同参数组合下，临界值似乎都很小，给定经济总量就意味着经济体的规模较大。这与我们前面的一些直觉是相符合的，即只有当经济体规模足够大时，单方面减排的意愿才会较大。而我们另外一个直觉就是，在国际贸易条件下，上述合作联盟，即愿意加入减排国家的范围会有所扩大。为简化分析，我们先引入一个纯贸易均衡模型框架。

（二）嵌套 CES 合成商品纯贸易均衡模型框架

我们的纯贸易均衡模型框架是建立在以下假设基础之上的：①每个国家生产一种各不相同的产品；②每个国家都必须消费其他国家生产的商品；③一国从其他国家进口的商品通过 CES 函数的形式处理为合成进口商品；④各国的效用函数为国内商品和（合成）进口商品的 CES 函数；⑤整个模型框架包含两个层次的规划，第一层是效用最大化，第二层是合成进口商品的数量最大化。

1. 第一层规划问题

$$U(i) = \left(\alpha_i^{d \frac{1}{\sigma}} D(i)^{\frac{\sigma-1}{\sigma}} + \alpha_i^{m \frac{1}{\sigma}} M(i)^{\frac{\sigma-1}{\sigma}} \right)^{\frac{\sigma}{\sigma-1}} \tag{5}$$

$$\text{s.t.} \quad pd(i)D(i) + pm(i)M(i) = Inc(i) \tag{6}$$

式中，$D(i)$ 和 $M(i)$ 分别表示国内商品需求和合成进口商品需求，其价格分别为 $pd(i)$ 和 $pm(i)$。对上述规划问题构建拉格朗日函数可得：

$$L(D(i),\ M(i),\ \lambda(i)) = \left(\alpha_i^{d \frac{1}{\sigma}} D(i)^{\frac{\sigma-1}{\sigma}} + \alpha_i^{m \frac{1}{\sigma}} M(i)^{\frac{\sigma-1}{\sigma}} \right)^{\frac{\sigma}{\sigma-1}} - \lambda(i)(Inc(i) - pd(i)D(i) - pm(i)M(i))$$

根据拉格朗日函数的一阶条件可得：

$$\begin{cases} \alpha_i^{d \frac{1}{\sigma}} \left(\alpha_i^{d \frac{1}{\sigma}} D(i)^{\frac{\sigma-1}{\sigma}} + \alpha_i^{m \frac{1}{\sigma}} M(i)^{\frac{\sigma-1}{\sigma}} \right)^{\frac{\sigma}{\sigma-1}} = \lambda(i)pd(i)D(i)^{\frac{1}{\sigma}} \\ \alpha_i^{m \frac{1}{\sigma}} \left(\alpha_i^{d \frac{1}{\sigma}} D(i)^{\frac{\sigma-1}{\sigma}} + \alpha_i^{m \frac{1}{\sigma}} M(i)^{\frac{\sigma-1}{\sigma}} \right)^{\frac{\sigma}{\sigma-1}} = \lambda(i)pm(i)M(i)^{\frac{1}{\sigma}} \end{cases} \tag{7}$$

$$\begin{cases} D(i) = \dfrac{\alpha_i^d \left(\alpha_i^{d \frac{1}{\sigma}} D(i)^{\frac{\sigma-1}{\sigma}} + \alpha_i^{m \frac{1}{\sigma}} M(i)^{\frac{\sigma-1}{\sigma}} \right)^{\frac{\sigma}{\sigma-1}}}{\lambda(i)^\sigma pd(i)^\sigma} \\[3mm] M(i) = \dfrac{\alpha_i^m \left(\alpha_i^{d \frac{1}{\sigma}} D(i)^{\frac{\sigma-1}{\sigma}} + \alpha_i^{m \frac{1}{\sigma}} M(i)^{\frac{\sigma-1}{\sigma}} \right)^{\frac{\sigma}{\sigma-1}}}{\lambda(i)^\sigma pm(i)^\sigma} \end{cases} \tag{8}$$

$$\begin{cases} \alpha_i^{d \frac{1}{\sigma}} D(i)^{\frac{\sigma-1}{\sigma}} \left(\alpha_i^{d \frac{1}{\sigma}} D(i)^{\frac{\sigma-1}{\sigma}} + \alpha_i^{m \frac{1}{\sigma}} M(i)^{\frac{\sigma-1}{\sigma}} \right)^{\frac{1}{\sigma-1}} = \lambda(i)pd(i)D(i) \\ \alpha_i^{m \frac{1}{\sigma}} M(i)^{\frac{\sigma-1}{\sigma}} \left(\alpha_i^{d \frac{1}{\sigma}} D(i)^{\frac{\sigma-1}{\sigma}} + \alpha_i^{m \frac{1}{\sigma}} M(i)^{\frac{\sigma-1}{\sigma}} \right)^{\frac{1}{\sigma-1}} = \lambda(i)pm(i)M(i) \end{cases} \tag{9}$$

$$\lambda(i)(pd(i)D(i) + pm(i)M(i)) = \left(\alpha_i^d {}^{\frac{1}{\sigma}} D(i)^{\frac{\sigma-1}{\sigma}} + \alpha_i^m {}^{\frac{1}{\sigma}} M(i)^{\frac{\sigma-1}{\sigma}} \right)^{\frac{\sigma}{\sigma-1}} = \lambda(i)Inc(i) \quad (10)$$

以及，

$$\begin{cases} D(i) = \dfrac{\alpha_i^d Inc(i)\lambda(i)}{\lambda(i)^\sigma pd(i)^\sigma} \\[3mm] M(i) = \dfrac{\alpha_i^m Inc(i)\lambda(i)}{\lambda(i)^\sigma pm(i)^\sigma} \end{cases} \quad (11)$$

利用公式（11），我们又可以进一步得到：

$$\begin{cases} pd(i)D(i) = \dfrac{\alpha_i^d Inc(i)\lambda(i)pd(i)^{1-\sigma}}{\lambda(i)^\sigma} \\[3mm] pm(i)M(i) = \dfrac{\alpha_i^m Inc(i)\lambda(i)pm(i)^{1-\sigma}}{\lambda(i)^\sigma} \end{cases} \Rightarrow$$

$$Inc(i) = pd(i)D(i) + pm(i)M(i) = \frac{Inc(i)\lambda(i)}{\lambda(i)^\sigma}(\alpha_i^d pd(i)^{1-\sigma} + \alpha_i^m pm(i)^{1-\sigma}) \Rightarrow$$

$$\lambda(i)^{\sigma-1} = \alpha_i^d pd(i)^{1-\sigma} + \alpha_i^m pm(i)^{1-\sigma} \quad (12)$$

2. 第二层规划问题

在第二层规划中，有两类 CES 合成商品：一类是合成进口商品，另一类是合成国产商品。根据一个国家只生产一种产品的假设，合成国产商品就是各国自己产出的那种产品，在 CES 函数处理中，将其他国家生产产品权重赋值为 0 即可，于是可以得到以下非线性规划：

$$\text{Max} \quad M(i) = \left(\sum_{j \neq i} \gamma_i^j {}^{\frac{1}{\theta}} RM_i^j {}^{\frac{\theta-1}{\theta}} \right)^{\frac{\theta}{\theta-1}} \quad (13)$$

$$\text{s.t.} \quad \sum_{j \neq i} p(j)RM_i^j = pm(i)M(i) \quad (14)$$

以公式（13）和公式（14）为基础重新构建一个拉格朗日函数可得：

$$L(RM_i^j, \Psi(i)) = \left(\sum_{j \neq i} \gamma_i^j {}^{\frac{1}{\theta}} RM_i^j {}^{\frac{\theta-1}{\theta}} \right)^{\frac{\theta}{\theta-1}} + \Psi(i)\left[pm(i)M(i) - \sum_{j \neq i} p(j)RM_i^j \right] \quad (15)$$

通过相应的代数变换，可以进一步得到以下公式：

$$RM_i^j = \frac{\gamma_i^j pm(i)M(i)}{\psi(i)^{\theta-1}p(j)^\theta} \quad (16)$$

$$\psi(i)^{\theta-1} = \sum_{j=1}^N \gamma_i^j p(i)^{1-\theta} \quad (17)$$

$$M(i) = \left(\sum_{j \neq i} \gamma_i^j {}^{\frac{1}{\theta}} \left(\frac{\gamma_i^j pm(i)M(i)}{\psi(i)^{\theta-1}p(j)^\theta} \right)^{\frac{\theta-1}{\theta}} \right)^{\frac{\theta}{\theta-1}} \Rightarrow$$

$$M(i) = \frac{pm(i)M(i)}{\psi(i)^{\theta-1}} \left(\sum_{j\neq i} \gamma_i^{j\frac{1}{\theta}} \left(\frac{\gamma_i^j}{p(j)^\theta} \right)^{\frac{\theta-1}{\theta}} \right)^{\frac{\theta}{\theta-1}} \Rightarrow$$

$$pm(i) = \frac{\psi(i)^{\theta-1}}{\left(\sum_{j\neq i} \gamma_i^{j\frac{1}{\theta}} \left(\frac{\gamma_i^j}{p(j)^\theta} \right)^{\frac{\theta-1}{\theta}} \right)^{\frac{\theta}{\theta-1}}} \qquad (18)$$

公式（18）即为合成进口商品价格的决定公式。对于国产商品来说，可以进行类似的数学推导。

$$\text{Max} \quad D(i) = \left(\sum_{j=1}^n \overline{\gamma}_i^{j\frac{1}{\theta}} RD_i^{j\frac{\theta-1}{\theta}} \right)^{\frac{\theta}{\theta-1}} \qquad (19)$$

$$\text{s.t.} \quad \sum_{j=1}^n p(j)RD_i^j(i) = pd(i)D(i) \qquad (20)$$

$$L(R_i^j, \overline{\psi}(i)) = \left(\sum_{j=1}^n \overline{\gamma}_i^{j\frac{1}{\theta}} RD_i^{j\frac{\theta-1}{\theta}} \right)^{\frac{\theta}{\theta-1}} + \overline{\psi}(i) \left[pd(i)D(i) - \sum_{j\neq i} p(j)RD_i^j \right] \qquad (21)$$

$$RD_i^j = \frac{\overline{\gamma}_i^j pd(i)D(i)}{\overline{\psi}(i)^{\theta-1} p(j)^\theta} \qquad (22)$$

$$\overline{\psi}(i)^{\theta-1} = \sum_{j=1}^N \overline{\gamma}_i^j p(j)^{1-\theta} \qquad (23)$$

$$pd(i) = \frac{\overline{\psi}(i)^{\theta-1}}{\left(\sum_{j\neq i} \overline{\gamma}_i^{j\frac{1}{\theta}} \left(\frac{\overline{\gamma}_i^j}{p(j)^\theta} \right)^{\frac{\theta-1}{\theta}} \right)^{\frac{\theta}{\theta-1}}} \qquad (24)$$

式中，RD_i^j 和 RM_i^j 表示用于合成国产及进口商品的原始商品。

3. 均衡条件

为了达到均衡状态，我们还需要在模型框架中加入以下条件：

$$XD_i = \sum_{j=1}^N (R_j^i) - \overline{R}_i^i = 0 \Rightarrow \sum_{j\neq i} (R_j^i) + D(i) = \sum_{j\neq i} (R_j^i) + R_i^i = \overline{R}_i^i \qquad (25)$$

$$\text{Inc}(j) = p_j \cdot \overline{R}_j^j \qquad (26)$$

$$\sum_{i=1}^i p_i = 1 \quad \text{and} \quad p_i \geq 0 \qquad (27)$$

$$TU = \sum_{i=1}^n U_i \qquad (28)$$

$$R_j^i = RD_j^i + RM_j^i \qquad (29)$$

此外，我们还要设定消费的国内商品价格与国内禀赋价格相同。根据公式（5）、公式（12）、公式（13）、公式（16）~公式（18）、公式（22）~公式（24）、公式（25）~公式（29）以及给定的参数值，我们可以利用上述纯贸易均衡模型进行相关的数值模拟分析。

（三）包含全球温度变化的贸易均衡模型框架

以前面的单一商品温度变化模型和贸易均衡模型为基础，可以构建一个包含全球温度变化情况的贸易均衡模型框架。该模型框架可以划分为三个层次。

1. 温度变化与效用函数

在第一层，函数形式与前面的单一商品温度变化模型基本相同。

$$U_i = U_i(RC_i, \Delta T) = RC_i^{\alpha} \Delta T^{\beta} \tag{30}$$

$$\Delta T = \rho \left(\sum_1^N RS_i \right) - \phi \tag{31}$$

公式（30）中，RC_i 表示第 i 个国家的合成消费商品，RS_i 表示该国的产出或禀赋。

2. 商品的合成

与前面纯贸易 CES 嵌套模型相似，RC_i 也被处理为一国消费的国内商品与进口商品的 CES 合成商品，于是有：

$$RC_i = (\alpha_i^{d\frac{1}{\sigma}} D(i)^{\frac{\sigma-1}{\sigma}} + \alpha_i^{m\frac{1}{\sigma}} M(i)^{\frac{\sigma-1}{\sigma}})^{\frac{\sigma}{\sigma-1}} \tag{32}$$

$$s.t. \quad pd(i)D(i) + pm(i)M(i) = Inc(i) \tag{33}$$

$$Inc(i) = p(i)RS_i \tag{34}$$

公式（32）和公式（33）与前面的公式（13）和公式（14）基本相同，式中的 D(i) 和 M(i) 分别表示合成的国内商品和进口商品。D(i) 和 M(i) 的合成方程已经在前面列示。

3. 模拟结果

在嵌套合成消费模型中，合成消费商品 RC_i 可以看做是 RS_i 的函数，和单一商品的简单情况相类似，我们可以得到：

$$\frac{dU_i}{dRS_i} = \underbrace{\frac{\partial U_i(RC_i, \Delta T)}{\partial RC_i}}_{(1)} \underbrace{\frac{\partial RC_i}{\partial RS_i}}_{(2)} + \underbrace{\frac{\partial U_i(RC_i, \Delta T)}{\partial \Delta T}}_{(3)} \underbrace{\frac{\partial \Delta T}{\partial RS_i}}_{(4)}$$

$$= \underbrace{\alpha \Delta T^{\beta} RC_i^{\alpha-1}}_{(1)} \underbrace{\frac{\partial RC_i}{\partial RS_i}}_{(2)} + \underbrace{\beta RC_i^{\alpha} \Delta T^{\beta-1}}_{(3)} \underbrace{\frac{\partial \Delta T}{\partial RS_i}}_{(4)} \tag{35}$$

数值模拟将以公式（35）为基础。不过相比前面的单一商品情形，要直接比较无贸易和贸易两种情形比较困难，主要原因有两个方面：

（1）在单一商品模型中，没有贸易，各国的需求就是其产出。将贸易引入模型中，各国的需求是 CES 合成商品，而产出则作为该国的收入和预算约束。在产出或禀赋相同的条件下，贸易情形与无贸易情形下的消费是不同的。当我们由无贸易情形转向贸易情形时，公式（35）中的第(1)、(2)、(3)项都会发生较大变化。这样贸易和非贸易两种情形下的消费定义就有所不同。

（2）在两种情况下外生变量的设定有着很大的区别。在无贸易情形下，全球的总产出是外生给定的，各国的产出则由其边际效用和国家临界数内生决定。而在贸易情形下，各国产出作为其禀赋被外生给定。当增加或减少国家数量时，全球总产出将会有所变化。此外，每种产出的价格也是内生决定的，并使得预算约束随之改变。

为了使得两种情形更具可比性，不妨将单一商品情形下的边际效用函数进行与公式（35）类似的代数变换。

$$\frac{dU_i}{dRC_i} = \underbrace{\frac{\partial U_i(RC_i, \Delta T)}{\partial RC_i}}_{(1)} \underbrace{\frac{\partial RC_i}{\partial RC_i}}_{(2)} + \underbrace{\frac{\partial U_i(RC_i, \Delta T)}{\partial \Delta T}}_{(3)} \underbrace{\frac{\partial \Delta T}{\partial RC_i}}_{(4)}$$

$$= \underbrace{\alpha \Delta T^\beta RC_i^{\alpha-1}}_{(1)} \underbrace{\frac{\partial RC_i}{\partial RC_i}}_{(2)} + \underbrace{\beta RC_i^\alpha \Delta T^{\beta-1}}_{(3)} \underbrace{\frac{\partial \Delta T}{\partial RC_i}}_{(4)} \tag{36}$$

根据公式（35）和公式（36），贸易和无贸易两种情形下，各国提高产出所获得的边际效用都由四个部分所共同决定。

在贸易条件下，假定有四个国家，将各国产出设定为25个单位（合计为100个单位），那么各国的消费也同样为25个单位（见表3）。这样一来，上述两个公式中的第（1）、（3）、（4）项都是相同的，惟一有所不同的在第（2）项。

在无贸易情形下，第（2）项取值即为1，因为每个国家只消费本国产出商品。而在贸易情形下，就无法直接通过代数方法来求解微分了。不过我们可以计算1%的产出增加后带来的变化，而这从数学上讲恰恰就是边际的一种近似求解方法。

表3 贸易情形下1%产出变动带来的消费变动计算示例

各国产出、消费均为25单位的均衡情形	国家1	国家2	国家3	国家4	总消费
国家1	12.499	4.167	4.167	4.167	25.000
国家2	4.167	12.499	4.167	4.167	25.000
国家3	4.167	4.167	12.499	4.167	25.000
国家4	4.167	4.167	4.167	12.499	25.000
国家1的产出增加1%~25.25%					
	12.624	4.168	4.168	4.168	25.128
	4.209	12.499	4.167	4.167	25.042
	4.209	4.167	12.499	4.167	25.042
	4.209	4.167	4.167	12.499	25.042
总消费变化率（%）					0.512

表4 无贸易情形下的边际效用模拟示例

α	β	ρ	φ	$\bar{R}$	R	ΔT	N	边际效用
1.2	−0.2	0.95	90	100	25	5	4	0.345

从表4的模拟结果可以看出，四国对称情形下增加产出的边际效用大于零，这意味着各国都不会有进行减排的激励，四国之间也就无法达成减排协议或形成减排联盟。

表 5 贸易情形与无贸易情形模拟示例结果对比（四国对称）

无贸易情形			贸易情形	
产出增加带来的 边际效用增加	温度变化带来的 边际效用损失	总的边际效用变化	1%产出变化带来的 消费变化率（%）	总的边际效用变化 （近似值）
1.656	−1.311	0.345	0.512	−0.463

根据表 5 的对比结果可以看出，在贸易情形下，同样是四国对称，产出增加所带来的边际效用变为负的。这意味着在贸易情形下四个国家可以达成减排协议（或联盟）。上述数值模拟结果在一定程度上印证了我们最初的直觉判断，即在国际贸易情形下，合作博弈的核将被扩大，或者说愿意达成减排协议的国家将有所增加。

四、未来特定时间段的主要经济体减排意愿分析框架及数值模拟

在第二部分，我们从理论上构建了一套分析贸易与无贸易两种情形下各国减排意愿变化情况的理论模型。出于分析的方便，我们在前面的模型框架中假定各国规模相等。与此同时，各相关参数以及数值模拟示例也是人为设定。在本部分，我们将突破上述做法，以美国、日本、欧盟、"金砖四国"等世界主要经济体作为模型主体和参数校准的依托，并以未来 30~50 年作为温度变化的考察区间，对原有模型框架进行修正，并进行与现实经济更为贴近的数值模拟。

（一）单一商品无贸易情形下的模型框架及参数校准

1. 修正的单一商品多国无贸易碳减排模型框架

我们仍将从单一商品多国无贸易合作博弈情形开始分析，然后将模型框架拓展到包含国际贸易因素的"N 商品，N 国家"情形。在本部分，单一商品多国对称模型主要有以下几个假设条件：①假定全球共有 N 个国家，每个国家生产并消费同一种商品，并在一个较长的时间段（比如说 30 年或 50 年）内保持经济的持续增长。②各国的消费（生产）活动将带来二氧化碳排放进而导致全球气候变暖。③消费活动为各国带来正效用，而气候变暖则会给各国带来负效用。④各国消费以其生产能力为上限，如果消费低于上限则有利于减缓气候变暖，如果某国的经济规模很小则该国对气候变化的实际影响将很小甚至可以忽略不计。⑤假定各国从现在到未来 t 年内经济可能出现两种情形：一种是以当前的增长速度持续增长 t 年，不妨称为"正常增长情形"（Business As Usual Scenario）；另一种则是 t 年中每年都没有任何变化的零增长情形（Zero Growth Scenario）。

在上述假设条件下，我们将以各国经济零增长情形作为参照，重点分析正常增长情形下 t 年内各国累计的消费（产出）、效用及温度变化情况。为此，效用函数中涉及的自变量、因变量都将是 t 年内各自正常增长情形与零增长情形之差，具体如下：①消费（产出）方面以 ΔR_i 表示，代表每个国家 i 在 t 年内正常增长情形与零增长情形相比的"消费变化"（Consumption Change）；②各国的"产出变化"和"全球总产出变化"则分别由 $\Delta \bar{R}_i$ 和 ΔR 表示，并满足 $\Delta R_i \leqslant \Delta \bar{R}_i$，$\Delta R = \sum \Delta R_i$；③气温方面，以 ΔT 表示 t 年内

的全球平均温度变化，ΔT 与 ΔR 成正比，并假定零增长情形下 ΔT 也为零；④效用方面，以 ΔU_i 表示各国的"效用变化"（Utility Change），ΔU_i 与 ΔR_i 成正比，与 ΔT 成反比。另外，为了表述方便，后续部分如无特殊说明，将 ΔR_i、ΔU_i、ΔR、ΔT 分别简称为消费、效用、总产出和温度变化。

不失一般性，我们先假定各国的效用函数呈柯布—道格拉斯函数形式，具体如下：

$$\Delta U_i = \Delta U_i(\Delta R_i, \Delta T) = \Delta R_i^\alpha \cdot \left(\frac{C - \Delta T}{C}\right)^\beta \tag{37}$$

公式（37）中，C 可以看做是温度变化 ΔT 的一个上限值（比如说 10℃），当 ΔT 达到了该上限值时，所有的经济活动都将停止。这意味着，当 ΔT 接近 C 时，各国的效用变化 ΔU_i 接近零；而当 ΔT 接近零时，则它对效用变化 ΔU_i 几乎不产生任何影响。α、β 两个参数则反映消费、温度变化对效用的影响程度，参数值将利用有关数据校准而得。

温度变化 ΔT 取决于 t 年内各国碳排放情况，而碳排放又与各国的消费成正比。于是，我们又可以进一步设定 ΔT 的数学表达式如下：

$$\Delta T = g(\sum e_i \Delta R_i) = \alpha(\sum e_i \Delta R_i)^b + c \tag{38}$$

公式（38）中，e_i 为各国排放强度（Emissions Intensity），即单位 GDP 的碳排放量。在上述模型结构下，某国单方面的碳减排行为意味着本国消费的减少；而消费减少将对效用带来正反两方面的影响：一方面，根据公式（37）效用本身就是消费的函数，与其成正比；另一方面，根据公式（38）温度变化与消费也成正比，而温度变化本身与效用又成反比。如果某国单方面减排行为对温度变化影响带来的正效用大于对消费影响带来的负效用，那么它就有动力进行减排。

如果各国通过谈判就共同进行碳减排达成协议，那么可能所有国家的境况都会变得更好。因为各国共同减排对温度变化带来的影响将非常明显，各国由此获得的正效用肯定要比单方面减排大得多。然而，这种减排合作在缺乏适当激励或惩罚机制时必然导致"搭便车"（Free Ride）现象的出现。因此，要确保碳减排合作的自我实施（Self-enforcement），其必要条件就是各国"边际减排效用"为非负，或者说"边际消费效用"为非正，用数学公式表达就是：

$$\frac{d\Delta U_i}{d\Delta R_i} = \frac{\partial \Delta U_i(\Delta R_i, \Delta T)}{\partial \Delta R_i} + \frac{\partial \Delta U_i(\Delta R_i, \Delta T)}{\partial \Delta T} \cdot \frac{\partial \Delta UT}{\partial \Delta R_i} \leqslant 0 \tag{39}$$

如果 $\frac{d\Delta U_i}{d\Delta R_i}$ 为非正，则各国将自愿参与碳减排行动，在柯布—道格拉斯函数情况下，公式（39）就可变换为下面的公式（40）：

$$\frac{d\Delta U_i}{d\Delta R_i} = \alpha\left(\frac{C - \Delta T}{C}\right)^\beta \Delta R_i^{\alpha-1} - \frac{\beta}{C}\Delta R_i^\alpha\left(\frac{C - \Delta T}{C}\right)^{\beta-1} abe_i(\sum e_i \Delta R_i)^{b-1} \leqslant 0 \tag{40}$$

2. 相关数据及参数校准

接下来，我们将在全球实际数据及已有相关研究预测的基础上，对公式（37）~公式（40）涉及的各个参数进行校准。我们将全球划分为美国、欧盟、日本、中国、印度、俄罗斯、巴西和世界其他 8 个经济体，并假定在 2006~2056 年这 50 年间，各国都将处于"正常增长情形"状态；以 2000~2006 年各国 GDP 平均增速作为其 50 年间的

"正常增长速度"，并假定 50 年间平均的年折现率（Discount Rate）为 1.5%，据此计算各国 2006~2056 年 ΔR_i（即累计的 GDP 变化）的现值。参考 Stern（2006）、Mendelsohn（2007）等主要文献提供的数据资料，并考虑各国各种可能的偏好情形，便可以将公式（37）、公式（38）中的相关参数校准出来。利用校准所得的参数，可以就不同经济体单方面减少 1% 消费（产出）后产生的福利影响进行模拟计算，近似地计算出各国的边际消费效用；[①] 根据边际消费效用的正负可以判断出各经济体是否具有参与全球减排谈判的意愿，进而判断碳减排协议是否有可能在多个国家（或经济体）间达成。

利用各经济体 2006 年的 GDP 数据、2000~2006 年的平均增速以及 2004 年的排放强度，以及 Stern（2006）、Mendelsohn（2007）等主要文献对全球温度上升的估计，可以对正常增长情形下公式（38）的参数 a、b、c 进行校准；根据对正常增长情形下碳排放增加可能带来福利（效用）损失的不同估计，可以校准出相应的 β 值和 α 值。受数据收集方面的限制，我们只找到了 2004 年比较完整的各国碳排放数据，据以计算相应的碳排放强度。假定短期内各国碳排放强度基本不变，便可将其作为模型基期 2006 年的排放强度。在全球温度变化方面，Stern（2006）预测：沿着"正常增长情形"路径，到 2036 年全球平均温度将上升大约 2℃，到 2056 年将上升约 5℃，[②] 我们将以此作为不同时间段内 ΔT 的取值依据。进行参数校准所用的相关数据整理见表 6。

表 6　GDP、排放数据及 2036 年和 2056 年相关预测数据

单位：万亿美元、十亿吨

	美国	欧盟	日本	中国	印度	俄罗斯	巴西	其他	全球
GDP（2004 年）	11.712	13.044	4.068	2.254	0.667	0.592	0.664	8.048	41.590
排放（2004 年）	6.050	3.841	1.258	5.009	1.343	1.525	0.332	7.880	27.241
排放强度（2004 年）	0.517	0.294	0.273	2.222	2.012	2.577	0.500	0.979	0.655
GDP（2006 年）	13.164	10.636	4.368	2.645	0.912	0.987	1.067	14.682	
排放（2006 年）	6.800	3.132	1.193	5.877	1.835	2.544	0.534	14.376	36.289
增长率	2.657	1.956	1.652	9.568	6.833	6.745	3.104	3.662	
扣除 1.5% 折现率增长率	1.117	0.426	0.127	7.924	5.230	5.144	1.557	2.107	
GDP（2056 年）	22.943	13.158	4.656	119.763	11.666	12.120	2.311	41.641	228.258
排放（2056 年）	11.851	3.874	1.271	266.140	23.474	31.238	1.156	40.771	379.774
GDP（2006~2036 年）	471.310	341.074	133.673	318.879	66.327	70.673	41.055	618.453	

① 边际在数学上就是微分，但在经济实践中经常可以简化为计算自变量变化 1% 能够带来因变量多大的变化。由于我们的模型结构是由几个公式共同构成，无法根据式（38）直接精确求出边际消费效用，因此就采用这种近似的计算方法。

② 根据 Stern（2006 年）的预测，即便是全球每年的碳排放水平保持不变，到 2050 年全球温室气体（GHG）在大气中的含量仍将达到 550ppm CO_2 当量；如果沿着"正常增长情形"路径发展，到 2035 年就可能达到 550ppm CO_2 当量的水平，意味着有 77%~99% 的可能导致全球平均温度升高超过 2℃；如果在 2050 年前后达到 750ppm CO_2 当量的水平，那么温度将上升 5℃ 左右。

续表

	美国	欧盟	日本	中国	印度	俄罗斯	巴西	其他	全球
排放净增加 （2006~2036 年）	39.460	6.473	0.715	532.308	78.416	105.538	4.515	174.270	941.996
GDP （2006~2056 年）	885.060	593.877	225.669	1595.092	216.377	227.567	81.131	1306.574	
排放净增加 （2006~2056 年）	117.183	18.273	1.978	3250.796	343.635	459.330	13.879	560.511	4765.585

注：①GDP 数据来自 World Development Indicators 数据库；②2004 年排放数据来自维基百科 List of countries by carbon dioxide emissions–Wikipedia, the free encyclopedia.htm；③其他数据为推算数据，其中第 11 行和第 13 行的排放净增加指的就是"正常增长情形"与"零增长情形"相比的排放变化（Emission Change）。

表 6 中第 3 行各经济体的碳排放强度 e_i 是利用 2004 年的 GDP 和碳排放数据计算出来的。2006 年的碳排放则由当年的 GDP 与碳排放强度 e_i 相乘而得。第 6 行中采用 2000~2006 年各经济体的平均增速作为其 2006~2056 年"正常增长情形"下的实际年增长率；第 7 行则是在第 6 行基础上扣减 1.5%折现率后的各经济体增长率；第 8 行则是在 2006 年 GDP 及第 7 行增长率基础上对 2056 年各经济体 GDP（现值）所作的推测；第 9 行是在碳排放强度不变情形下，根据第 8 行和第 3 行数据推测出的 2056 年碳排放；第 10~13 行则是 2006~2036 年、2006~2056 年两个时间段的累计 GDP 和累计碳排放净增加。

利用表 6 中计算出的 2006 年、2006~2036 年、2006~2056 年碳排放净增加数据及其对应的温度变化 0℃、2℃、5℃便可以对式（38）中参数 a、b、c 的具体值进行校准求解，具体如下：

$$0 = a(36.289 - 36.289)^b + c \tag{41}$$

$$2 = a(941.996)^b + c \tag{42}$$

$$5 = a(4765.585)^b + c \tag{43}$$

求解上述三个联立方程得到参数 a、b、c 的值分别为 0.0417、0.5652 和 0。将参数值代入公式（38）得：

$$\Delta T = g\left(\sum e_i \Delta R_i\right) = 0.0417\left(\sum e_i \Delta R_i\right)^{0.565} \tag{44}$$

接下来需要校准效用函数中的偏好参数 α 和 β。为保证柯布—道格拉斯函数的线性齐次性，设定 α、β 之和为 1。Stern（2006）、Mendelsohn（2007）以及其他相关文献对于"正常增长情形"下全球气候变暖将带来多少比例的 GDP 损失进行过估算，我们不妨将 GDP 损失看做是同等比例的效用损失，并据此来对两个参数进行校准测算。根据这些文献，"正常增长情形下"损失的范围跨度很大，最低为 GDP 的 5%，最高则接近 GDP 的一半，不妨假设为 49.5%。[①] 针对不同的损失情景，可以分别校准出其对应的偏好参数值。根据 Stern（2006），公式（37）中涉及的 ΔT 为 5℃，而 C 则假定为 10℃。不同损失情景下的参数校准结果见表 7。

---

① 设定 49.5%是出于计算方面的考虑。由于式（37）后半部分的 C 设定为 10，ΔT 设定为 5，因此 50%是一个临界点。如果损失达到 50%将出现 α 为 0、β 为 1 的局面，效用函数将不再是柯布—道格拉斯函数形式。

表7　不同损失情景下的效用偏好参数校准结果

效用损失（%）	α	β	效用损失（%）	α	β
5	0.9260	0.0740	45.0	0.1375	0.8625
10	0.8480	0.1520	46.0	0.1110	0.8890
20	0.6781	0.3219	47.0	0.0841	0.9159
30	0.4854	0.5146	48.0	0.0566	0.9434
35	0.3785	0.6215	49.0	0.0286	0.9714
37.5	0.3219	0.6781	49.5	0.0144	0.9856
40	0.2630	0.7370			

（二）单一商品下的碳减排谈判模拟

本部分主要是利用单一商品模型和校准所得参数，进行一些设定情景模拟。我们将首先模拟各经济体分别减少1%消费的情景，然后在模拟某几个经济体组成子联盟同时减少消费的情景。模型的时间跨度是2006~2056年这50年，每种情景下，都要考察消费减少对各经济体自身福利（效用）产生的影响。如果福利产生正的变化，则表明消费减少引发全球气温变化而产生的正效用大于该经济体自身消费减少带来的负效用。此时，该经济体将有意愿自动减排并加入到碳减排协议中。

考虑到"正常增长情形"下全球气温上升带来损失的可能范围跨度很大，我们仍然按照前面参数校准的模式，在损失5%~49.5%范围间模拟13种损失情景，每种情景使用的偏好参数与前面校准相对应，具体的模拟结果见表8。

表8　不同效用损失程度下各经济体减少1%消费引起的效用变化
（2006~2056年）

损失比例（%）	美国	欧盟	日本	中国	印度	俄罗斯	巴西	其他
5	−5.2138	−3.8625	−1.7368	−7.9374	−1.2979	−1.3590	−0.5584	−7.1531
10	−2.9634	−2.4374	−1.3090	−3.7493	−0.7514	−0.7831	−0.3742	−3.7606
20	−0.8376	−0.8660	−0.6849	−0.6795	−0.2206	−0.2273	−0.1516	−0.8928
30	−0.1837	−0.2469	−0.3032	−0.0759	−0.0501	−0.0508	−0.0501	−0.1583
35	−0.0740	−0.1155	−0.1811	−0.0158	−0.0204	−0.0204	−0.0255	−0.0558
37.5	−0.0443	−0.0749	−0.1337	−0.0044	−0.0123	−0.0121	−0.0173	−0.0308
40	−0.0250	−0.0461	−0.0944	0.0009	−0.0069	−0.0067	−0.0111	−0.0158
45	−0.0058	−0.0132	−0.0361	0.0032	−0.0015	−0.0013	−0.0035	−0.0025
46	−0.0039	−0.0093	−0.0273	0.0031	−0.0009	−0.0008	−0.0025	−0.0013
47	−0.0024	−0.0062	−0.0193	0.0029	−0.0005	−0.0004	−0.0017	−0.0005
48	−0.0012	−0.0036	−0.0121	0.0026	−0.0002	−0.0001	−0.0010	0.0001
49	−0.0004	−0.0015	−0.0057	0.0024	0.0001	0.0002	−0.0004	0.0005
49.5	0.0000	−0.0007	−0.0027	0.0022	0.0002	0.0003	−0.0002	0.0006

注：效用变化是指减少1%消费后相对于"正常增长情形"的效用变化。

从表 8 的结果可以看出：当全球气温上升 5℃带来的各经济体效用损失为 35%时，没有一个经济体有意愿进行碳减排；当损失上升到 40%时，中国将有减排意愿；当损失超过 40%以后，将有更多的经济体有意愿进行减排，从而可以达成减排协议。表 8 的结果还表明，对于给定的效用损失比例，规模越大的经济体进行碳减排的意愿越强。①

表 8 中显示的是对各个经济体分别减少 1%消费的情景模拟结果。事实上，如果部分经济体就减排事宜事先组成子联盟（Sub-coalition），那么联盟作为一个整体参与全球碳减排协议的意愿将有很大提高。分别将"美国—欧盟—日本"、"金砖四国"、"亚洲三国（中国—印度—日本）"作为三个不同的子联盟情景，按照上述过程模拟各联盟减少 1%消费带来的效用变化，具体结果见表 9。

表 9　不同效用损失程度下各子联盟减少 1%消费引起的效用变化
（2006~2056 年）

损失比例（%）	美国—欧盟—日本	金砖四国	亚洲三国（中国、印度、日本）
5	−16.8341	−11.5091	−10.0273
10	−7.4474	−5.2263	−5.5136
20	−1.1629	−0.8560	−1.4496
30	−0.1062	−0.0782	−0.2927
35	−0.0179	−0.0108	−0.1126
37.5	−0.0033	0.0003	−0.0657
40	0.0028	0.0046	−0.0362
45	0.0043	0.0050	−0.0079
46	0.0040	0.0045	−0.0052
47	0.0036	0.0041	−0.0031
48	0.0032	0.0036	−0.0016
49	0.0028	0.0032	−0.0004
49.5	0.0026	0.0030	0.0000

从对比表 8 和表 9 的结果可以看出，组成子联盟后，当效用损失达到 37.5%，作为子联盟之一的"金砖四国"便有意愿参与碳减排活动，损失达 40%时已有两个子联盟有减排意愿。当然，总体来说，意愿减排点对应的效用损失比例还是很大。

我们还进一步模拟了不同时间跨度下各经济体的减排意愿。在前面的气温方程参数校准中，我们假定 2006~2036 年，"正常增长情形"将导致 2℃的温度上升，据此我们可以类似地模拟这段时期各国减少 1%消费带来的效用变化，具体结果如表 10 所示。

---

① 在情景分析中，我们假定 2006~2056 年中国的平均增长率最高，且远远高于其他发达经济体。因此，最终计算出的结果是，中国将会成为全球最大经济体，具体见表 6 相关计算结果。

表 10　不同效用损失程度下各经济体减少 1% 消费引起的效用变化

(2006~2036 年)

损失比例(%)	美国	欧盟	日本	中国	印度	俄罗斯	巴西	其他
5	-4.8184	-3.3113	-3.4216	-2.2192	-0.5548	-0.4001	-0.4136	-5.5742
10	-3.1026	-2.3718	-2.9208	-1.2930	-0.3751	-0.2692	-0.3145	-3.3472
20	-1.1514	-1.1106	-2.0208	-0.3836	-0.1547	-0.1097	-0.1677	-1.0652
30	-0.3446	-0.4333	-1.2452	-0.0872	-0.0521	-0.0363	-0.0758	-0.2664
35	-0.1654	-0.2412	-0.8998	-0.0351	-0.0267	-0.0184	-0.0458	-0.1151
37.5	-0.1087	-0.1716	-0.7365	-0.0207	-0.0181	-0.0124	-0.0340	-0.0713
40	-0.0678	-0.1164	-0.5791	-0.0113	-0.0117	-0.0079	-0.0242	-0.0416
45	-0.0197	-0.0409	-0.2805	-0.0019	-0.0036	-0.0023	-0.0093	-0.0100
46	-0.0140	-0.0303	-0.2230	-0.0009	-0.0026	-0.0016	-0.0071	-0.0066
47	-0.0092	-0.0210	-0.1664	-0.0002	-0.0017	-0.0010	-0.0050	-0.0039
48	-0.0053	-0.0129	-0.1103	0.0003	-0.0009	-0.0005	-0.0031	-0.0018
49	-0.0021	-0.0059	-0.0549	0.0007	-0.0003	-0.0001	-0.0015	-0.0002
49.5	-0.0008	-0.0027	-0.0274	0.0009	0.0000	0.0001	-0.0007	0.0005

对比表 8 和表 10 可以看出，当时间跨度拉长以后，各国碳减排的意愿将有所增强。当时间跨度为 2006~2036 年时，效用损失必须达到 48% 才有经济体（中国）有意愿进行碳减排，远高于 2006~2056 年框架下 40% 的临界损失率。

（三）加入国际贸易因素后的碳减排模型框架和情景模拟

1. 加入国际贸易后的碳减排模型框架

本部分将主要讨论加入国际贸易因素对各国碳减排意愿的影响。为此对整个模型结构作出以下假定：①全球有 N 个国家。②将原先的全球"单一商品"假设扩展为"每个国家都生产一种商品，每种商品各不相同"。于是就形成"N 个国家、N 种商品"的格局。③每个国家除了消费本国商品外，还需要消费其他国家生产的商品，这样就产生了国际贸易。④由于国际贸易因素的引入，各国消费的将是由本国商品和商品组成的合成商品（Composite Goods）。为此引入阿明顿（Armington）商品结构，嵌套不变替代弹性偏好模型对消费品进行刻画。⑤各国效用 ΔU_i 仍然由消费 ΔR_i 与全球温度变化 ΔT 两个因素决定，ΔR_i 越大、ΔT 越小相应的效用会越大。根据上述假设，引入国际贸易后的模型结构将划分为效用函数、消费品合成、进口品合成三个层次，并受全球贸易平衡条件约束。

（1）效用函数及温度变化函数。作为整个模型结构第一层的效用函数及温度变化函数，具体的函数形式与前面单一商品模型框架下基本相同。

$$\Delta U_i = \Delta U_i(\Delta RC_i, \Delta T) = \Delta RC_i^{\alpha} \cdot \left(\frac{C - \Delta T}{C} \right)^{\beta} \tag{45}$$

$$\Delta T = g(\sum e_i \Delta RS_i) = \alpha(\sum e_i \Delta RS_i)^b + c \tag{46}$$

公式（45）中，ΔRC_i 所代表的"消费"是各国的合成商品消费；ΔRS_i 指的是各国商品的"产出"或"供给"。

（2）各国消费品合成函数。模型结构的第二层是各国消费品 ΔR_i 的合成。具体的数学形式采用了包含本国生产商品和进口商品的 CES 函数，其结构主要借鉴了 Whalley（1985）中的嵌套 CES 阿明顿模型（Nested CES Armington Model）。该模型事实上是一个纯贸易经济模型，在满足贸易平衡条件的前提下寻求合成商品最大化，具体数学形式如下：

$$\text{Max} \quad \Delta RC_i = \left(\alpha_i^d \Delta D_i^{\frac{\sigma-1}{\sigma}} + \alpha_i^m \Delta M_i^{\frac{\sigma-1}{\sigma}} \right)^{\frac{\sigma}{\sigma-1}} \tag{47}$$

$$\text{s.t.} \quad p_i^d \Delta D_i + p_i^m \Delta M_i = Inc_i \tag{48}$$

$$Inc_i = p_i \Delta RS_i \tag{49}$$

公式（47）~公式（49）中，ΔD_i 和 ΔM_i 分别代表第 i 国消费的本国商品和合成进口商品（Composited Imported Goods），p_i^d、p_i^m 分别代表二者的价格；p_i 和 Inc_i 则代表第 i 国商品的销售价格和销售收入。

（3）进口商品合成函数。模型结构的第三层则是各国进口商品 ΔM_i 的合成。对于每个国家来说，它可以销售的商品只有一种，而其消费的商品中有 N–1 种需要进口，这些进口品也可以通过 CES 函数形式和相应的约束条件进行合成，具体如下：

$$\text{Max} \quad \Delta M_i = \left(\sum_{i \neq j} \left(\gamma_i^j \right)^{\frac{1}{\theta}} \left(\Delta RM_i^j \right)^{\frac{\theta-1}{\theta}} \right)^{\frac{\theta}{\theta-1}} \tag{50}$$

$$\text{s.t.} \quad \sum_{i \neq j} p_j \Delta RM_i^j = p_i^m \Delta M_i \tag{51}$$

在公式（50）和公式（51）中，ΔRM_i^j 表示第 i 个国家进口的第 j 种商品，p_j 表示该进口商品的价格；而 p_i^m 则是第 i 个国家所消费合成进口商品 ΔM_i 的价格。经过代数变化可进一步得到以下公式：

$$\Delta RM_i^j = \frac{\gamma_i^j p_i^m \Delta M_i}{p_j^\theta \left(\sum_{i \neq j} \gamma_i^j p_i^{1-\theta} \right)} \tag{52}$$

$$p_i^m = \left(\sum_{i \neq j} \left(\gamma_i^j \right)^{\frac{1}{\theta}} p_i^{1-\theta} \right)^{\frac{1}{1-\theta}} \tag{53}$$

（4）贸易平衡条件。除了上述商品合成以外，新的模型框架在引入国际贸易因素后还应该确保全球贸易平衡。这样每个国家的产出与其销售（包括本国消费和出口）应该相等，于是有：

$$\sum_{i \neq j} \Delta RM_i^j + \Delta D_i = \Delta RS_i (i = 1, \cdots, N) \tag{54}$$

由于国际贸易因素及贸易平衡机制的引入，各国为减少碳排放而降低产出后带来的不仅是 ΔRS_i 的减少，各种商品对应的均衡价格 p_i 也会发生变化。事实上，随着产出 ΔRS_i 的减少，第 i 国商品的贸易条件将得到改善，其对应的均衡价格 p_i 也将得到提高。

这意味着，加入国际贸易因素后，各国自主碳减排行为所产生的损失将会由贸易均衡机制分摊到其他国家，减排国自身承担的损失将因此减少，其减排意愿也将得到相应提高。

2. 引入贸易因素后的各国碳减排意愿模拟分析

在上述包含国际贸易因素的碳减排模型框架中，各国合成消费 ΔRC_i 同样也将随着本国产出 ΔRS_i 的变化而变化。与前面无贸易单一商品情形类似，我们同样可以估算 ΔRS_i 变化对效用 ΔU_i 带来的影响。一方面，各国产出 ΔRS_i 的变化将通过贸易均衡引起 ΔRC_i 的变化，进而对效用 ΔU_i 产生直接影响；另一方面，各国产出 ΔRS_i 的变化对全球气温也会产生影响，进而引起效用 ΔU_i 的变化。

为了对两种情形下各国的碳减排决策行为进行对比，还是利用前面的 GDP 和排放数据对整个国际贸易情形下的模型参数进行校准。当然，我们需要增加贸易方面的数据，以便对各国的嵌套 CES 偏好参数进行校准；同时，还必须假定在整个 2006~2056 年各国间的贸易比例结构保持不变。当各国产出 ΔRS_i 发生变动后，将形成新的均衡价格和均衡贸易以及新的效用值 ΔU_i。这样，我们也可以按照前面单一商品的模式，测算不同效用损失条件下，减少 1% 产出 ΔRS_i 对效用 ΔU_i 带来的影响，据此来分析各国在国际贸易条件下的碳减排意愿。当然，需要特别指出的是，要想完全准确地比较贸易和无贸易两种情形下的差异是很困难的。一方面，无贸易条件下各国消费的就是本国产出，而加入国际贸易后各国的需求变为以嵌套 CES 函数形式合成的商品，其产出则进入到合成商品形成的预算约束条件。这意味着同样的产出变化，在两种情形下带来的消费变化是不同的。另一方面，两种情形下的外生条件是不同的。在无贸易情形下，全球总的消费（或产出）是外生的，各国的消费变动也可以外生设定；而在贸易情形下，可以外生设定各国的产出及其变动，但是各国的消费则需要由商品价格、预算约束及贸易平衡等因素内生决定。贸易情形下不同效用损失情景的减排意愿模拟结果见表 11。

表 11　贸易条件下不同效用损失程度下各经济体减少 1% 产出引起的效用变化

（2006~2056 年）

损失比例（%）	美国	欧盟	日本	中国	印度	俄罗斯	巴西	其他
5	−0.2345	−0.3292	−0.1917	−0.6179	−0.0740	−0.2377	−0.0825	−0.7354
10	0.0279	−0.0834	−0.0797	0.0488	−0.0004	−0.0974	−0.0375	−0.1759
20	0.1174	0.0755	0.0387	0.2017	0.0304	0.0003	0.0019	0.0837
30	0.0576	0.0602	0.0629	0.0791	0.0167	0.0093	0.0079	0.0477
35	0.0315	0.0394	0.0544	0.0397	0.0096	0.0065	0.0063	0.0258
37.5	0.0218	0.0297	0.0472	0.0268	0.0069	0.0050	0.0052	0.0177
40	0.0143	0.0211	0.0386	0.0175	0.0047	0.0036	0.0040	0.0115
45	0.0046	0.0079	0.0194	0.0067	0.0017	0.0015	0.0017	0.0040
46	0.0034	0.0059	0.0155	0.0054	0.0013	0.0012	0.0013	0.0031
47	0.0024	0.0042	0.0115	0.0043	0.0010	0.0009	0.0010	0.0023
48	0.0015	0.0026	0.0076	0.0034	0.0007	0.0007	0.0006	0.0017
49	0.0008	0.0013	0.0038	0.0027	0.0005	0.0005	0.0003	0.0012
49.5	0.0005	0.0007	0.0019	0.0024	0.0004	0.0004	0.0002	0.0010

对比表 11 和表 8 可以看出，引入国际贸易因素后，各国从单方面减排行为所获得的边际效用将得到大大提高。在贸易情形下，当效用损失比例仅为 10% 时，美国和中国就有减排意愿；而在无贸易情形下，效用损失比例达到 37.5% 时，中国才有减排意愿。这说明，引入国际贸易因素能够大大促进全球碳减排协议的达成。其背后的经济学直觉就是，各国通过降低本国产出而实现的碳减排行为将导致本国商品对全球供给的减少，从而提高该商品出口价格，改善本国的贸易条件，并最终将自身减排带来的损失通过价格机制分摊到其他各国。

五、结论与建议

本文将全球碳减排谈判作为一种具有很强外部性的多方合作博弈。作为博弈主体的世界各国能否最终达成碳减排协议，取决于各国在碳减排活动中能否获得足够的收益或激励。在技术水平不变的条件下，各国需要通过减少本国的产出和消费实现碳减排目的。产出和消费的减少将直接导致各国效用的降低，与此同时，由此带来的碳排放减少将有利于抑制全球气候变暖，进而有利于各国效用的提高。如果前者大于后者，意味着碳减排活动对该国带来的是负效用，该国将没有激励和意愿参与碳减排协议；反之则有激励和意愿参与碳减排协议。为了对各国的碳减排意愿进行分析，我们首先构造一个单一商品多国模型框架对上述机制进行了刻画。利用现有数据资料校准模型参数，并对不同气候变化影响情景下各国碳减排意愿进行模拟分析。在此基础上，通过引入国际贸易因素构建新的模型框架，并进行相应的参数校准和情景模拟分析。我们的模拟结果表明：

第一，经济规模越大的国家（或经济体）参与碳减排的意愿越强烈。因为给定减产（减排）比例，规模越大的经济体对全球温度变化产生的影响越大。与之类似，气候变化持续的时间跨度越长，各国参与碳减排的意愿也会随之增强。

第二，加入国际贸易因素后，各国进行碳减排的意愿将普遍增强，全球碳减排协议也更容易达成。因为国际贸易条件下，各国降低产出后面临的国际贸易条件将得到改善，产出及消费减少带来的效用损失也将因此得到部分补偿，这样就相当于将减排（减产）带来的损失通过国际贸易分摊到其他各国。

第三，当前美、欧发达国家以全球气候变暖为借口，通过碳关税等形式引发了新贸易保护主义的抬头。这种做法不仅不能有效降低各国碳排放，反而减弱国际贸易在增强各国减排意愿方面的作用，最终阻碍全球碳减排协议的达成。

附表 1　主要经济体 2006 年 GDP 及双边商品贸易情况

（十亿美元）

经济体	GDPC+I+(E-X)	净出口 E-X	禀赋 C+I+E	国内需求 C+I	出口目的地或进口来源地																	
					World		U.S		E.U.		Japan		China		India		Russia		Brazil		ROW	
					出口	进口	出口	进口	出口	进口	出口	进口	出口	进口	出口	进口	出口	进口	出口	进口	出口	进口
世界	48462	0			7683	7683																
美国	13164	-881.1	15083	14045	1038	1919		0	220.6	339.8	69.5	152.3	59.3	306	10.3	23	8	20.7	19.9	28	650.6	1049.7
欧盟	10636	-216.2	12334	10853	1482	1698	339.8	220.6		0	59.9	95.9	90.3	241	30.9	28	75.2	148.7	23	32.9	862.4	931.1
日本	4368	70.4	4948	4298	649.9	579.6	152.3	69.5	95.9	59.9		0	115.7	119	4.5	4.1	9.7	6.7	3.2	5.1	268.7	315.9
中国	2645	177.5	3436	2467	968.9	791.5	305.8	59.3	240.5	90.3	118.6	115.7		0	14.9	10.3	16.1	17.6	7.7	12.9	265.4	485.4
印度	912	-54.6	1087	966	120.3	174.8	23	10.3	28	30.9	4.1	4.5	10.3	14.9		0	1.1	3	1	1.5	52.2	110.2
俄罗斯	987	140.7	1151	846	304.5	163.9	20.7	8	148.7	75.2	6.7	9.7	17.6	16.1	3	1.1		0	0.8	3.8	107.1	50
巴西	1067	41.6	1163	1026	137.5	95.9	28	19.9	32.9	23	5.1	3.2	12.9	7.7	1.5	1	3.8	0.8		0	53.7	39.8
世界其他地	14682	721.8	16942	13960	2982	2260	1050	650.6	931.1	862.4	315.9	268.7	485.4	265	110.2	52.2	50	107.1	39.8	53.7	0	0

注：①GDP 数据取自世界银行网站；②美国、欧盟、日本和中国的贸易数据直接取自 WTO 网站；③印度、俄罗斯、巴西、日本的贸易数据是根据 WTO 网站和欧盟统计局（EUROSTAT）相关数据推算而得；④双边贸易数据并不完全吻合，保留各国进口数据，并将其作为对方国的出口数据。

[参考文献]

［1］ Barrett, Scott. Self-Enforcing International Environmental Agreements, Oxford Economic Papers, New Series, Special Issue on Environmental Economics, Vol. 46, 1994, pp.878-894.

［2］ Botteon, Michele and Carlo Carraro. Burden-sharing and Coalition Stability in Environmental Negotiations with Asymmetric Countries, in C. Carraro, ed., International Environmental Negotiations: Strategic Policy Issues, Edward Elgar, Cheltenham, 1997.

［3］ Cai Yuezhou, Raymond Riezman, John Whalley. International Trade and the Negotiability of Global Climate Change Agreement, NBER Working paper, No.14711, 2009.

［4］ Chen Zhiqi. Negotiation an Agreement on Global Warming: A Theoretical Analysis, Journal of Environmental Economics and Management, 1997: 32, pp.170-188.

［5］ Debreu, Gerard and Herbert Scarf. A Limit Theorem on the Core of an Economy. International Economic Review, Vol. 4, No.3 (Sep., 1963), 1963, pp.235-246.

［6］ Mendelsohn, Robert, O. A Critique of the Stern Report, Regulation, (Winter 2006-2007), 2006, pp.42-46.

［7］ Scarf, Herbert E. The Core of an N Person Game, Econometrica, Vol.35, No.1 (Jan., 1967), 1967, pp.50-69.

［8］ Shapley, L., S., Shubik, Martin. On the Core of an Economic System with Externalities, The American Economic Review, Vol. 59, No. 4, 1969, pp.678-684.

［9］ Stern, Nicholas. Stern Review on the Economics of Climate Change, London, UK: Her Majesty's Treasury, 2006.

［10］ Uzawa, H. Global Warming as a Cooperative Game, Environmental Economics and Policy Studies, 1999, Vol.2, pp.1-37.

［11］ Uzawa, H. Economic Theory and Global Warming, Cambridge University Press.

［12］ Walsh, S and J. Whalley. Bringing the Copenhagen Climate Change Negotiations to Conclusion, Paper Presented at CESifo Conference on "Europe and Global Environmental Negotiations", 2003, pp.14-15.

［13］ Whalley, John. Trade Liberalization among Major World Trading Areas, MIT Press, Cambridge, Massachusetts, 1985.

第七章 能源模型的技术内生化问题研究

吴 滨

"十一五"以来，在各级政府和相关企业的共同努力下，我国节能减排成效显著，能源效率大幅提高，能源和环境问题得到了初步缓解。但是，目前我国仍处于工业化中期阶段，消费升级和城市化步伐明显加快，能源环境问题依然突出，在"十二五"乃至更长的一段时期内，节能减排仍将是经济社会发展的核心工作之一。能源技术进步是降低能源消耗和污染物排放的重要途径，在未来的发展中，能源技术进步在节能减排中的作用将更加突出，深入研究我国能源技术进步的内在机制对于全面把握我国能源发展趋势具有重要的现实意义。

一、能源模型概述

能源模型是能源分析的重要工具，经过长时间的发展，已经形成了较为庞杂的体系，在相关领域的研究中发挥着越来越重要的作用。

(一) 能源模型发展简介

经济理论是对现实的抽象和概括，进而发现经济现实中最具本质性的规律，再应用这些规律对经济现实进行指导。在这个过程中，经济模型具有重要作用。广义而言，任何对现实问题的抽象而形成的理论框架、分析工具和数量逻辑均可以称为模型，例如波特的钻石模型；狭义而言，经济模型特指数量模型，即经济理论的数学表述，通过数量关系的分析来揭示经济规律。目前，现代经济学中所谓的经济模型大都为狭义层面。从另一个角度看，经济理论主要包括两个阶段：现实的抽象和理论的应用。与之相对，经济模型也分为两个大类：一类是通过数学形式对现实进行描述，主要目的是探寻经济规律，其中包括揭示规律的理论模型和验证规律的经验模型；另一类是将已经发现的经济理论应用于现实的模型，这也是大卫·科兰德所说的"经济学的第三个分支"——应用政策经济学模型。[①] 这两类模型存在一定的差异，第一类模型的目的是揭示规律，是从具体到抽象的过程，更加强调简化；第二类模型的目的是指导现实，是从抽象到具体的过程，则更重视现实的还原和仿真，倾向于复杂化。作为应用经济学的重要分支，指导现实是能源经济学的主要使命，因此，能源经济学中的模型大都属于第二类，本文所说的

---

① [英] 马克·布劳斯等编著. 经济学方法论的新趋势. 张大宝等译. 经济科学出版社，2000.

能源经济模型也特指应用政策经济模型。

目前，能源模型还未形成较为统一的分类标准，存在多种分类方法。从对现实的还原程度可以分为简化模型和复杂系统模型。简化模型，又可以称为数据外推模型（王思强、关忠良，2008），是指不直接研究经济系统的相互作用和平衡规律，而仅仅通过数据之间的相互关系，通过历史数据来进行外推的模型，主要包括多元向量自回归模型（ARMA）、神经网络模型、灰色预测模型和 Logist 模型等。其中能源神经网络模型主要是依据人工神经网络模型来对能源指标进行预测，其基本原理是通过设定中间层（隐层）来模拟能源指标之间的相互影响，确定较为稳定的影响关系后，以此为基础对未来能源指标进行预测；灰色预测模型实质是通过对原始序列进行一定处理（一次累加生成），发现规律，形成能源指标预测的依据。目前，上述分析方法被大量采用，出现较多的文章（刘映、张岐山，2006；李亮等，2004；傅新、田立新，2001；陈洪涛、周泽群，2007；王斌等，2006；黄俊等，2004；冯述虎、侯运炳，2003；林伯强，2001）。尽管上述方法在实际预测中也取得了较好的效果，但由于上述模型并未考虑经济能源系统之间的相互关系，只使用于单一数据的预测，而且也很难深入考察能源对经济系统的影响。此外，由于仅使用历史数据来进行预测，未考虑其他因素的变化，因此上述模型在预测时间跨度方面存在明显制约，更适用于短期预测。与简化模型相比，复杂的系统模型对现实的还原更加全面，该类模型往往重视能源经济系统各因素之间的关系，通过对能源经济系统的模拟来进行分析预测，本文以下部分主要集中于对该类模型的讨论。

较为正式的能源系统模型出现于 20 世纪 70 年代，出于对能源资源可耗竭性的担忧，人们开始重视能源的合理使用。1978 年，美国政府研制了两个模型——"未来石油价格的估价"和 PEIS（能源自给供给模型）模型，成为了第一代系统模型（Wirl et al.，1991）。之后，随着世界各国对能源危机的重视，能源系统模型的发展也方兴未艾，形成较为庞杂的能源系统模型。就分类而言，能源系统模型的分类也存在多种标准。从研究目的的角度，能源系统模型可以分为能源供给和需求模型、环境模型和能源—经济—环境的模型（魏一鸣等，2005）。从建模方法的角度，能源系统模型可以分为自上而下（Top-down）模型、自下而上（Bottom-up）模型和混合模型。自上而下模型主要是立足于经济理论，以经济系统作为主要考察对象，关注经济系统的相互关系和平衡，比较有代表性的模型包括 CGE 以及投入产出模型；自下而上的模型侧重能源技术系统，从能源的生产、转化以及消费角度分析能源供求和技术影响，例如 MARLAL 模型、LEAP 模型等。由于上述两种模型各有特点，将两种模型整合的混合模型也成为近年来开发的重点，例如 MARKAL-MACRO 模型、IPAC 模型。相比较而言，根据建模思路的分类能更加清晰地描述各种模型的特点，在能源系统模型研究中也最为常用。

（二）能源模型的主要应用

从能源资源的开采、运输、加工、转换、分配、最终使用直至污染物排放构成了一个相对独立的系统，其中每一个环节与人类经济社会活动存在直接或间接的关系，各个环节之间相关支撑、相互影响。简单模型很难描述能源活动之间的相互作用，系统模型越来越受到人们的重视。目前，能源系统模型已经被广泛地应用于能源经济分析各个领域，就大的方面而言，能源系统模型的主要功能可以大致分为四个方面：

（1）能源预测。广义上讲，能源预测包括需求预测和供给预测，前者是分析经济社会发展对能源需求的变化，后者是强调对能源需求的满足程度。狭义上讲，能源预测更多地体现为能源需求的预测，其复杂程度通常要大于供给预测。由于能源在国民经济中的基础性地位，能源需求往往受到经济增长速度、经济结构、产品结构、能源产品结构、技术因素、人们生活消费习惯等多种因素的影响，只有在充分综合上述因素的基础上才能实现较好的预测，而能源系统模型在多因素综合考虑方面具有明显优势。

（2）能源优化。能源经济分析的目的并非单纯地实现能源供需平衡，而是要实现能源资源在目前条件约束下的最优配置，即使得能源使用以最小的成本获得最大的收益，能源优化正是基于上述目的。从传统意义上讲，能源优化主要是指能源供给优化，也就是如何合理确定各种能源的比例、能源的分配比例、能源生产和转换技术选择、能源领域的投资等问题。而从近期发展来看，能源需求优化也成为能源优化的重要内容，其更加侧重能源需求结构、能源需求技术、节能投资等问题的研究。

（3）技术分析。从发展角度来看，技术创新是解决能源问题的根本途径之一，近年来世界各国均更加重视能源相关技术的研究。通常而言，技术分析主要包括两个方面——技术评价和技术创新机制。技术评价不仅涉及技术本身特征的评价，更为重要的是要充分考虑技术对经济社会发展的影响，而能源系统模型在该方面的分析中具有明显优势；相对而言，技术创新机制分析更为复杂，涉及经济发展模式、市场结构、企业管理、创新主体、人力资源、金融环境等多种因素，综合考虑多种因素的能源系统模型在相关研究中同样能发挥重要作用。

（4）政策模拟。如前所述，能源问题具有典型的政府干预的特点，能源问题的解决往往需要政府制定相关政策来实现，正是基于上述原因，许多学者将能源经济学归于政策研究。由于能源问题的复杂性，针对某一具体问题的政策往往会影响到经济生活中的多个主体和多个领域，权衡利弊、慎重选择是能源政策制订的基本原则，而能源系统模型为相关政策出台提供了模拟工具，通过能源系统模型可以实现对能源政策影响的定量分析，成为能源政策选择的重要依据和能源政策体系构建的重要基础。

（三）能源模型的主要类型

与能源经济学发展时间类似，严格意义上的能源模型大量出现于 20 世纪 70 年代，但追根溯源，能源模型最早的尝试和应用应为 20 世纪 60 年代。60 年代的能源模型主要属于单一能源品种的供应模型，例如法国和美国在该时期开发的电力模型，该模型主要是应用于电力系统的优化（姜彦福等，1985）。尽管上述模型忽略了各种能源之间的相互影响，模型也较为简单，但其为后来能源模型的发展奠定了基础，70 年代的能源模型大都仍延续了上述模型的思路，重点模拟一个国家或地区的能源供给和需求系统，借以实现能源最优供应和使用。这一时期的能源模型大都是由工程技术人员开发，侧重于能源系统技术、工艺和设备的描述，突出了各种条件下成本的优化，在某种意义上，上述模型具有技术经济分析的特征。正是基于上述特征，该类模型往往被称之为自下而上模型，比较有代表性的模型包括 MARKAL 模型、EFOM 模型、LEAP 模型、MEDEE 模型等。较之单一能源品种模型，自下而上的能源系统模型具有明显的进步，其较为充分地考虑了各种能源之间的相互关联关系，但另一方面，由于该类模型大都仍局限于能源系统内部，缺乏对能源系统与整个经济系统之间互动关系的描述，在应用中仍存在一定的局限性。

自下而上模型确实为能源经济学和能源政策分析做出了突出贡献，但在实际应用中也逐渐暴露出一些问题，能源效率之谜从一个侧面反映出该类模型的部分缺陷。所谓能源效率之谜，是指 20 世纪 80 年代开始部分发现的一个奇怪现象，即按照模型计算大量现存节能技术在现有价格下对于企业来说是成本有效的，但这些技术并没有被广泛采用，而如果这些技术被广泛采用，能源效率将会大幅提高（Shama，1983；Meier，et al.，1983；Ruderman，et al.，1987）。能源效率之谜引起众多学者的关注，不同学者从不同角度给予解释。但综合来看，忽略了经济因素分析是重要原因。自下而上模型属于局部均衡模型，其典型分析是在给定条件下实现能源系统的成本最优，而这种成本最优的约束变量大都是外生的。因此，该类模型可以用来选择满足特定需要和环境标准的成本最小化的能源构成与能源技术，不足在于其没有考虑能源系统与经济其他部分的互动关系（Böhringer，et al.，2005）。在这种背景下，所谓自上而下的能源经济模型也随之产生。该类模型考虑更宽范围的均衡，通常使用宏观经济模型以及加总的数据指标，能够捕捉到更多的能源部门与其他部门之间的相互影响。在模型中能源使用不再是指定的，而是经济均衡的结果：考虑到给定商品市场的供给和需求，厂商生产这种商品的能源消费是由能源与其他要素的相对价格来决定的，要素选择依赖于它们之间的替代弹性（Bahn，et al.，2004）。

表 1　两类模型的特点比较

Top-down 模型	Bottom-up 模型
使用经济方法	使用工程方法
缺乏对技术的明确描述	包含对技术的详细描述
反映被市场采用的可用技术	反映技术潜力
有效技术主要由生产前沿给出	有效技术的设定能够超越经济生产前沿
使用加总数据来进行目标预测	使用分散数据来预测
基于观测到的市场行为	独立于观测到的市场行为
对可用有效技术分析的忽视导致效率提高潜力的低估	对市场因素分析的忽视导致效率提高潜力的高估
通过加总的经济指标决定能源需求，但在能源供给分析中存在差异	使用分散数据详细描述供给技术，但在能源消费分析中存在差异
内生化行为关系	直接评估技术选择的成本
假定历史趋势不存在中断	假定能源部门和其他部门之间的影响可以忽略

资料来源：Nakata，Energy-economic Models and the Environment，Progress in Energy and Combustion Science，2004，30.

尽管具体模型存在差别，但自上而下和自下而上两类模型均有各自共同的特点（见表 1）：自上而下模型主要模拟不同部门之间的经济关系，而自下而上模型更加侧重不同主体之间的能源供给和消费关系。从 20 世纪 90 年代开始整合两类模型优势的混合模型（Hybrid Model）成为能源经济模型的发展方向。通常而言，两类模型的整合思路可以概括为三类（李继峰等，2007）：在自下而上能源系统模型中添加简化的宏观经济模块；在自上而下的能源经济模型中，对能源部门的生产采用技术产出组合方式描述，构建混合模型；将两类模型通过变量连接起来构成混合模型。对于不同模型的连接方式，目前主要包括两种：硬连接和软连接（张树伟，2007）。在硬连接中，模型间的信息处理和交互都是通过程序完成的，在模型重叠的部分使用新的算法以保证结果的一致；软连接中模型之间的信息传递和控制是由模型使用者完成，使用者观察模型的结果，并通过改变模型输入使得结果趋同，往往需要多次反馈和调整，一般只能得到近似一致。在混合模型中，往往有一个模型作为主模型。这类模型通常作为更大模型中的一部分，但同时由于这类模型能够在一定程度上模拟能源和经济系统的主要过程，因此，这类模型也经常被单独使用。较为典型的混合模型包括 MARKAL–MARCO 模型、MESSAGE–MACRO 模型和 WEM–ECO 模型。

随着能源在经济社会中的作用日益突出，能源问题已经受到世界各国的普遍关注，无论单纯的自下而上模型和自上而下模型，还是将两个模型直接相连的混合模型均不能满足现实发展的需要。为了能够更加精确、全面地描述能源问题，加之计算工具和计算方法的不断进步，从 20 世纪 90 年代中期开始越来越多的国家开始着力开发大型混合能源经济模型，模型大型化成为了能源经济模型的重要发展趋势。与以往模型相比，这些模型往往由多个子模型连接构成，考虑的因素也更加全面，对现实的模拟更加充分，具有较强的分析能力。较为典型的大型模型包括 IIASA–ECS 模型、PRIMES 模型、NEMS 模型等。

二、技术进步内生化理论发展

技术进步是经济社会发展的基本推动力量之一，也是经济理论研究的重要内容，从最初的外生技术进步到后来的技术进步内生化的转变，是经济学理论发展的重要体现。经过多年的发展，技术进步内生化理论已经相当丰富，技术进步的复杂性决定了技术进步理论的多样性，从而形成了较为庞杂的技术进步内生化理论分支。根据能源模型中技术进步内生化的应用，这里将技术进步内生化理论概括为三个方面：经济增长理论中的技术内生化、体现式技术进步、引致技术进步。

（一）经济增长理论中的技术内生化

增长理论是宏观经济学的基本内容，也是众多经济学分支的理论基础。作为经济增长的主要动力之一，技术进步是经济增长理论的主要关注对象，技术进步内生化成为经济增长理论发展的重要方向。关于经济增长理论技术内生化的发展，众多学者进行了归纳总结，其中左大培、杨春学（2007）进行了很好的梳理，这里以此为基础进行简要描述。

增长问题始终是经济学希望深入探究的问题之一，古典经济学家对此做了大量研究。真正实现经济增长理论模型化的研究始于哈罗德和多马，其构建的哈罗德—多马模型成为现代经济增长理论模型研究的起点。在哈罗德—多马模型中，存在四个外生变量：储蓄率（储蓄占总产出的比率）、资本系数或资本—产出比（资本增量与产出增量之比）、劳动力的增长率（人口增长率）以及技术进步的速度（劳动生产率的增长率）。"哈罗德—多马模型出现以来的半个多世纪中，经济增长理论发展的历史也就是将哈罗德—多马模型中的四个外生给定参数内生化的历史。"[1] 关于上述外生变量的内生化探讨，索洛和斯旺做出了重要贡献，形成了所谓的新古典增长理论。在索洛—斯旺模型中，资本—产出比和劳动生产率成为经济增长中内生的变量。新古典经济学的另一个重要贡献是，放弃了用劳动生产率来测度技术水平，而提出"索洛剩余"，即全要素生产率来测度技术水平，用全要素生产率的变化率来衡量技术进步。其典型的形式如下：

$$\frac{\dot{Q}}{Q} = \frac{\dot{A}}{A} + \omega_K \frac{\dot{K}}{K} + \omega_L \frac{\dot{L}}{L}$$

式中，Q 为产出，K 为资本，L 为劳动，A(t) 为技术水平，$\frac{\dot{A}}{A}$ 为全要素生产率的变化。索洛方法是建立在基于生产函数的全要素生产率变化测度，即通过对生产函数的变化导出经济增长水平变化与全要素生产率变化之间的关系，并借此形成全要素生产率变化的测度。此后，全要素生产率成为经济增长理论中技术水平测量的重要指标。

尽管新古典经济学对哈罗德—多马模型进行了改进，但技术进步在模型中仍是外生变量，进一步实现技术进步因素的内生化成为了理论重要研究方向。由此，所谓的新增长理论应运而生，"将规模报酬递增、不完全竞争，以及人力资本等因素引入增长模型……从而使增长理论在理论严格性和对现实世界的解释力方面前进了一大步"。[2] 在新增长理论中，技术进步内生化的思路也呈现多样性。

第一条思路强调资本投资的外部性。该思路最初的尝试是阿罗提出的"干中学"理论，其基本思路是经验或知识会随着资本存量的增加而增加，是资本积累或投资的副产品，而同时作为公共产品，知识具有很强的外部性，即所谓的"溢出效应"。其简化形式可以表示为：

代表厂商的生产函数为 y = F (k，Al)，其中，l 为劳动投入，k 为资本投入，A 为知识水平，而知识水平又是资本的函数，即

$$A = K^b$$

式中，K 为资本总量，为所有厂商资本量之和，b 为外溢效应常数。

在此基础上，罗默进行了进一步的改进，成为内生增长理论的起点。在罗默的模型中，关于知识有三个重要假定：知识的外部性、从社会角度看知识报酬的递增性和知识生产的递减报酬。上述假定在模型中可以表示为：

$$F(\omega k_i, \omega K, \omega x_i) > F(\omega k_i, K, \omega x_i) = \omega F(k_i, K, x_i)$$

式中，k_i 为厂商知识存量，K 为整个经济的全部知识存量（为厂商知识存量之和），

①② 左大培、杨春学. 经济增长理论的内生化历程. 中国经济出版社，2007.

x_i 为经济中扣除知识外的其他生产要素。F 对于 x、k 具有不变规模报酬，而对于整个 x、k、K 则是规模报酬递增的。

第二条研究思路则是引入专门的研究和开发技术的"生产函数"，强调技术进步是在应对市场竞争而形成的有意识的行为。罗默在该领域做出了突出贡献，在其模型中，"知识积累对于知识生产的正外部性（意味着知识生产的规模报酬递增）产生了知识的内生增长，促进了经济的长期增长。而知识生产的激励来源于知识在用于产品生产过程中的可排他性"。[①] 在罗默经典模型中，包括最终产品部门、研究与开发部门和中间产品生产部门。其中研究部门的生产率为：

$$\dot{A} = \delta H_A A$$

式中，H_A 为研究部门的人力资本。

第三条研究思路是在模型中内生化人力资本存量的变动，进而来说明生产率的变化。该思路在建模中最大的特点是："为人力资本的产生和积累设立了专门的'生产函数'，以说明人力资本的形成与各种投入之间有什么样的数量关系，这些投入与最终产品生产函数中的各种自变量有同样的性质"。[②] 卢卡斯是这种研究思路的开创者，其先后建立了两个模型对上述思路进行阐述：

第一个模型是对人力资本设立了专门的生产函数，强调对人力资本的专门投入。模型中最终产品总量的生产函数为 $Y(t) = AK(t)^\beta [u(t)h(t)N(t)]^{1-\beta} h_a(t)^\gamma$，$N(t)$ 为进入市场的人口，$u(t)$ 为非闲暇时间用于生产的份额，而 $1-u(t)$ 为用于人力资本培养的时间份额，A 为技术水平，$h_a(t)^\gamma$ 体现了人力资本的外部效应。模型中人力资本的生产函数为 $\dot{h}(t) = h(t)\delta(1-u(t))$。

第二个模型是在人力资本培育过程中引入了"干中学"的思路。模型中第 i 种产品的生产技术表示为 $c_i = h_i u_i N$，h_i 为人力资本，u_i 为产品生产的劳动力份额。"干中学"集中体现于人力资本的变化率，即 $\dot{h}_i = h_i \delta u_i$。

在卢卡斯研究的基础上，曼昆等又进行扩展，提出了更为综合的人力资本模型。模型中，最终产品总量生产函数更为标准，为 $Y(t) = K(t)^\alpha H(t)^\beta [A(t)L(t)]^{1-\alpha-\beta}$，并假定总收入一个固定份额 s_k 投入物质资本，另一个固定份额 s_h 投入人力资本，两种资本的折旧率均为 δ，从而形成人力资本的生产函数为 $\dot{H}(t) = [s_h K(t)]^\alpha [s_h H(t)]^\beta [s_h A(t)L(t)]^{1-\alpha-\beta} - \delta H(t)$，从而将人力资本生产函数扩展为四个变量。

（二）体现式技术进步

在上述技术进步的内生化思路中，资本通常具有同质性，即不同时期、不同质量的资本具有同样的技术特性。然而，在现实世界中，不同的设备往往代表了不同的技术，技术大都由设备的先进程度来体现，正如索洛所言，"假定一切技术进步只是改进各种投入组合与应用的一种方法，而不涉及投入本身的性质，这显然和随意观察到的现象大

---

①② 左大培、杨春学. 经济增长理论的内生化历程. 中国经济出版社，2007.

相径庭，即使不说大多数发明，也可以说许多发明需要体现到新的耐用设备中才能发挥作用"。[①] 正是基于这种思想，形成了所谓的体现式技术进步（Embodied Technical Progress），强调资本性质、投资对技术水平改进的影响。

较为早期将该思想模型化的是索洛，其在 20 世纪 50 年代末提出了役龄模型（Vintage Model）。役龄模型的基本思想是，不同时期形成的资本具有不同的技术水平，用同样可比货币代表的新资本的生产能力要优于以往投资，资本的生产能力是由各期投资所形成资本生产能力的加总，而与不同年份所形成的资本相结合的劳动具有同质性。体现式技术进步的基本形式通常可以由柯布—道格拉斯生产函数和不变替代弹性生产函数表示。[②]

包含体现式技术进步的柯布—道格拉斯生产函数可以表示为：

$$q\nu(t) = BL\nu(t)^{\alpha}[e^{\lambda\nu}D(t-\nu)I(\nu)]^{1-\alpha}$$

式中，$q\nu$ (t) 为产出，$L\nu(t)$ 为劳动，$I(\nu)$ 为第 ν 年的总投资，$D(t-\nu)$ 代表了设备损耗对投资生产能力的影响，λ 代表了体现在投资中的技术改进，投资越新设备的生产能力越强。如果劳动供给被最理想地分配到所有年份生产的资本上，即总产生在一定的劳动供给的条件下增到最大时，总产出方程可以表示为：

$$q(t) = B'D(0)^{1-\alpha}e^{(\gamma+(1-\alpha)\lambda)t}L(t)^{\alpha}K(t)^{1-\alpha}$$

式中，$q(t)$、$L(t)$ 均为各时期产出和劳动投资加总，$K(t) = \int_{-\infty}^{t} e^{-\lambda(t-\nu)}\frac{D(t-\nu)}{D(0)}I(\nu)$ $d\nu$，r 表示非体现式进步。

包含体现式技术进步的不变替代弹性生产函数基本形式可以类似表示为：

$$q\nu(t) = B[(1-\alpha)[e^{\lambda\nu}D(t-\nu)I(\nu)]^{-\rho} + \alpha L\nu(t)^{-\rho}]^{-1/\rho}$$

在上述同样的条件下，也可以表示为包含体现式技术进步和非体现式技术进步的不变替代弹性的总量生产函数。

除了采用时间作为资本生产能力测度指标之外，还有学者提出采用资本租赁价格等方法衡量资本的技术水平，但基本思路与上述模型一致。体现式技术进步为进一步认识现实世界的技术变化特征做出了有益的尝试，使得经济学对技术进步的描述更加接近现实，同时也为技术内生化发展提供了新的视角。

（三）价格引致技术进步

由于不同要素在技术进步中的作用不同，而技术进步对不同要素投入的影响也存在差异。早在 1932 年，Hicks 在两种要素投入情况下区分了三种类型的技术进步：资本节约型技术进步（相对于资本的边际产出，技术进步增加了劳动的边际产出）、劳动节约型技术进步（相对于劳动的边际产出，技术进步增加了资本的边际产出）、中性技术进步（技术进步同比例增加了劳动和资本的边际产出）。采用数学形式上述三种技术进步

[①] 刘群毅. 体现型技术进步、设备投资与 TFP 增长——中国与东亚 NIEs 的比较研究. 硕士论文，第7页.

[②] 米切尔·D. 麦卡锡. 不变替代弹性生产函数中的体现型和非体现型技术进步——经济增长因素分析. 史清琪等译. 商务印书馆，1991.

可以分别表示为：[1]

劳动节约型技术进步 $(\partial f_K / \partial t) / f_K - (\partial f_L / \partial t) / f_L > 0$

中性技术进步$(\partial f_K / \partial t) / f_K - (\partial f_L / \partial t) / f_L = 0$

资本节约型技术进步 $(\partial f_K / \partial t) / f_K - (\partial f_L / \partial t) / f_L < 0$

式中，K 为资本投入，L 为劳动投入。

在此基础上，Hicks 提出了引致技术创新（Induced Innovation）的概念，"生产要素相对价格的变化本身是对创新的激励，这种创新具有特定类型——直接导致更加经济的使用变得相对贵的要素"。

价格引致型技术进步为技术进步的理论开辟了新的思路，特别是对技术进步的内在机制提供了相应的理论。在后期的研究中，引致型技术进步的内涵进一步丰富，不仅包括价格引致，而且也包括政府政策，特别是与价格相关的税收政策的引致作用，更有学者将引致技术进步与内生技术进步等同。但也有学者对两类技术进步进行了严格的区分，"内生技术进步是（中性）技术进步更为宽泛的概念，是对经济激励的响应（为了解释知识和研发投入变化及其对整体经济增长的影响；引致型技术进步特别指带有方向性的技术创新，是对相对价格或其他经济条件变化的响应"。[2]

从严格意义上讲，引致技术进步与前文中的内生技术进步存在差异，其并不直接反映在生产函数中，而是需要由生产函数之外的其他因素作为驱动力。因此，就单一方程而言，引致技术进步并非严格意义上的内生技术进步。但在由多方程构成的模型中，由于要素价格往往是模型内决定，而由价格决定的引致技术进步自然就成为了模型整体中的内生变量，由此来看，引致型技术进步也可以被看做是技术进步内生化的重要方法。

三、能源模型技术内生化发展

能源模型中关于能源技术进步最常见的处理方法是，假定存在一个外生的"自动能源效率提高率"（AEEI）。AEEI 的设定带有较强的随意性，很难准确地描述技术进步的真实情景，而且模型的结论也有待商榷。AEEI 方法所存在的主要问题包括：由于模型时间跨度很长，有些模型时间跨度甚至达到 100 年，因此即使 AEEI 在选择时存在非常小的差异，也将对经济增长、能源需求等因素造成非常大的影响，特别是还没有普遍一致的 AEEI 能够被使用（Grubb et al.，2000）。一般而言，AEEI 在不同区域或部门存在差异，这就需要对 AEEI 进行分解；AEEI 方法最本质的问题是无法对现实观察到的技术进步进行合理估计，技术进步并非刚好发生，而是发明的结果，通过技术在国内和国际间的扩散发明才会应用到生产过程和产品中。除了 AEEI 之外，还有一种较为常用的外生技术进步方法，即备选技术（Backstop Technologies），这两种方法大都一起使用。备选技术通常是指已知的，但还未商业化应用的技术。备选技术的应用是由价格机制来实现的，一方面，随着技术进步备选技术逐渐成熟且成本不断下降；另一方面，随着能源

---

① Albert N. Link et al. Technological change and economic performance, Routledge, 2003, p.22.

② Sijm, Induced technological change and spillovers in climate policy modeling: an assessment, www.ecn.nl, 2004.

资源的短缺和环境政策的完善，传统技术的生产成本将不断增加。

随着新增长理论的发展，人们对技术进步的认识更加全面，特别是相关的技术方法日益成熟，技术进步内生化成为能源模型中的重要发展方向。

（一）学习效应的应用

学习效应的引入是能源模型中技术进步内生化最为典型的方法，该方法基本上延续了新增长理论的技术进步内生化思路。如前所述，在新增长理论中，生产中经验的积累和研发投入的增加是技术进步的主要途径，这些途径又可以同"干中学"、"研中学"、"用中学"、"相互作用中学习"、规模效益等机制加以揭示。上述机制在能源模型中很难全部反映出来，目前最为常用的是"干中学"和"研中学"两种方法。在具体应用中，学习效应是通过所谓的学习曲线来描述。随着技术进步影响因素的作用，给定技术的特定（投资）成本逐步下降的趋势。如果只包含单一影响因素，就称为单要素学习曲线（OFLC）；如果包含两个影响因素，即称为两要素学习曲线（TFLC）。目前，学习曲线已经形成了较为标准的形式（Kahouli-Brahmi，2008；Kypreos，2005；Seebreges et al.，1999）。其中，单要素学习曲线如下：

$$C(Q) = aQ^{-\alpha}$$

式中，C 为单位产出、投资或资本的成本；Q 为累计产量；α 为学习效应弹性，表示学习过程的影响；a 为初始成本。在学习曲线中，通常将累计生产能力增长一倍时的单位成本下降的水平称为进步率 Pr（$2^{-\alpha}$），而下降幅度称为学习率 Ta（$1-2^{-\alpha}$）。

增加了研究投入的两要素学习曲线如下：

$$C(Q, KS) = aQ^{-\alpha}KS^{-\beta}$$

式中，KS 为知识存量；β 为"研中学"效应弹性；同样，$1-2^{-\beta}$ 表示研发支出增长一倍时对单位产出成本的影响。T 时期知识存量可以用下式计算：

$$KS_t = (1-\delta)KS_{t-1} + RD_{t-x}$$

式中，KS_{t-1} 为前一期的知识存量，δ 为知识折旧率，RD_t 为 t 时期的研发支出，x 为研究投入变为知识存量的滞后期。

目前，学习效应在能源模型中广为应用，模型大都依据自身技术的特点测算了学习曲线，不同模型之间的学习曲线在实际应用中存在差异。例如，MARKAL 模型中先进煤、燃气联合循环、核能、太阳能光伏电池的学习率分别为 6%、11%、4%、19%；而在 MESSAGE 模型中，上述技术的学习率分别为 7%、15%、7%和 18%（李瑾，2010）。Kahouli-Brahmi（2008）分别对自上而下和自下而上能源—环境—经济模型中学习效应的应用进行了归纳总结，具体见表 2 和表 3。

（二）其他方法的应用

除了学习效应之外，还有几种内生技术进步的方法也在能源模型中有所应用（参见表 4），其中包括溢出效应、价格引致技术进步以及引入资本差异的役龄模型（Löschel，2002）。

表 2　自下而上模型中技术学习效应的内生化研究

模　型	分析焦点	学习效应参数	主要结论	文　献
MESSAGE	在成本和时序中纳入学习效应	能源投资成本	只有研发投资有保证，新兴可再生能源技术将变得便宜；预先投资导致技术的学习效应，从而成本降低；对于新技术引入的早期决定本质上是为了实现长期目标	Messner（1997）
GENIE	分析新技术的出现、技术竞争和锁定效应；在成本和时序中纳入学习效应	能源投资成本	在能源系统中，为了实现成本下降和避免技术锁定必须进行早期投资	Mattsson（1997）、Mattsson and Wene（1997）
MESSAGE	分析在稳定的二氧化碳浓度550ppm情况下未来减排时间路径	能源投资成本	排放轨迹主要依赖于折扣率和静态或动态技术进步表现；考虑不确定性和早期行为是必要的	Grubler and Messner（1998）
MESSAGE	模型化规模报酬递增、技术集群和学习率的不确定性	能源投资成本	"干中学"、不确定性和溢出效应对能源技术扩散的时间和路径具有很强的影响；研发投入应跨技术分配	Gritsevskyi and Nakicenovic（2000）
MARKAL	在成本中纳入学习效应	能源投资成本	对应一个给定的环境政策目标，"干中学"和溢出效应对成本降低作用明显	Seebregts et al.（2000）
POLES	分析边际和总减排成本的变化；公共研发的变化对技术选择的影响	能源投资成本和知识存量	能源技术之间存在挤出效应	Kouvaritakis et al.（2000）
MERGEETL	"干中学"对能源选择和碳控制的影响	能源投资成本	技术学习有利于先进的能源系统，对于碳减排也非常重要	Kypreos and Bahn（2003）
MERGE	"干中学"对成本和时序的影响	能源投资成本	行为时序的延缓更加有利；"干中学"对于减少减排总成本作用明显	Manne and Richels（2004）
ERIS	对于新能源技术的最优研发支持；挤出效应；排放约束效应	能源投资成本和知识存量	技术之间的竞争不会导致锁定和挤出效应	Miketa et al.（2004）
ERIS	竞争技术之间研发的最优分配和作用	能源投资成本和知识存量	知识贬值系数的引入有利于对现有竞争技术的研发预测的分配，从而避免这些成熟技术成本上升	Barreto and Kypreos（2004）
ERIS	排放交易对技术发展的作用和溢出效应的作用	能源投资成本	特定规模的技术溢出将会导致不同区域之间的技术融合和排放相关，从而导致特定技术扩散对碳贸易的影响	Barreto and Kypreos（2004）

续表

模　型	分析焦点	学习效应参数	主要结论	文　献
DNE21+	排放浓度稳定在550ppm、500ppm和450ppm情况下，技术选择的成本有效性评估	能源投资成本	随着稳定水平减低，总系统成本非线性增加；按照技术使用测度的技术进步内生效应只在初始技术引入一段时期稳定	Sano et al.（2006）
GET-LFL	技术学习效应；大气排放稳定性的情景分析	能源资本成本和能源节约行为	学习效应的引入减少减排成本的净现值3%~9%；特定的技术政策强制引入燃料电池汽车和太阳能光伏，与技术学习效应相结合，进一步降低成本4%~7%，主要在交通部门导致了不同的技术方案	Hedenus et al.（2006）
MESSAGE-MACRO	在能源转换过程中技术进步和溢出的作用	能源投资成本	学习效应和溢出效应形成全球技术先进且成本有效的能源转换路径；技术学习效应对环境稳定是不充分的，必须有环境政策加以补充	Rao et al.（2006）

资料来源：Sondes Kahouli-Brahmi, Technological Learning in Energy-environment-economy Modeling: A Survey, Energy Policy, 2008, 36.

表3　自上而下模型中技术学习效应的内生化研究

模　型	分析焦点	学习效应参数	主要结论	文　献
DEMETER	最优碳税、最优减排量	能源生产成本	成本明显变小；学习效应的引入使得税收降低且减排提前；溢出效应决定了补贴水平	Van der Zwaan et al.（2002）and Gerlagh and Van der Zwaan（2003）
ETC-RICE	进行贸易改革和不进行贸易改革时遵循《京都议定书》的成本；引致技术进步的影响	减排行为和知识存量	在引致技术进步的情况下，遵循《京都议定书》直接减排成本减低，但总成本增加；只有在引致技术进步的情况下，技术溢出变得相关	Buonanno et al.（2003）
RICE	相对于外生技术进步结果，学习效应的影响；内生技术进步对消费、实体资本、排放、减排率和研发支出的影响	能源投资成本和知识存量	"干中学"和研发驱动技术进步对消费、实体资本、排放、减排率和研发支出的影响相似，但相对于"干中学"，"研中学"意味着更高的福利	Castelnuovo et al.（2005）
FEEM-RICE	内生技术进步和环境政策的关联性；评估获得不同稳定目标的经济成本	减排行为和知识存量	"干中学"和研发意味着排放减少，这主要是通过节能和燃料转换效应；如果适当的研发投入能得到支持和实施，获得不同稳定目标的成本将较小	Bosetti et al.（2006）

续表

模　型	分析焦点	学习效应参数	主要结论	文　献
MIND	分析能源部门和宏观经济环境之间的连接；包括机会成本情况下的经济机制和减排方案的最优组合	资源开采行为及能源投资成本	宏观经济环境参数和能源开发部门参数对环境政策的机会成本和最优减排策略均有显著影响；部门特定的能源技术参数改变减排最优选择组合，但对机会成本只有温和的影响；对于决定机会成本和减排策略，宏观经济和能源部门之间的反馈环十分重要	Edenhofer et al. (2006)
E3MG	模型解释温室气体减排和稳定大气浓度的政策如何引致未来的技术进步	能源投资成本（发电技术）	计算出 2100 年将排放稳定在 450ppm 且保持经济较高增长时的平均许可价格和税率	Barker et al. (2006)
IMACLIM-R	分析引致型技术进步如何影响稳定排放的成本；分析设备和非能源选择累计周转的总稳定成本的敏感性	能源投资成本（发电技术）	环境政策将增加能源开支，进而阻碍部门的盈利和限制家庭支出；在包含引致性技术进步的情况下，上述参数将下降得更快；碳税、低碳技术进步速度和设备周转速度之间有重要的相互作用	Crassous et al. (2006)

资料来源：Sondes Kahouli-Brahmi, Technological Learning in Energy-environment-economy Modeling: A Survey, Energy Policy, 2008, 36.

溢出效应的典型形式如下：

$$Q = AK_R^{\beta} K_W^e (L^Y K^{1-Y})$$

式中，K_R 和 K_W 均为存量资本，且 $K_W = \sum K_R$。

基于大量的实证研究，能源价格对能源技术进步有很强的作用，在此基础上，能源模型中开始引入价格引致技术进步，即引入价格引致的技术曲线来描述价格对能源技术的影响。通过采用超越对数生产函数推出的包含价格引致技术进步的技术曲线可以表示为：

$$\partial \ln c_i / \partial t = \alpha_T^i + \sum_j \gamma_{jT}^i \ln p_j^t + \delta_{TT}^i t$$

式中，c_i 为单位成本，α_T 和 δ_{TT} 代表外生的中性技术进步。引致技术进步主要来自第二项，当投入 i 的价格上升，针对 i 要素生产率提升的引致型技术进步将减少成本下降（$\gamma_{jT} > 0$）。与价格引致能源技术进步相关，能源与其他要素特别是资本之间的关系也是能源技术进步中的一个重要问题。关于能源和资本之间的关系存在较大争议，有观点认为能源和资本之间是可以相互替代且任意转换的（即所谓的 Putty 关系），而也有观点认为能源技术是固化在资本之中，在特定技术下能源和资本之间存在固定的比例关系（即所谓的 Clay 关系）。在动态情况下，上述关系又可以组成 Putty-Putty、Putty-clay、Clay-clay 等多种类型的模型（Atkeson et al.，1999）。当然从本质而言，在特定的技术下，资本是和能源具有相对固定的关系，而如果技术进步出现，资本和能源的关系就会发生变化，因此，上述两种关系其实是对能源技术灵活性看法的差异。但上述争论在一定程度上也反映了价格引致能源技术进步并非是完全灵活的，其往往受到以往技术特征的限制。

将役龄模型引入能源模型主要是区分不同类型资本所体现的技术水平不同，在该类模型中，投入结构不仅依赖于相对价格变化时的要素替代，而且也依赖于新役龄的投入结构和新投资在整个经济中的扩散速度。如果新资本的技术更加优越，那么随着投资积累的增加和资本存量的平均年龄的降低，整个生产率将上升。采用超越对数生产函数，t+1 时期基于新相对价格的能源投入系数可以表示为：

$$E_{t+1}/X_{t+1}=(1/1+g)\left[(1-\delta)\alpha_t^{\sigma}(PE_{t+1}/PX_{t+1})^{-\sigma}+(g+\delta)\beta_t^{\sigma}(PE_{t+1}^{NVK}/PX_{t+1})^{-\sigma}\right]$$

式中，X 为价格 PX 时的产出，E 为能源投入，PE 和 PE^{NVK} 为与各自役龄相关的能源价格，α、β 为旧的和新的生产过程所对应的能源分别参数。

表 4　典型能源模型中的技术进步表现形式

模型名称	模型类型	技术进步的表现形式	文　献
DGEM	可计算一般均衡	要素价格偏好	Jorgenson and Wilcoxen (1990)
DICE/RICE	整合评估模型	能源效率自动提高参数（AEEI）	Nordhaus（1994）
E3ME	宏观经济模型	隐含变量（投资）	Barker and Kohler (1998)
ETC-RICE	整合评估模型	研发和溢出效应	Buonanno et al.（2001）
FUND	整合评估模型	技术快照和情境	Tol（1999）
GEM-E3	可计算一般均衡	能源效率自动提高参数（AEEI）	Capros et al.（1997）
GOULDER	宏观经济模型	"干中学"、研发和溢出效应	Goulder and Mathai (2000)
GOULDER	可计算一般均衡	研发和溢出效应	Goulder and Schneider (1999)
GREEN	可计算一般均衡	能源效率自动提高参数（AEEI）、役龄	Burniaux et al.（1992）
ICAM3	整合评估模型	干中学、价格引致能源效率提高、技术快照	Dowlatabadi（1998）
IMAGE	整合评估模型	能源效率自动提高参数（AEEI）、价格引致能源效率提高	Alcamo et al.（1998）
MARKAL	能源系统模型	干中学，技术快照	Barreto and Kypreos (1999)
MIT-EPPA	可计算一般均衡	能源效率自动提高参数（AEEI）、备选技术	Babiker et al.（2001）
PACE	可计算一般均衡	能源效率自动提高参数（AEEI）、备选技术	Bohringer（1999）
R&DICE	整合评估模型	研发和溢出效应	Nordhaus（1999）
WARM	宏观经济模型	隐含变量（资本存量）	Carraro and Galeotti (1997)
POLES	能源系统模型	多样化，包括干中学	Bourgeois et al., 1999

注：这里的能源系统模型是指能源工程最优模型，也就是通常所说的自下而上模型；整合评估模型是指将经济、能源系统、气候变化等子模型联合而成的整合模型；技术快照是备选技术在宏观经济模型中的特殊形式。

资料来源：Andreas LÖschel, Technological Change in Economic Models of Environmental Policy: A Survey, Ecological Economics, 2002, 43; Michael Grubb et al., Induced Technical Change: Evidence and Implications for Energy-environmental Modelling and Policy, Working Paper, www.econ.cam.ac.uk, 2000.

四、我国能源技术进步的特点

如前文所述，能源模型中技术进步内生化理论主要是经济学中技术进步理论发展的延伸和应用，强调技术进步是经济生活中各种因素综合作用的结果，是经济生活自身演进的过程。目前，在标准的技术进步内生化理论和方法中更加强调企业的行为，无论"干中学"、"用中学"、"研中学"、技术外溢、价格引致、资本役龄等均强调企业生产过程中或应对经济变化中的自主行为。上述能源模型技术进步内生化理论和方法在发达国家的应用取得了一定效果，这在一定程度上与发达国家的市场经济体系较为完善和市场经济制度较为成熟有关，而且目前主流的能源模型均是以发达国家经济社会为基础建立起来的。相比而言，在发展中国家市场经济制度上不完善，而且面临着诸多现实问题。Pandey（2002）研究了现有能源经济模型在发展中国家的适用性问题，其将发展中国家的特殊性概括为以下几个方面：分配的公平性和能源资源使用的可持续性在发展中国家的政策中处于优先地位，即发展中国家的政策往往会优先考虑落后地区发展，为此要保证相应地区能源资源使用的连续性；大量人口从传统产业向现代产业转移；由于大量分散居住的农村，能源供应呈现分散化；能源市场和政策领域正在经历剧烈变化；技术创新和扩散的壁垒显著，具有较高的不确定性。Pandey 认为，尽管现有模型在有些方面能够适应发展中国家的需要，但上述问题需要这些模型进行修正。具体到能源技术进步，发展中国家也具有与发达国家不同的特殊性，而了解发展中国家能源技术进步的现实过程及其特点对于增强能源模型相关理论在发展中国家的应用具有重要现实意义。

我国能源资源相对较为匮乏，根据 BP 公司 2010 年公布的数据显示，截至 2009 年底，我国石油探明储量占全球的 1.1%，天然气探明处理占全球的 1.3%，即使最为丰富的煤炭资源探明储量也仅占全球的 13.9%，而且优质资源的储量更为缺乏。改革开放以来，随着我国经济的快速发展，能源消费也大量增加，2008 年我国能源消费总量达到 28.5 亿吨标准煤，是 1978 年的 4.98 倍，年均增长 5.5%。我国能源政策由最初的以保障能源供应为主向以提高能源效率的节约能源为中心转变，取得了明显成效。通常而言，总体能源效率的提高主要由结构因素和技术因素共同决定，尽管存在争议（吴滨、李为人，2007），但不可否认，技术水平的提高在我国总体能源效率提高过程中发挥了重要作用。而且，就未来发展来看，由于我国还处于工业化中期阶段，通过产业结构调整来提高能源效率受到一定程度的制约，对经济的整体冲击较大，而技术进步往往能够实现经济发展和能源效率改进的双重效果，加之我国能源技术水平与世界先进水平仍存在较大差距，具备进一步提高的空间，综合来看，推进能源技术进步在未来我国的能源工作中将发挥越来越重要的作用。

近年来，我国能源环境问题已经相对突出，石油对外依存度大幅上升，二氧化碳排放总量持续增加，能源和环境问题已经成为制约我国经济社会发展的重要瓶颈。在这种背景下，我国政府出台了一系列政策促进能源技术进步，我国能源技术水平得到了明显改进。就近年来的发展趋势而言，我国能源技术进步具有如下较为突出的特点：

第一，能源技术进步的目标相当明确，而且具有很强的约束力。根据面临的能源形势，我国政府制定了较为详细的能源技术进步的目标，不仅对我国总体能源效率改进提出了目标要求，而且对具体技术的改进也进行了明确的限定。2004年国家发改委公布的《节能中长期专项规划》中针对我国主要工业品单产能耗明显高于国际先进水平的特点，提出了2020年之前各主要耗能产品单位能耗下降目标（见表5）和2010年前主要耗能设备的能效改进目标。内容涉及电力、钢铁、建材、有色金属、化工和交通运输等多个行业，而目标相当具体。随后出台的《国民经济和社会发展第十一个五年规划纲要》中，提出了"十一五"期间我国单位GDP能耗下降20%的目标，并作为约束性指标即中央政府在公共服务和涉及公众利益领域对地方政府和中央政府有关部门提出的工作要求，是政府要通过合理配置公共资源和有效运用行政力量来确保实现的指标。

针对上述国家层面的政策，各个行业也制定了相应的能源技术推进目标。例如《建材工业"十一五"发展规划纲要》确立了节能降耗的具体目标：建材工业万元增加值能耗降低20%；新型干法水泥能耗指标达到中等发达国家水平，日产4000吨以上大型新型干法生产线熟料热耗小于740千卡/千克，吨水泥综合电耗小于95千瓦时，新型干法水泥采用余热发电生产线比例达到40%；平板玻璃综合能耗下降20%，浮法玻璃平均能耗要降低到6500千焦/千克以下，700吨级浮法玻璃热耗达6000千焦/千克，浮法玻璃生产线采用先进节能技术比重大于50%；建筑卫生陶瓷单位综合能耗下降20%；池窑拉丝生产线单位能耗达到1吨标煤/吨纱以下；每万块标砖耗标煤下降15%以上。

与此同时，"十一五"期间我国节能减排目标的实施也相当严格，国家将节能降耗的目标和任务逐级分解到各级政府和重点企业，并积极建立健全节能减排问责制，形成了非常严格的约束力。2007年修订并于2008年开始实施的《节约能源法》更是进一步明确了各利益主体在节能减排中的责任和义务，为确保"十一五"乃至更长时期节能目标的实现提供了法律依据。

表5　2020年之前我国主要耗能产品单位能耗下降目标

项　　目	单　　位	2000年	2005年	2010年	2020年
火电供电煤耗	克标准煤/千瓦小时	392	377	360	320
吨钢综合能耗	千克标准煤/吨	906	760	730	700
吨钢可比能耗	千克标准煤/吨	784	700	685	640
10种有色金属综合能耗	吨标准煤/吨	4.809	4.665	4.595	4.45
铝综合能耗	吨标准煤/吨	9.923	9.595	9.471	9.22
铜综合能耗	吨标准煤/吨	4.707	4.388	4.256	4
炼油单位能源因数能耗	千克标准油/吨·因数	14	13	12	10
乙烯综合能耗	千克标准油/吨	848	700	650	600
大型合成氨综合能耗	千克标准煤/吨	1372	1210	1140	1000
烧碱综合能耗	千克标准煤/吨	1553	1503	1400	1300
水泥综合能耗	千克标准煤/吨	181	159	148	129
平板玻璃综合能耗	千克标准煤/重量箱	30	26	24	20
建筑陶瓷综合能耗	千克标准煤/立方米	10.04	9.9	9.2	7.2
铁路运输综合能耗	吨标准煤/百万吨换算公里	10.41	9.65	9.4	9

第二，淘汰落后产能和积极推广先进能源技术成为节能目标实现的重要途径。所谓的落后产能是指生产设备落后、技术水平低下、资源消耗高的生产能力，大量落后产能的存在是阻碍我国能源效率提高的重要因素。淘汰落后产能不仅能够直接提升我国能源效率水平，而且也是先进能源技术推广的重要条件。正是出于上述考虑，淘汰落后产能成为我国"十一五"期间能源技术水平提高的重要政策措施。2007 年公布的《节能减排综合性工作方案》对"十一五"期间淘汰落后产能进行了明确规定。根据上述总体规划方案，各有关部门又先后针对高耗能行业落后产能淘汰制定了更为详细的计划，细化了落后产能淘汰的时间和各地区的具体任务。以建材行业为例，2007 年下半年国家发改委先后下发了《关于做好淘汰落后平板玻璃生产能力有关工作的通知》和《关于做好淘汰

表 6 "十一五"期间淘汰落后产能计划

行 业	内 容	单 位	"十一五"时期	2007 年
电 力	实施"上大压小"关停小火电机组	万千瓦	5000	1000
炼 铁	300 立方米以下高炉	万吨	10000	3000
炼 钢	年产 20 万吨及以下的小转炉、小电炉	万吨	5500	3500
电解铝	小型预焙槽	万吨	65	10
铁合金	6300 千伏安以下矿热炉	万吨	400	120
电 石	6300 千伏安以下炉型电石产能	万吨	200	50
焦 炭	炭化室高度 4.3 米以下的小机焦	万吨	8000	1000
水 泥	等量替代机立窑水泥熟料	万吨	25000	5000
玻 璃	落后平板玻璃	万重量箱	3000	600
造 纸	年产 3.4 万吨以下草浆生产装置、年产 1.7 万吨以下化学制浆生产线、排放不达标的年产 1 万吨以下以废纸为原料的纸厂	万吨	650	230
酒 精	落后酒精生产工艺及年产 3 万吨以下企业（废糖蜜制酒精除外）	万吨	160	40
味 精	年产 3 万吨以下味精生产企业	万吨	20	5
柠檬酸	环保不达标柠檬酸生产企业	万吨	8	2

表 7 水泥落后产能淘汰计划

单位：万吨

	天津	河北	山西	内蒙古	辽宁	吉林	黑龙江	江苏	浙江	安徽
2007~2008 年	100	1500	300	200	300	300	100	1000	500	600
2009~2010 年		1200	400	300	400	400	200	1000		600
	福建	江西	山东	河南	湖北	湖南	广东	广西	海南	重庆
2007~2008 年	500	400	2000	1000	600	600	1500	300	50	200
2009~2010 年	500	500	2500	1000	800	600	1500	500	50	400
	四川	贵州	云南	西藏	陕西	甘肃	青海	宁夏	新疆（含）兵团	合计
2007~2008 年	400	200	300	30	200	200	50	60	150	13640
2009~2010 年	600	300	400	20	200	200	50	40	150	14810

表 8　平板玻璃落后产能淘汰计划

单位：万重量箱

	"十一五"期间	2007 年	2008 年	2009 年	2010 年
河　北	1800	720	360	360	360
山　东	300	120	60	60	60
湖　北	125	50	25	25	25
河　南	90	36	18	18	18
辽　宁	60	24	12	12	12
广　东	60	24	12	12	12
四　川	60	24	12	12	12
湖　南	60	24	12	12	12
重　庆	60	24	12	12	12
黑龙江	60	24	12	12	12
天　津	60	24	12	12	12
吉　林	60	24	12	12	12
江　苏	60	24	12	12	12
合　计	3000	1200 以上	600 以上	600 以上	600 以上

落后水泥生产能力有关工作的通知》，详细地分解了落后产能淘汰指标，并要求各省、直辖市和自治区签署淘汰落后产能责任书。

新技术的应用推广是能源效率提高的基本途径，也是我国能源技术进步的重要内容。在积极推进落后产能淘汰的同时，政府也加快了对先进能源技术的推广。2008 年 5 月，国家发改委颁布了《国家重点节能技术推广目录（第一批）》，该目录包括煤炭、电力、钢铁、有色金属、非金属、建材、化工、轻工等行业共 50 项节能技术，并对技术的内容、条件、投资额以及"十一五"期间推广比例进行了较为详细的描述。2009 年 12 月，国家发改委又推出了《国家重点节能技术推广目录（第二批）》，该目录涉及的技术共有 35 种，除了第一批目录中所包含的内容之外，第二批目录更加突出了上述技术在 2015 年推广比例、投资及其节能效果。目前，国家发改委正在编制"重点节能技术推广目录"（第三批）。

表 9　《国家重点节能技术推广目录（第一批）》主要技术列表

节能技术名称	预计"十一五"期间推广比例	节能技术名称	预计"十一五"期间推广比例
煤矿低浓度瓦斯发电技术	30%以上	水泥窑纯低温余热发电技术	40%
矸石电厂低真空供热技术	20%	玻璃熔窑余热发电技术	每年推广 5 条线，"十一五"末达 12%
		全氧燃烧技术	"十一五"末达到 10 条线
			浮法玻璃窑试点线

续表

节能技术名称	预计"十一五"期间推广比例	节能技术名称	预计"十一五"期间推广比例
选煤厂高效低能耗脱水设备	我国有 2000 多台真空过滤机和圆盘真空过滤机需要更新换代	辊压机粉磨系统	80%
矿山提升机变频调速节电技术	50%以上	富氧燃烧技术	每年推广 10 条线,"十一五"末达 25%
汽轮机通流部分现代化改造	应进行改造机组的 80%	油田机械用放空天然气回收液化工程	20%~50%
		裂解炉空气预热节能技术	90%
汽轮机汽封改造	采用叶顶可退让汽封、蜂窝式汽封和接触式汽封等技术进行改造,均为推荐采用技术,可解决存在汽封问题机组的 60%以上	新型变换气制碱技术	50%
燃煤锅炉气化微油点火技术	30%~40%	氨合成回路分子筛节能技术	40%
		大中型硫酸生产装置低温位热能回收技术	占大型装置 71%
燃煤锅炉等离子煤粉点火技术	应采用此类点火装置锅炉的 90%	密闭环保节能型电石生产装置	30%
		合成氨节能改造综合技术	50%(估计值,各个氮肥生产企业的具体情况不一样,所需要采取的技术数量也不完全相同)
凝汽器螺旋纽带除垢装置技术	25%~40%	燃煤催化燃烧节能技术	50%(估计值)
	5 年	塑料动态成型加工节能技术	30%
热力系统及疏水系统完善化改造	疏水回收率低电厂的 60%	高浓度糖醇废水沼气发电技术	<40%
		高效节能玻璃窑炉技术	30%
干式 TRT 技术(高炉炉顶余压余热发电)	TRT 达到 100%,干式 TRT 达到 60%	锅炉烟道气饱充技术	计划推广 30%
		管束干燥机废气回收综合利用技术	>40%
(高压)干熄焦技术(余热利用)	10%~20%	棉纺织企业智能空调系统节能技术	15%(约 1000 万锭产能,全行业产能约在 6000 万锭以上)
		染整企业节能集热技术	丝印染行业推广 10%(该行业 2005 年丝织品产能 77.7 亿米)。如果推广到其他行业效果将更加显著

续表

节能技术名称	预计"十一五"期间推广比例	节能技术名称	预计"十一五"期间推广比例
钢铁行业烧结余热发电技术	10%~20%	变频器调速节能技术	随着国产大功率节能系统产品的开发及市场条件逐步趋于成熟，行业推广比例达 30%左右
转炉煤气高效回收利用技术	我国现有大型转炉企业 19家，中型转炉企业 42家，预计 2010 年将有一半企业应用该技术	锅炉防腐阻垢水处理技术	60%推广应用达到 15 亿平方米；在中央空调和工业冷却循环水系统可覆盖全国约 10%的单位
蓄热式燃烧技术	2006~2010 年每年可改造 40座加热炉，到 2010 年改造 200 座加热炉	聚氨酯硬泡体用于墙体保温配套技术	30%
低热值高炉煤气燃气—蒸汽联合循环发电	10%左右	热泵节能技术	10%以上（地源热泵）
能源管理中心技术	在未来 5~8 年内，选择 10 家条件成熟的大中型企业建设能源中心		淡水源热泵技术在建筑中规模化应用的示范城市 1个，海水源热泵技术在建筑中规模化应用的示范城市 1 个（水源地泵）
大型铝电解系列不停电（全电流）技术及成套装置	100%	中央空调智能控制技术	30%
大型高效充气机械搅拌式浮选机	大、中型企业达 80%以上	外动颚匀摆颚式破碎机	目前在建及在设计的有10 家，预计 2008 年投产
冶炼烟气余热回收—余热发电技术	10%~15%	高效双盘磨浆机	75%
氧气底吹熔炼技术	大、中型企业可达 85%以上	风机改造	运行效率较低风机的 50%

第三，产品能耗及相关的产业标准体系得到进一步完善。能源使用和污染物排放具有很强的外部性，在能源价格和污染物收费机制尚不完善的条件下，制定较为完善的行业技术标准和准入条件是提高行业技术水平的重要政策。产品能耗限额和行业准入标准为行业生产设定了技术门槛，有利于促进企业采用更为先进的技术，有利于先进技术的扩散，对于促进我国整体技术水平的提高具有重要意义。根据我国的具体现实情况，为了进一步配合节能目标的实现，"十一五"期间国家有关部门针对高耗能产品制定了一系列能耗限额强制标准（见表10），几乎覆盖了我国各主要高耗能行业的主要耗能产品，为企业能源技术进步提供了直接的激励和约束。另外，"十一五"期间，有关部门还先后修订和编制了电石行业准入条件、焦化行业准入条件、铁合金行业准入条件、铝行业准入条件、铅锌行业准入条件、铜冶炼行业准入条件、氯碱（烧碱、聚氯乙烯）行业准入条件、电解金属锰企业行业准入条件、玻璃纤维行业准入条件、钨行业准入条件、锡行业准入条件、锑行业准入条件、平板玻璃行业准入条件、水泥行业准入条件等行业

准入标准，对新进入企业在生产规模、技术条件方面进行严格限定，对企业能源技术水平提出了进一步的强制性要求。

表 10 "十一五"期间我国制定的产品能耗限额强制性标准

标准编号	标准名称	所属行业
GB16780-2007	水泥单位产品能源消耗限额	建 材
GB21248-2007	铜冶炼企业单位产品能源消耗限额	有色金属
GB21249-2007	锌冶炼企业单位产品能源消耗限额	有色金属
GB21250-2007	铅冶炼企业单位产品能源消耗限额	有色金属
GB21251-2007	镍冶炼企业单位产品能源消耗限额	有色金属
GB21252-2007	建筑卫生陶瓷单位产品能源消耗限额	建 材
GB21256-2007	粗钢生产主要工序单位产品能源消耗限额	黑色金属
GB21257-2007	烧碱单位产品能源消耗限额	化 工
GB21258-2007	常规燃煤发电机组单位产品能源消耗限额	电 力
GB21340-2008	平板玻璃单位产品能源消耗限额	建 材
GB21341-2008	铁合金单位产品能源消耗限额	黑色金属
GB21342-2008	焦炭单位产品能源消耗限额	煤 炭
GB21343-2008	电石单位产品能源消耗限额	化 工
GB21344-2008	合成氨单位产品能源消耗限额	化 工
GB21345-2008	黄磷单位产品能源消耗限额	化 工
GB21346-2008	电解铝企业单位产品能源消耗限额	有色金属
GB21347-2008	镁冶炼企业单位产品能源消耗限额	有色金属
GB21348-2008	锡冶炼企业单位产品能源消耗限额	有色金属
GB21349-2008	锑冶炼企业单位产品能源消耗限额	有色金属
GB21350-2008	铜及铜合金管材单位产品能源消耗限额	有色金属
GB21351-2008	铝合金建筑型材单位产品能源消耗限额	有色金属
GB21370-2008	碳素单位产品能源消耗限额	化 工

第四，采取多种措施直接增强企业能源技术水平。除了上述一般性的政策之外，有关部门针对重点企业采取了更加直接的措施，推进能源技术水平的提高。2006 年，国家发改委印发了《千家企业节能行动实施方案》，选择了钢铁、有色金属、煤炭、电力、石油石化、化工、建材、纺织、造纸 9 个重点耗能行业 1008 家规模以上独立核算企业，对其节能工作进行直接组织。实施方案提出"千家企业能源利用效率大幅度提高，主要产品单位能耗达到国内同行业先进水平，部分企业达到国际先进水平或行业领先水平，带动行业节能水平的大幅度提高，实现节能 1 亿吨标准煤左右"的行动目标，对上述企业在能源审计、节能规划、能源技术改造、节能效果跟踪考核等方面提出了明确的要求。2010 年，工信部发布公告，对 18 个行业淘汰落后产能企业名单及淘汰数量进行了公布，要求有关方面要采取有效措施，确保列入名单企业的落后产能在 2010 年 9 月底前关停。

表 11　工信部公告中淘汰落后产能企业行业分布

行　业	涉及企业数量（家）	行　业	涉及企业数量（家）
炼铁行业	175	电解铝行业	17
炼钢行业	28	电石行业	39
焦炭行业	192	酒精行业	38
铁合金行业	143	味精行业	7
锌冶炼	53	柠檬酸行业	2
水泥行业	762	制革行业	84
玻璃行业	19	印染行业	201
造　纸	279	化纤行业	25
铅冶炼	17	铜冶炼	6
合　计			2087

　　通过上述努力，"十一五"期间我国能源技术水平持续大幅提升，能源技术进步效果明显。以有色金属行业为例（见表 12），除 2007 年部分指标有所波动外，"十一五"以来有色金属工业主要产品单产能耗下降趋势明显，相关目标均提前完成。

表 12　"十一五"期间我国有色金属行业能耗指标变化

指　标		2005 年	2006 年	2007 年	2008 年	2009 年
铜冶炼综合能耗	千克标煤/吨	733.07	594.75	485.80	444.27	412.28
氧化铝综合能耗	千克标煤/吨	998.23	802.66	868.11	794.41	641.17
铝锭综合交流电耗	千瓦时/吨	14574.74	14697.23	14441.29	14283.45	14131.45
铅冶炼综合能耗	千克标煤/吨	654.60	542.27	551.30	463.31	450.24
电解锌综合能耗	千克标煤/吨	1953.05	1247.49	1063.27	1027.60	994.92
锡冶炼综合能耗	千克标煤/吨	2444.57	2380.72	1813.03	1654.97	
锑冶炼综合能耗	千克标煤/吨	1646.30	2071.70	2080.30	2021.86	
铜加工材综合能耗	千克标煤/吨	719.88	531.39	565.10	314.47	
铝加工材综合能耗	千克标煤/吨	746.16	538.78	450.56	371.40	
镁冶炼综合能耗	千克标煤/吨				5320.46	

　　资料来源：2005~2008 年数据来自相关年份《中国有色金属工业年鉴》；2009 年数据依据变化率推算，变化率来自《2009 年有色金属行业回顾和展望》（工信部网站）。

　　综合来看，就具体的过程和实现途径而言，我国能源技术进步具有很强的政府主导的特征，政府政策在能源技术进步过程中发挥了决定性作用，这一方面是由能源技术具有较强外部性自身特征所决定的，另一方面也与我国市场机制不完善相关。政府主导性不仅表现在政府设定了明确的能源技术进步的目标，而且也体现政府采取了一系列严格的措施，甚至对企业进行直接干预，强制性地推进落后技术的退出和先进技术的应用。这种强制性的政府主导性能源技术进步在我国现阶段甚至未来一段时期具有一定的合理性。首先，能源和环境问题具有较强的外部性，充分发挥政府作用是克服这种外部性的基本途径；其次，就经济自身的演化规律而言，资源高消耗的粗放式发展在我国仍具有一定的空间，而且先进技术的扩散和经济发展方式的转变自发过程往往较为漫长，很难适应缓解我国目前面临的能源环境问题的要求，因此，加强政府干预是实现能源技术进步跨越式发展的重要保障。

此外，在政府推动下的资本更替是我国现阶段能源技术进步的主要形式。由前文可知，强制性落后产能淘汰、对行业设定严格的技术标准、积极推广先进的技术设备是现阶段我国能源技术进步的主要途径，即我国目前能源技术进步是通过用体现更为先进能源技术的资本来替代蕴涵落后技术的资本。以水泥行业为例，2009 年我国新型干法水泥的比重达到 70%，较 2005 年提高了 30 个百分点，成为行业能源效率提高的主要途径。从未来发展趋势来看，新旧资本的更替仍将是我国能源技术进步的重要手段。尽管政府采取了较为严厉的措施，但不容否认我国仍存在大量的技术水平落后的产能，而且落后产能是一个相对概念，即使目前我国采用的新技术相对国外水平仍有差距，在 2020 年碳排放承诺的约束下，继续促进资本更替仍是节能减排的重要手段。2009 年底公布的《国家重点节能技术推广目录（第二批）》中，已经设定了 2015 年的技术推广比例。

表 13 水泥新型干法生产技术国内外比较

项 目	国际水平		国内水平	
	国际先进水平	国际一般水平	国内先进水平	国内一般水平
熟料烧成热耗（KJ/kg）	2842	2970	2970	3344~3762
水泥综合电耗（KWh/t）	85	95~100	90~95	110
熟料强度（Mpa）	70	65	62	58
窑系统年运转率（%）	95	85	90	80
劳动生产率（吨/人年）	15000~20000	8000~10000	5000~10000	1000~2000
窑尾粉尘排放（mg/Nm³）	20~30	50	50	100
窑尾烟尘排放 NO_x（mg/Nm³）	200	<500	500	1200
窑尾烟尘排放 SO_2（mg/Nm³）	50	<200	200	400

资料来源：曾学敏：《水泥工业能源消耗现状与节能潜力》，《中国水泥年鉴》(2007)，中国建材工业出版社 2008 年版。

五、关于我国能源模型构建中的技术内生化建议

由前文可知，现阶段及未来一段时期内，我国能源技术进步主要表现为政府主导下的资本更替，这与以市场为主导依靠经济自身演化的能源技术进步存在较大差异，在构建我国能源模型的过程中对能源技术进步内生化问题的处理方面应充分反映这种差异，从而也使得能源模型能够更加准确地描述我国的具体实际。根据我国能源技术进步的特点，对我国能源模型中能源技术进步内生化的具体思路建议如下：

首先，相比较而言，反映资本差异的役龄模型对我国能源模型的技术内生化问题具有更强的适应性。如前所述，我国能源技术进步主要表现为体现不同技术水平资本的更替，这种资本的更替并非由市场机制引起的企业自发行为，而是由政府主导推动的企业行为。正是由于上述特点，我国能源技术进步的资本更替周期较短，体现相应技术的资本存量持续时间较短，在经济中的渗透往往不够充分。因此，"干中学"、"用中学"等

效应往往得不到充分发挥。此外，由于主要是由政府政策加以推动，加之我国能源价格机制尚不完善，所以能源价格对我国能源技术进步的引致作用并不太突出。虽然经济波动（例如 2008 年底开始的金融危机）对我国能源技术进步有所影响，但这种影响在很大程度上被政府能源技术进步政策所掩盖。然而，政府主导的资本更替在现实中主要表现为体现不同技术水平的资本共同存在且动态变化，因此，在我国能源模型中必须充分考虑不同性质的资本对能源技术的影响，而包含不同资本特性差异的役龄模型对于表现我国能源技术进步的现实具有较好的适用性。

其次，"研中学"特别是政府公共研发投入对我国能源技术进步具有较为明显的影响。政府主导大资本更替有赖于对能源技术的掌握程度和能源技术的研发程度。近年来，我国政府十分重视能源技术的开发，2006 年国家发改委和科技部联合发布了《节能技术政策大纲》，对工业节能、建筑节能、交通节能、城市和民用节能、农业及农村节能、可再生能源利用等方面的技术研究开发及相关投资重点方向进行技术指导，并制定了加大政府支持力度、培育发展节能技术服务市场等保障措施。同年公布的《国家中长期科学和技术发展规划纲要（2006~2020 年）》也将能源技术作为重点领域和优先发展主题，先进能源技术也被作为重要前沿技术加以支持。此外，科技部支持的重点专项规划中也均将能源技术作为重要研究领域。而与此同时，政府对能源技术的大力推广及相应行业的标准实施，为我国先进能源技术的应用创造了良好的市场环境，进而也激发了企业开展相关研究的动力。在这种情况下，我国在能源技术研发角度取得诸多重大突破，掌握了一批较为先进的能源技术，为我国能源技术的进步奠定了良好的基础。综合来看，研发投入是我国能源技术进步的重要驱动因素，这里不仅包括政府的公共投入，也包括在政府政策激励下企业的研发投入。因此，在我国能源模型中引入"干中学"具有较强的现实意义。

最后，根据不同的研究需要，能源模型应采用不同的政府行为内生方法。由于我国能源技术进步具有较强的政府主导性，这在一定程度上限制了能源模型中技术进步内生化理论和方法的引入，但从更大范围着眼，政府推动能源技术进步的行为并非"空穴来风"，而是由经济社会发展多种因素共同决定的，政府对能源技术进步的目标设定是对经济社会发展综合因素考量的结果，具有经济社会发展内生性的特点。同时，在政府主导的能源技术进步的情况下，政府行为和能源技术进步之间具有较为紧密的联系。因此，将政府行为内生化是我国能源模型技术内生化的重要思路之一。从我国的现实状况来看，能源技术进步的政策具有多样性，既包括整体目标又包括具体行业和具体技术的政策，将这些因素同时纳入模型十分困难，而且很可能造成模型无法得到一致性结果，而根据能源模型不同研究的目的，设定不同的内生化因素更为现实。

具体政策确定的能源模型的主要功能是现实模拟，往往属于短期模型，重点分析在现行政策的情况下各种经济变量的变化情况。在这种模型中，由于现实能源技术政策已经相当明确，因此只需要将现实能源技术政策转换为模型条件引入。例如，在能源模型技术选择部分应增加落后产能淘汰、产品能耗限额、行业准入条件等变量，作为模型能源技术最优选择的约束条件；在能源模型未来技术预测中，应将国家能源技术推广比例作为基本考量因素，从而确定未来我国主要行业、主要产品的能源生产技术水平。在模型中要充分考虑落后产能淘汰和新能源技术引入的时序，借以引入役龄模型。该类模型可以用来评价能源技术政策对能源总体目标实现的作用，以及能源技术进步对其他经济行为的影响。

长期预测的能源模型主要是用于对未来经济社会发展的预测，往往属于长期模型。在这种模型中，政府具体的能源技术进步政策并未明确提出，无法直接纳入到模型之中。但另一方面，可以假定政府的能源决策是由经济社会发展总体状况内生形成的，即可以通过政府行为内生化来实现能源技术进步的内生化。例如，在模型中增加政府行为模块，而这种政府行为并非外生给定的情景分析，而是由经济社会发展所决定的，可以通过引入政府效用函数来确定政府的能源技术进步目标。采用只包括经济增长和能源效率提高的 CES 函数，政府的效用函数最大化可以简单表示为：

$$\text{MaxU}(g_y, \ g_e) = (\gamma g_y^{\rho-1/\rho} + (1-\gamma) g_e^{\rho-1/\rho})^{\rho/\rho-1}$$

$$\gamma \in (0, \ 1) \ \rho \in (0,1)$$

$$\text{s.t.} f(g_y, \ g_e) = 0$$

其中，g_y 为经济增长率，g_e 为能源效率增长率，ρ 为替代弹性（小于 1 表示经济增长和能源效率提高在政府效用函数具有互补性），γ 为偏好。而由此得出的能源效率提高速度对能源供给模块和能源需求模块提供约束条件，同时经济增长对经济模块又构成了一定的约束，政府需要用相应的政策工具（税收、货币发行等）来调整经济增长，同时能源供给模块、能源需求模块和经济模块之间又存在相互影响，共同构成均衡结果。此模型能够较好地反映我国能源发展状况的现实，可以用来分析在经济增长和能源效率改进双重目标下所需要的政策工具及其对能源消费总量和其他经济变量的影响。同时，由于更加接近我国政府决策的实际，同时考虑到政府在能源和经济领域的主导性，能够更好地预测我国未来能源需求、能源技术进步以及相关的经济变量。

上述只是基于对我国能源技术进步特点研究对能源模型技术进步内生化方法和思路方向性的建议，相关建议还有待于具体能源模型的开发加以验证。

[参考文献]

[1] Albert N.Link et al. Technological Change and Economic Performance, Routledge, 2003, p.22.

[2] Andreas LÖschel, Technological Change in Economic Models of Environmental Policy: A Survey, Ecological Economics, 2002, 43.

[3] Atkeson, A., Kehoe, P.J. Models of Energy Use: Putty-Putty Versus Putty-Clay, The American Economic Review, Vol.89, No.4, 1999.

[4] B.C.C. van der Zwaana et al. Endogenous Technological Change in Climate Change Modeling, Energy Economics, 2002, 24.

[5] Bahn, O. Haurie, A., Zachary, D.S. "Mathematical Modeling and Simulation Methods in Energy Systems", www.gerad.ca, 2004.

[6] Böhringer, C. Rutherford, T.F. Integrating Bottom-Up into Top-Down: A Mixed Complementarity Approach, Discussion Paper, ftp.zew.de, 2005.

[7] F.Wirl 等. 关于能源模型问题的综述. 冯连通译. 世界石油科学, 1991 (6).

[8] Meier A.K., Whittier J. Consumer Discount Rates Implied by Purchases of Energy -Efficient

Refrigerators, Energy, Vol.8, No.12, 1983.

［9］ Michael Grubb et al. Induced Technical Change: Evidence and Implications for Energy – environmental Modelling and Policy, Working Paper, www.econ.cam.ac.uk, 2000.

［10］ Nakata. Energy –economic Models and the Environment, Progress in Energy and Combustion Science, 2004, 30.

［11］ Pandey R. Energy Policy Modelling: Agenda for Developing Countries, Energy Policy, 2002, 30.

［12］ Ruderman, H. et al. The Behavior of the Market for Energy Efficiency in Residential Appliances including Heating and Cooling Equipment, The Energy Journal, Vol.8, No.1, 1987

［13］ Seebreges et al. Endogenous Technological Change in Energy System Models: Synthesis of Experience with ERIS, MARKAL, and MESSAGE, www.ecn.nl, 1999.

［14］ Shama A. Energy Conservation in US Buildings: Solving the High Potential/low Adoption Paradox from A Behavioural Perspective, Energy Policy, Vol.11, No.2, 1983.

［15］ Sijm. Induced Technological Change and Spillovers in Climate Policy Modeling: An Assessment, www.ecn.nl, 2004.

［16］ Socrates Kypreos. A MERGE Model with Endogenous Technological Change and the Cost of Carbon Stabilization, www.feem.it, 2005.

［17］ Sondes Kahouli–Brahmi. Technological Learning in Energy –environment –economy Modeling: A Survey, Energy Policy, 2008, 36.

［18］ 陈洪涛等. 基于 GM（1，1）模型的中国能源消费预测研究. 矿业研究与开发，2007 年 6 月.

［19］ 冯述虎等. 基于时序分析与神经网络的能源产量预测模型. 辽宁工程技术大学学报，2003 年 4 月。

［20］ 黄俊等. ARMA 模型在我国能源消费预测中的应用. 决策参考，2004 年第 12 期.

［21］ 姜彦福等. 能源模型发展综述. 数量经济技术经济研究，1985 年第 6 期.

［22］ 李继峰等. 混合式能源—经济—环境系统模型构建方法论. 系统工程学报，2007 年 4 月.

［23］ 李瑾. 气候变化政策中的技术变迁模型. 科技进步与对策，2010 年 3 月.

［24］ 李亮等. 灰色 GM（1，1）和神经网络组合的能源预测模型. 能源研究与利用，2005 年第 1 期.

［25］ 林伯强. 中国能源需求的经济计量分析. 统计研究，2001 年第 10 期.

［26］ 林伯强等. 现代能源经济学. 中国财政经济出版社，2007.

［27］ 刘群毅. 体现型技术进步、设备投资与 TFP 增长——中国与东亚 NIEs 的比较研究. 硕士论文，2005.

［28］ 刘映等. 能源消费的时序神经网络预测模型. 能源与环境，2005 年第 5 期.

［29］ 马克·布劳斯等编著. 经济学方法论的新趋势. 张大宝等译. 经济科学出版社，2000.

［30］ 米切尔·D. 麦卡锡. 不变替代弹性生产函数中的体现型和非体现型技术进步——经济增长因素分析. 史清琪等译. 商务印书馆，1991.

［31］ 王斌等. GM（1，N）灰色模型在能源消费预测中的应用. 商业现代化，2006 年 10 月.

［32］ 王思强等. 我国能源经济模型的研究概述. 经济管理文摘，2008 年第 7 期.

［33］ 魏一鸣等. 能源—经济—环境复杂系统建模与应用进展. 管理学报，2005 年 3 月.

［34］ 吴滨等. 中国能源强度变化因素争论与剖析. 中国社会科学院研究生院学报，2007 年第 2 期.

［35］ 曾学敏. 水泥工业能源消耗现状与节能潜力. 中国水泥年鉴（2007）. 中国建材工业出版社，2008.

［36］ 张树伟. 基于一般均衡（CGE）框架的交通能源模拟与政策评价. 博士论文，2007 年.

［37］ 左大培，杨春学. 经济增长理论的内生化历程. 中国经济出版社，2007.

第八章 非合意产出在生产率度量中的处理
——理论与方法 *

李玉红

一、引言

非合意产出（Undesirable Output），又称为坏产出（Bads），通常指的是具有负外部性的污染产出，它们伴随着合意产出（Desirable Output）的生产而产生，是合意产出或好产品（Goods）的副产品。

生产率是产出与投入的比值，传统意义上的投入和产出，是具有价格信号的稀缺资源，并不考虑外部性问题，因此，非合意产出经常被忽略。在工业化早期，环境容量（Environmental Capacity）相对污染物排放近乎无限的情况下，洁净的空气和水被认为是无限供给，没有市场价格。然而，随着工业化的进行，污染物排放接近甚至超过了环境的容忍程度，环境污染影响甚至威胁到人们正常的生产和生活，洁净的空气和水成为了稀缺的产品，但是由于排污行为的外部性，很难为环境质量进行定价。

如果人们承认良好的环境是一种稀缺的资源或产品，需要通过改变既有的生产方式而获得，那么，环境污染的减少或增加就可以被当作是生产过程的一部分。如果生产率度量中，产出仅仅包括合意产出，那么得到的生产率就仅仅是"合意产出的生产率"，而不是整个生产过程的生产率。对于受到环境管制的行业来说，治理污染意味着传统生产要素用于非生产目的，而污染的减少并没有计入生产率的改善，因此，环境管制前后，生产率的实际增长可能被低估。20世纪90年代以前，大部分的生产率度量和增长核算研究都不考虑非合意产出，如Jorgenson和Wilcoxen（1990）。

然而，非合意产出缺乏价格信息，这使得基于传统生产理论框架的生产率度量方法必须做一些改进，这方面的进展主要体现在方向距离函数（Directional Distance Function）的引入。距离函数处理非合意产出有几个优点，首先，距离函数可以表示多投入和多产出的生产技术；其次，距离函数的公理框架可以处理非合意产出；最后，距离函数概念建立在效率的基础上，以距离函数为方法而构建的Malmquist指数具有广泛的应用，而方向距离函数对距离函数的改进，就是将径向（Radical）伸缩改变为以活动对象为基点的伸缩。当前，这个领域的研究发展很快，本文对此作了一个梳理。正文内

* 本文为2009~2010年度中国社会科学院经济政策分析与模拟重点研究室课题。

容这样安排，首先对比距离函数与 Farrell（1957）效率在思想和方法上的异同，其次对距离函数处理非合意产出的方法进行说明，最后介绍方向性距离函数在处理非合意产出方面的优势。

二、效率分析与距离函数

（一）效率分析思想的起源

效率分析的文献要追溯到法雷尔（Farrell，1957），他对效率研究的贡献体现在三个方面：效率度量建立在非有效观测点相对于前沿面的径向收缩或扩张；生产前沿面界定为观测点的分段线形包络；它是通过计算线形方程组得到的，满足的条件是斜率非正，在前沿面和原点之间没有观测点（Finn and Nikias，2002）。

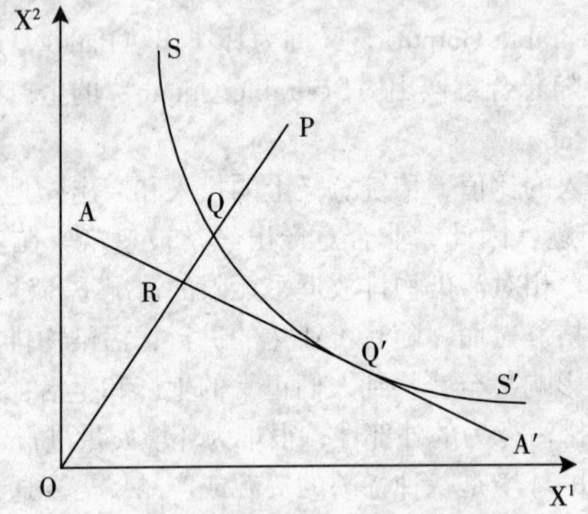

图 1　Farrell 定义的技术效率和价格效率
注：X 是投入，SS′是单位等产量线。
资料来源：Farrell，1957。

法雷尔界定了成本效率，并把它分解为技术效率和价格效率（或配置效率）两个组成部分。技术效率定义为在最佳实践（Best Practice）状态下生产所观测到产出所需要的投入量与实际观测到的投入量的比率，在图 1 中为 OQ/OP。价格效率定义为满足技术有效情况下，在观测已知要素价格下生产所观测到产出的成本与前沿面上最小成本的比率，即 OR/OQ。成本效率就是满足技术有效和价格有效情况下，生产出所观测产出的成本与实际成本的比率，即 OR/OP =（OQ/OP）（OR/OQ）。

在图 2 中，每个对象到前沿面的距离代表了它的效率。前沿面按照规模收益分为两种，一种是不变规模收益，如图 2 中过原点的虚线，在这种情况下，只有 P_3 的效率为 1，其他点都小于 1；另一种是可变规模收益，由 P_1 到 P_4 各点组成了生产前沿面，这些点效率为 1。P_5 效率小于 1。在投入方向上，向 y 轴做水平投影，意味着减少投入，效率提高；在产出方向上，垂直 x 轴投影，投入不变产出提高，效率改善。

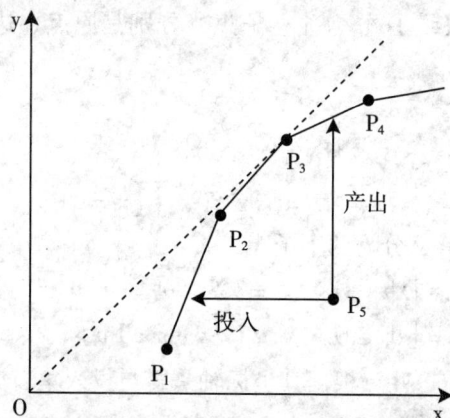

图 2　Farrell 单投入单产出生产前沿面示意

资料来源：Farrell, 1957。

法雷尔认为自己的灵感来自于德布鲁（Debreu）和库普曼斯（Koopmans），但是 Finn 和 Nikias（2002）认为，法雷尔忽略了谢泼德（Shephard）提出的距离函数（Distance Function），因为后者的生产理论公理体系可以为他的径向伸缩选择提供非常合适的解释。另外，法雷尔还忽视了曼奎斯特（Malmquist）的贡献，后者启发了 Caves 等（1982）在法雷尔效率指数的基础上提出了曼奎斯特生产率指数。

受法雷尔论文的启发，Charnes、Cooper 和 Rhodes（缩写为 CCR, 1978）对效率的度量进行了可操作化的推广。他们提出的线形规划模型具有一般性，法雷尔的单位等产量模型是一般线形规划问题的特例。

CCR 的贡献之一是将效率指数（产出的加权和与投入加权和的比值）与法雷尔的效率度量方式联系起来，即将某一单位效率最大化问题转变为法雷尔效率得分最大化的一般线形规划问题。同时，CCR 明确指出了法雷尔的技术效率度量方法与谢泼德采用的距离函数之间的关系。

（二）Shephard 距离函数公理体系

Shephard（1953, 1970）在厂商生产理论中引入距离函数的概念，并用距离函数作为基本工具，对生产理论框架进行了公理性的描述。

1. 多投入单产出

假定生产技术的产出是非负的单一产品或服务 y，$x = (x_1, x_2, \cdots, x_n)$ 表示生产要素投入向量，定义在欧氏空间 R^n 中的非负域 D 中，$D = \{x|x \geq 0, x \in R^n\}$。[1] 技术的生产投入集合 L(y) 是至少能生产非负产出 y 的所有投入要素向量的集合。

L(y) 中的投入向量 x 不一定是有效率的，有效子集 E(y) 的定义为：
$$E(y) = \{x|x \in L(y), \ x' \leq x \Rightarrow x' \notin L(y)\}$$

---

[1] 对于向量 x 和 y，$x \geq y$ 的意思是向量中的每个分量 x_i 大于等于 y_i；$x \geq y$ 的意思是每个分量 x_i 大于等于 y_i，但 $x \neq y$。

进一步，把 x 的定义域 D 分为独立子集，分别是原点、边界点集合与非边界点的集合，

$$D = \begin{cases} \{0\} \\ D_1 = \{x | x > 0\} \\ D_2 = \{x | x \geq 0, \ \prod x_i = 0\} \end{cases}$$

式中，边界点集合 D_2 又分为两个子集：

$$D_2 = \begin{cases} D_2' = \{x | x \in D_2, \ \lambda x \in L_\Phi(y) \text{for some } u > 0, \ \lambda > 0\} \\ D_2'' = \{x | x \notin D_2, \ \lambda x \in L_\Phi(y) \text{for all } u > 0, \ \lambda > 0\} \end{cases}$$

D_2 是坐标轴上的点，这些点根据其坐标轴是否与投入集有交点，分为两个集合，D_2'' 是坐标轴与任何产出的投入集都没有交点的集合，D_2' 是与某一产出的投入集有交点的集合。四个子集满足 $D = \{0\} \cup D_1 \cup D_2' \cup D_2''$。

用投入集表示的距离函数定义为：[①]

$$\Psi(y, x) = \begin{cases} \dfrac{\|x\|}{\|\xi\|} = \dfrac{1}{\min\{\lambda | \lambda x \in L_\Phi(y)\}} \text{for } x \in D_1 \cup D_2', \ y > 0 = \begin{cases} (1, \ +\infty) & x \ \text{在 } L_\Phi(y) \ \text{内} \\ 1 & x \ \text{在 } E_\Phi(y) \ \text{上} \\ (0, \ 1) & x \ \text{在 } L_\Phi(y) \ \text{外} \end{cases} \\ 0 \qquad\qquad\qquad\qquad\qquad \text{for } x \in \{0\} \cup D_2'', \ y > 0 \\ +\infty \qquad\qquad\qquad\qquad\quad \text{for } x \in D, \ y = 0 \end{cases}$$

式中，$\xi = \lambda_0 x$，$\lambda_0 = \min\{\lambda | \lambda x \in L_\Phi(y)\}$。这个定义就是图 1 中 OP/OQ，与 Farrell 的效率定义互为倒数。

定义了距离函数之后，投入集和生产函数分别表示为：

$$L_\Phi(y) = \{x | \Psi(y, \ x) \geq 1, \ x \in D\}$$
$$E_\Phi(y) = \{x | \Psi(y, \ x) = 1, \ \Psi(y, \ x') < 1, \ \text{any } x' \leq x, \ y > 0\}$$

2. 多投入多产出

假定有 M 种产出或服务，产品不必为合意产出，或者不必有正的经济或社会价值，如污染可以被当作联合生产的产品。令 $y = (y_1, \ y_2, \ \cdots, \ y_M)$ 表示生产技术中的产出向量，定义在欧氏空间 R^m 的非负域。令 $X = \{x | x \geq 0\} = R_+^n$ 和 $Y = \{y | y \geq 0\} = R_+^m$ 分别表示非负投入和产出向量集合。

定义：$P : X \rightarrow Y$ 表示的生产对应是 X 到 Y 的映射，对应于 $x \in X$ 的产出集合 $P(x) \subset Y$，也就是 X 内的点集到 Y 的子集的映射。

定义：逆对应关系 $L : Y \rightarrow X$ 是 U 在 X 中的映射，X 的子集 $L(y)$ 就是至少能生产 y 产出的投入向量集合。投入集 $L(y) = \{x | y \in P(x), \ x \in X\}$。

令 $y = (y(D), \ y(\overline{D}))$，$y(\overline{D})$ 表示非合意产出分量，而前者表示合意产出分量。

定义：产出集 $P(x)$ 的有效子集，类似单产出的生产函数，

---

① 距离函数的性质见附录 1。

$$E_p(x) = \left\{ y \left| \begin{array}{l} y \in P(x); \ \max\{\theta | \theta \cdot y \in P(x), \ \theta \in [0, \ +\infty)\} = 1; \ v = (v(D), \ v(\overline{D})) \notin P(x), \\ \text{if } y(\overline{D}) \ \text{非空且} \begin{array}{l}(a)v(D) \geq y(D), \ v(\overline{D}) \leq y(\overline{D}) \\ (b)v(D) \geq y(D), \ v(\overline{D}) \leq y(\overline{D}) \end{array} \end{array} \right. \right\}$$

定义：投入集 $L(y)$ 的有效子集 $E_L(y) = \{x | x \subset L(y), \ x' \notin L(y) \ \text{if} \ x' \geq x, \ y \in Y\}$

这两个定义有一定的相似性。投入集的有效子集就是给定产出 y 所需要的最少的投入；产出集的有效子集就是给定投入 x 所生产的最多产出。所不同的是，如果存在着非合意产出，并不是多多益善，而是越少越好，合意产出不减少的情况下非合意产出减少，或者非合意产出不增加的情况下合意产出增加，都意味着更有效率。

多投入单产出的生产技术容易用生产函数来表示，单投入多产出的生产技术也容易用生产函数的反函数表示。但是对于多投入和多产出的生产技术而言，只能用更加抽象的转换函数来表示。相比之下，距离函数在表达生产技术方面就存在着简洁的优势。分别基于产出集 $P(x)$ 和投入集 $L(y)$，定义两种距离函数。

定义：投入集 $L(y)$ 的距离函数 $\Psi(y, \ x)$ 为：

$$\Psi(y, \ x) = \frac{\|x\|}{\|\xi(y, \ x)\|} = \frac{1}{\lambda(y, \ x)}$$

式中，$\xi(y, \ x) = \lambda(y, \ x) \cdot x$，且 $\lambda(y, \ x) = \min\{\lambda | (\lambda \cdot x) \in L(y), \ \lambda \geq 0\}$

定义：产出集 $P(x)$ 的距离函数 $\Omega(x, \ y)$ 为：

$$\Omega(x, \ y) = \frac{\|y\|}{\|\eta(x, \ y)\|} = \frac{1}{\theta(x, \ y)}$$

式中，$\eta(x, \ y) = \theta(x, \ y) \cdot y$，且 $\theta(x, \ y) = \max\{\theta | (\theta \cdot y) \in P(x), \ \theta \geq 0\}$

两类距离函数的性质见附录2。投入集 $L(y)$ 和产出集 $P(x)$ 分别用距离函数表示为：

$$L(y) = \{x | \Psi(y, \ x) \geq 1\}$$
$$P(x) = \{y | \Omega(x, \ y) \leq 1\}$$

基于投入距离函数主要特点是径向的变化，也就是从原点出发的一条射线的长短，投入向量的各分量都同比例地发生变化。

可见，基于投入的距离函数值不小于1，距离函数中的分母就是 Farrell 的效率值，二者互为倒数。

为了与其他研究保持一致，投入距离函数和产出距离函数分别表示为：

$$D_i(x, \ y) = \max\{\rho : (x/\rho) \in L(y)\}$$
$$D_\theta(x, \ y) = \min\{\theta : (y/\theta) \in P(x)\}$$

（三）距离函数与 Malmquist 生产率指数

Caves 等（1982a，1982b）提出了 Malmquist 生产率指数，之所以以 Malmquist 命名，是因为1953年 Malmquist 提出了缩减（Deflation）概念，即两个不同的时点上，厂商投入缩减到何种程度还能够保持产出不变，这是 Malmquist 投入指数，类似地还可以定义产出指数。CCD 的贡献在于利用 Malmquist 投入和产出指数，放松生产技术不变的假定，提出了 Malmquist 生产率指数，不但可以比较时间序列，而且可以比较双边和多边经济体的生产率。

假设有 s 和 t 两个时点（或者经济体），那么分别以 s、t 为基期的 Malmquist 产出指数为：

$$m_o^s(y_s, \ y_t, \ x_s, \ x_t) = \frac{d_o^s(y_t, \ x_t)}{d_o^s(y_s, \ x_s)}$$

$$m_o^t(y_s, \ y_t, \ x_s, \ x_t) = \frac{d_o^t(y_t, \ x_t)}{d_o^t(y_s, \ x_s)}$$

产出导向的 Malmquist 指数为：

$$m_o(y_s, \ y_t, \ x_s, \ x_t) = \left[m_o^t \cdot m_o^s \right]^{\frac{1}{2}}$$

类似地，投入导向的 Malmquist 指数为：

$$m_i(y_s, \ y_t, \ x_s, \ x_t) = \left[m_i^t \cdot m_i^s \right]^{\frac{1}{2}} = \left[\frac{d_i^s(y_t, \ x_t)}{d_i^s(y_s, \ x_s)} \frac{d_i^t(y_t, \ x_t)}{d_i^t(y_s, \ x_s)} \right]^{\frac{1}{2}}$$

Malmquist 生产率指数为：

$$TFPG_m = \frac{m_o}{m_i}$$

有句话叫作殊途同归，应该说 Farrell 效率度量、距离函数和 Malmquist 指数原来并没有任何关系，都是独立研究的结果，但是，在生产率度量领域，这三条线索重合了。CCR（1978）根据 Farrell 的思想，提出了数据包络分析方法，而 CCD（1982）用距离函数的思想发展 Malmquist 生产率指数，而 DEA 方法是估计距离函数的主要方法之一。当它们在生产率领域交汇，又根据生产率度量的需要，反过来推动了各自研究的发展。

三、距离函数对非合意产出的处理

非合意产出的基本性质

在 Shephard（1970）的距离函数公理体系中，在联合生产理论方面已经注意到非合意产出，在他的公理体系中，有两个重要的性质与非合意产出有关，第一个是可实现性（Attainability）；第二个是可处置性（Disposability），这是多投入多产出的生产对应关系（Production Correspondence）P：X→Y 的两个重要性质。

1. 可实现性

（1）如果 x≥0，$\bar{y}$≥0，且存在某个标量 $\bar{\lambda}$ > 0，满足 $\bar{y} \in P(\bar{\lambda}x)$，那么对于任何 θ > 0，存在 λ_θ > 0，满足 $(\theta\bar{y}) \in P(\lambda_\theta x)$。

（2）如果 x > 0 或 x≥0，且对于某个 $\bar{y}$ > 0 和 $\bar{\lambda}$ > 0，满足 $\bar{y} \in P(\bar{\lambda}x)$，那么对于任意的 y∈Y，总存在 λ_y > 0，满足 $y \in P(\lambda_y x)$。

第一种情况中，不是所有产出向量 y∈Y 都是可实现的，比如某些产出分量是非合意产出，它们不能被控制在某个最低水平以下，而是必须与合意产出保持一定的比例关系，二者的同比例变化关系，使得可实现的产出集合是空间 $U = R_+^m$ 中的圆锥体，顶点在 y=0 处。第二种情况中，只要生产投入足够多，所有产出都是可实现的。条件 x≥0 的情况说明，投入分量可以有零投入。上述两种情况分别是产出的弱可实现性与强可实现性。

2. 可处置性

（1）$y \in P(x) \Rightarrow \{\theta y | \theta \in [0, 1]\} \subset P(x)$

（2）$y \in P(x)$ 且 $y' \leqslant y \Rightarrow y' \subset P(x)$

（1）定义的是弱可处置性，（2）定义的是强可处置性。如果产出分量全部是合意的，那么强可处置适应，任何一个产出分量都满足自由处置特性。如果产出分量中有非合意产出，比如污染物，那么某些产出组合是不能实现的，比如合意产出为正而非合意产出为零。事实上，非合意产出通常与合意产出保持一定的比例关系，弱可处置指的是产出分量同比例的变化，非合意产出与合意产出同比例伸缩。

弱可实现性与弱可处置性是生产关系中考虑非合意产出的两个重要性质。

例如，在一个二维产出空间，y_1 为非合意产出，y_2 为合意产出，$P(x)$ 是有界封闭凸集，粗线部分是有效点。如果非合意产出 y_1 与合意产出 y_2 以某一固定比例生产，那么 $\overline{P}(x)$ 可行集就是三角形区域 OAA_1，只有 A 点是有效点；如果 y_1 为合意产出，那么，$\overline{P}(x)$ 可行集就是矩形区域 OA_2AA_1。对于点 A_2 来说，无论投入 x 有多大，对于 $P(x)$ 还是 $\overline{P}(x)$ 都是不可实现的。

值得注意的是，OA 和 OB 段（A、B 点除外）都是无效的，根据产出集的有效子集的定义，已知 $y \in P(x)$，有效子集满足 $\max \{\theta | \theta \cdot y \in P(x), \theta \in [0, +\infty)\} = 1$。但是，在 OA 和 OB 上的点（除 A、B 两点），$\max \{\theta | \theta \cdot y \in P(x), \theta \in [0, +\infty)\} > 1$，故非有效子集。$AA_1$ 和 B_2B_3（上端点除外）也都是无效子集。这里需要与 DEA 的前沿面相区分，Shephard 边界点不一定就是 DEA 中的有效前沿面。

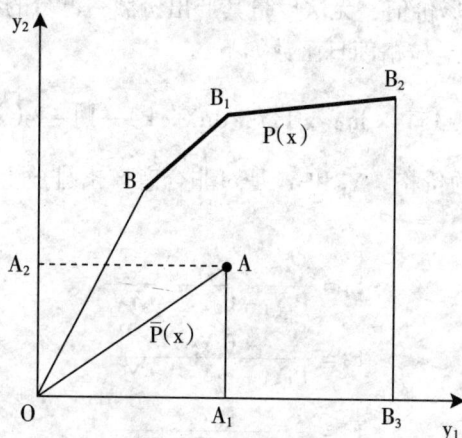

图3 生产对应关系中产出的实现性与处置性

注：y_1 是非合意产出，y_2 是合意产出。

资料来源：Shephard，1970，p.188.

Shephard（1970）在生产理论中考虑了非合意产出的性质，他在基础理论上的贡献，直接影响到后来生产率度量中考虑非合意产出的方法。Fare 等（1989，1993）较早地将距离函数用于非合意产出的生产率度量，并对产出向量进行了明确界定。

四、非合意产出在生产率度量中的引入

（一）增强多边生产率

较早在生产率度量中引入非合意产出的研究是 Pittman（1983）提出的增强多边生产率（Enhanced Multilateral Productivity）。他在 CCD（1982）传统生产率指数的基础上，在生产率指数中引入了没有市场价格的非合意产出。

假定有两个厂商 k 和 l，投入为 X，投入分量有 N 种，产出为 Y，产出包括三个分量，Y_1 表示合意产出，Y_2 和 Y_3 分别表示两种非合意产出。显然，在生产率水平和投入不变的情况下，厂商可以同比例地减少三种产出，而在 Y_1 减少的同时，Y_2 和 Y_3 同比例地增加，在生产率水平和投入不变的情况下是可行的。超越对数的转换函数为：

$$F(\ln(Y_1^k/\delta_k),\ \ln(Y_2^k\delta_k),\ \ln(Y_3^k\delta_k),\ \ln X^l,\ 1) = 1$$

可以用 CCD 的办法求得 δ_k 和 δ_l。值得注意的是，合意产出的变化与非合意产出反方向的变化比例相同，都是 δ。

$$\ln\delta_{kl} = -\sum_i^3 \left[\frac{1}{2}F_i(\ln Y^k,\ \ln X^k,\ k) + \frac{1}{2}F_i(\ln Y^l,\ \ln X^l,\ 1) \right]\ln\left(\frac{Y_i^k}{Y_i^l}\right)$$

在利润最大化假设下，$F_i = -P_iY_i / \sum_j^l P_jY_j = -R_i$，上式简化为：

$$\ln\delta_{kl} = \frac{1}{2}\sum_i^3 (R_i^k + R_i^l)\ln\left(\frac{Y_i^k}{Y_i^l}\right)$$

由于 Y_2 和 Y_3 没有市场价值，无法度量其产出份额，可行的办法是计算其影子价格，从而得到其产出份额。构造拉格朗日函数如下：

$$L = P_1Y_1 - \sum_n^N r_nX_n - \theta_1[F(\ln Y_1,\ \ln Y_2,\ \ln Y_3,\ \ln X,\ k) - 1] - \theta_2(Y_2 - Y_2^*) - \theta_3(Y_3 - Y_3^*)$$

式中，r_n 是投入 X_n 的价格，Y_2^* 和 Y_3^* 是对非合意产出排放上限的外生约束，根据一阶条件可以求得：[1]

$$F_1 = \frac{-P_1Y_1}{P_1Y_1 - \theta_2Y_2 - \theta_3Y_3}$$

$$F_2 = \frac{\theta_2Y_2}{P_1Y_1 - \theta_2Y_2 - \theta_3Y_3}$$

$$F_3 = \frac{P_3Y_3}{P_1Y_1 - \theta_2Y_2 - \theta_3Y_3}$$

式中的 θ 就是非合意产出的影子价格，这就很容易从产出的双边比较扩展到多边比较：

---

[1] 证明见附录 3。

$$\ln\delta_{kl}^* = -\frac{1}{2}\sum_i^3 (F_i^k + \overline{F_i})(\ln Y_i^k - \overline{\ln Y_i}) + \frac{1}{2}\sum_i^3 (F_i^l + \overline{F_i})(\ln Y_i^l - \overline{\ln Y_i})$$

式中，$\overline{\ln Y_i}$ 是 s 个观测点的算术平均。

类似地，超越对数多边投入指数采用了 CCD 的形式：

$$\ln\rho_{kl}^* = -\frac{1}{2}\sum_n^N (W_n^k + \overline{W_n})(\ln X_n^k - \overline{\ln X_n}) + \frac{1}{2}\sum_i^N (W_n^l + \overline{W_n})(\ln X_n^l - \overline{\ln X_n})$$

式中，W_n 是第 n 种投入价值在总投入中所占的比重。

超越对数多边生产率指数就是产出指数减去投入指数：

$$\ln\lambda_{kl}^* = \ln\delta_{kl}^* - \ln\rho_{kl}^*$$

增强多边生产率需要有非合意产出的价格信息，在缺乏交易价格的情况下，须估计非合意产出的影子价格，对影子价格的估计可以参考 Pittman（1979）、Fare 等（1994）。

指数法的缺点在于，价值恒等式是否成立。在增长核算中，$\sum p_i y_i = \sum w_i x_i$，如果加上非合意产出，就得到 $\sum p_i y_i < \sum w_i x_i$。

（二）产出导向增强双曲线效率

前面已经指出，在不讨论产出是否可自由处置的情况下，Shephard 投入距离函数是 Farrell 效率的倒数，也就是说，距离函数是效率的另一种表达方式。但是，如果存在着非合意产出，距离函数在表达效率方面就存在一定的问题。比如图 4 中，只有 AB 段是有效子集，而径向投影之后与边界的交点不一定是有效点，而且合意产出与非合意产出的同比例增加并不符合 Shephard 对有效点的定义。以下两种方法都是对这种情况的纠正。

Fare（1989）对 Farrell 效率度量方法进行了两个方面的改进，一是在联合产出中引入了非合意产出；二是对合意产出与非合意产出做了非对称性的处理，而不是同比例地收缩或扩张。

令 y 表示产出，其中产出分量 v 表示合意产出，w 表示非合意产出，y 满足弱可处置性：

$$y \in P(x) \Rightarrow \{\theta y | \theta \in [0, 1]\} \subset P(x)$$

v 可以自由处置，即：

$$(v, w) \in P(x) \Rightarrow (v', w) \in P(x) \text{ for } v' \leq v$$

假定有 K 个生产者，有 n 种投入，N 表示投入矩阵 $n \times K$, M = (V, W)，其中，V 表示合意产出矩阵，W 表示非合意产出矩阵。满足弱处置性的技术产出集表示为：

$$P^w(x) = \{(v, w) : v \leq Vz, w = Wz, Nz \leq x, z \in R_+^K\}$$

式中，z 是一个 $K \times 1$ 向量，用于构建投入产出组合的凸集。如图 4 所示，OABCDE 是满足弱可处置性的产出集合，OFBCDE 是满足强可处置性的产出集合。

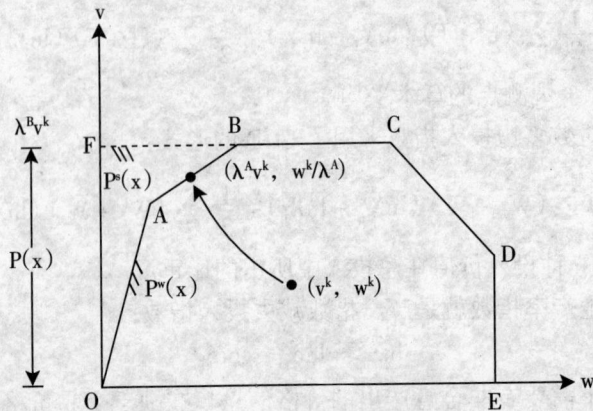

图4 弱可处置性的产出子集

资料来源：Fare，1989，p.92.

用 DEA 求解效率面临着如何构造前沿面的问题。传统的只有合意产出的产出集，边界往往就是有效子集，点 A 的效率大小就是线段 OA/OB，也就是从原点出发的线段长度的比值。

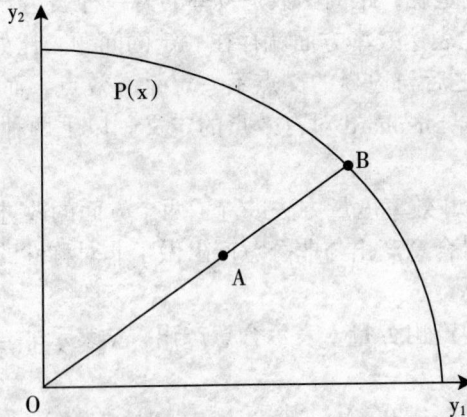

图5

但是，在考虑非合意产出的联合生产中，边界点不一定就是有效子集，根据 Shephard 对有效点的定义，在图5中，只有线段 AB 是有效的。Fare 等（1989）提出的产出导向增强双曲效率定义为：

$$H_0^A(v^k, w^k, x^k) = \max\{\lambda : (\lambda v^k, \lambda^{-1}w^k) \in P^w(x^k)\}$$

这个度量的含义是，产出集中点 (v^k, w^k) 向边界扩张的方式不再是通过原点的径向方向，而是以非对称的方式，合意产出增加 λ 倍，而非合意产出是收缩到原来的 $1/\lambda$。效率 H 可以通过求解非线性规划问题而得到：

$$H_0(v^k, w^k, x^k) = \max \lambda$$

$$\text{s.t.}\quad \lambda v^k \leq Vz$$
$$\lambda^{-1}w^k = Wz$$
$$Nz \leq x^k$$
$$z \in R_+^K$$

如果将约束条件 $\lambda^{-1}w^k = Wz$ 在 $\lambda=1$ 处泰勒展开，近似取一阶导数，就可以得出近似线性规划问题：

$$H_O(v^k,\ w^k,\ x^k) = \max \lambda$$
$$\text{s.t.}\quad \lambda v^k \leq Vz$$
$$2w^k - \lambda w^k = Wz$$
$$Nz \leq x^k$$
$$z \in R_+^K$$

增强双曲生产率（Enhanced Hyperbolic Productive Efficiency Measure）为：

$$H_P(v^k,\ w^k,\ x^k) = \max\{\lambda : (\lambda v^k,\ \lambda^{-1}w) \in P^w(\lambda^{-1}x^k)\}$$
$$\text{s.t.}\quad \lambda v^k \leq Vz$$
$$\lambda^{-1}w^k = Wz$$
$$Nz \leq \lambda^{-1}x^k$$
$$z \in R_+^K$$

（三）基于方向距离函数的 Malmquist–Luenberger 生产率指数

Chambers 等（1996）认为，Luenberger（1992，1994，1995，etc.）在消费者理论中提出的利益函数（Benefit Funtion）是 Shephard（1953）投入距离函数的一般化形式，利益函数对偏好做了方向性的表述。假定 u（x）是一个效用函数，$x \in X \subset R_+^N$，g 是 R_+^N 中的向量，利益函数为：

$$b(g;\ u,\ x) = \sup\{\beta \in R : x - \beta g \in X,\ u(x - \beta g) \geq u\}$$

用距离函数可以表示为：

$$D_i(u,\ x) = \sup\{\lambda : (x/\lambda) \in X,\ u(x/\lambda) \geq u\}$$

可以看到，距离函数中变量都是径向同比例地变化，而利益函数中的变量可以有多个方向的选择，如果 g 的方向与 x 一致，那就是径向的变化，所以在数学表达形式上，距离函数是利益函数的特例。

Chung 等（1997）提出了 Malmquist–Luenberger（ML）生产率指数。ML 生产率指数有两个优点：第一是具备 Malmquist 指数只需要数量而不需要价格信息的特点，可以将生产率指数分解为技术进步和效率改善；第二是借鉴利益函数的优点，采用方向距离函数区别对待合意产出与非合意产出，将非合意产出的减少作为生产率提高的贡献因素，这一点在 Fare 等（1989）的研究中已经有所体现，但是方向距离函数在理论上更具系统性。

令 $v \in R_+^M$ 表示合意产出，非合意产出表示为 $w \in R_+^I$，投入为 $x \in R_+^N$，用产出集表示的生产技术为：

$$P(x) = \{(v, w): x \text{ 可以生产出 } (v, w)\}$$

满足三个性质

（1）非合意产出具有弱可置性。

$$(v, w) \in P(x), 0 \leq \theta \leq 1 \Rightarrow (\theta v, \theta w) \in P(x)$$

（2）投入与合意产出是可自由处置。

$$\text{if } x' \geq x, \text{ then } P(x') \geq P(x)$$

$$(v, w) \in P(x) \text{ 且 } v' \leq v \Rightarrow (v', w) \in P(x)$$

（3）如果以零排污为目标，代价就是零生产。即，若 $w = 0$，则 $v = 0$。

正如前文所言，存在非合意产出的情况下，Shephard 边界点不一定是有效点，因此通过距离函数计算出的"效率"，分母并不是厂商到前沿面的距离；产出和污染同比例增加意味着"效率改善"，这从经济含义上是说不通的。因此，问题的关键首先是识别出距离函数边界上的有效子集；其次，非有效子集不一定以径向方式向前沿面投影。

方向性距离函数的定义为：

$$\vec{D}_o(x, v, w; g) = \sup\{\beta : (v, w) + \beta g \in P(x)\}$$

式中，g 为方向向量，在这里定义为 $g = (v, -w)$。

暂假设 v 和 w 都是一维变量。如图 6 所示，产出集为 $P(x)$，合意产出为 v，非合意产出为 w，合意产出先增加后减少，而非合意产出一直增加，直到 D 点合意产出重新为零。在合意产出到达最大值 M 之前，v 增长速度低于 w 的增速。对于无效率点 C，如果在效率度量上直接用 Shephard 产出距离函数的定义，C 的效率是 OC/OA，这个度量是有问题的，因为 A 不一定是有效率的点，即使 A 有效率，非合意产出与合意产出的同比例增长被认为是更有效率，这在情理上说不通。存在非合意产出的情况下，Shephard（1970）认为，非合意产出不增加（减少）的同时合意产出增加（不减少）意味着更高的效率。如果采用这个标准，对于点 C 来说，A 显然不符合要求，符合要求的是 $B_1 B_2$ 之间的点，这些点满足合意产出不减少且非合意产出不增加。

在图 6 中，取 $g = (v, -w)$，即在第二象限中与（v, w）相对称，C 点在 g 的方向上与 $B_1 B_2$ 相交于 B 点，对应的效率为 BC/OC。对于有效率的 B 点来说，方向距离函数的值为零，方向距离函数越大，说明效率越低。

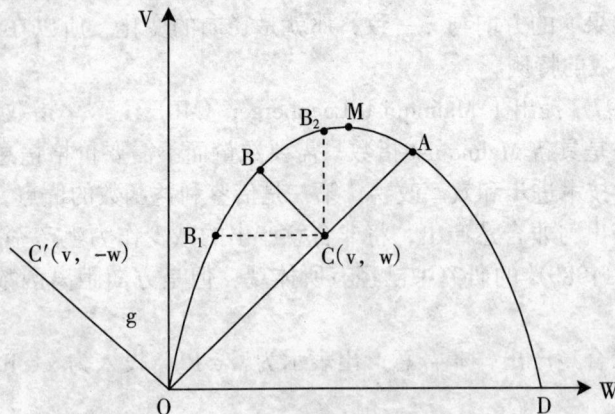

图 6

下面探讨两种距离函数的关系。令 $g = (v,\ w)$，也就是以 C 的径向投影。

$$\vec{D}_o(x,\ v,\ w;\ (v,\ w)) = \sup\{\beta : (v,\ w) + \beta(v,\ w) \in P(x)\}$$
$$= \sup\{\beta : (1 + \beta)(v,\ w) \in P(x)\}$$
$$= \sup\{(\rho^{-1} - 1) : (v,\ w)/\rho \in P(x)\}$$
$$= \frac{1}{\inf\{\rho : (v,\ w)/\rho \in P(x)\}} - 1$$
$$= D_o(v,\ w)^{-1} - 1$$

上述表达式说明，如果 g 的方向与 $(v,\ w)$ 一致，那么，Shephard 的产出距离函数是方向性距离函数的一个特例。根据这一关系构建 ML 生产率指数。首先，考虑非合意产出的传统 M 生产率指数为：

$$M_t^{t+1} = \left[\frac{D_o^t(x^{t+1},\ v^{t+1},\ w^{t+1}) \cdot D_o^{t+1}(x^{t+1},\ v^{t+1},\ w^{t+1})}{D_o^t(x^t,\ v^t,\ w^t) \cdot D_o^{t+1}(x^t,\ v^t,\ w^t)} \right]^{1/2}$$

分解为效率变化和技术变化的乘积：

$$M_t^{t+1} = \frac{D_o^{t+1}(x^{t+1},\ v^{t+1},\ w^{t+1})}{D_o^t(x^t,\ v^t,\ w^t)} \left[\frac{D_o^t(x^{t+1},\ v^{t+1},\ w^{t+1}) \cdot D_o^t(x^t,\ v^t,\ w^t)}{D_o^{t+1}(x^{t+1},\ v^{t+1},\ w^{t+1}) \cdot D_o^{t+1}(x^t,\ v^t,\ w^t)} \right]^{1/2}$$

为了使得 $g = (v,\ w)$ 的时候，M 生产率指数与 ML 相同，定义产出导向的 ML 生产率指数为：

$$ML_t^{t+1} = \left[\frac{(1 + \vec{D}_o^t(x^t,\ v^t,\ w^t;\ v^t,\ -w^t)) \cdot (1 + \vec{D}_o^{t+1}(x^t,\ v^t,\ w^t;\ v^t,\ -w^t))}{(1 + \vec{D}_o^t(x^{t+1},\ v^{t+1},\ w^{t+1};\ v^{t+1},\ -w^{t+1})) \cdot (1 + \vec{D}_o^{t+1}(x^{t+1},\ v^{t+1},\ w^{t+1};\ v^{t+1},\ -w^{t+1}))} \right]^{1/2}$$

类似地，ML 指数可以分解为效率改变和技术改变的乘积：

$$ML_t^{t+1} = \frac{1 + \vec{D}_o^t(x^t,\ v^t,\ w^t;\ v^t,\ -w^t)}{1 + \vec{D}_o^{t+1}(x^{t+1},\ v^{t+1},\ w^{t+1};\ v^{t+1},\ -w^{t+1})}$$
$$\left[\frac{(1 + \vec{D}_o^{t+1}(x^t,\ v^t,\ w^t;\ v^t,\ -w^t)) \cdot (1 + \vec{D}_o^{t+1}(x^{t+1},\ v^{t+1},\ w^{t+1};\ v^{t+1},\ -w^{t+1}))}{(1 + \vec{D}_o^t(x^t,\ v^t,\ w^t;\ v^t,\ -w^t)) \cdot (1 + \vec{D}_o^t(x^{t+1},\ v^{t+1},\ w^{t+1};\ v^{t+1},\ -w^{t+1}))} \right]$$

方向距离函数的这种定义的结果是，ML 指数大于 1 的时候，说明生产率改善。假设有 T 个时间段，K 个生产者，投入产出表示为：

$$(x^{t,k},\ v^{t,k},\ w^{t,k}),\ k = 1,\ \cdots,\ K;\ t = 1,\ \cdots,\ T$$

对于每个 ML 指数，都需要计算 4 个距离函数，求解线性规划问题：

$$\vec{D}_o^t(x^{t,k},\ v^{t,k},\ w^{t,k};\ v^{t,k},\ -w^{t,k}) = \max \beta$$

$$\text{s.t.} \sum_{k=1}^{K} z_k v_{k,m}^t \geq (1 + \beta) v_{k,m}^t,\ m = 1,\ \cdots,\ M$$

$$\sum_{k=1}^{K} z_k w_{k,i}^t = (1 - \beta) w_{k,i}^t,\ i = 1,\ \cdots,\ I$$

$$\sum_{k=1}^{K} z_k x_{k,n}^t \leq (1 - \beta) x_{k,n}^t,\ n = 1,\ \cdots,\ N$$

$$z_k \geq 0, \quad k = 1, \cdots, K$$

五、结论

本文介绍了非合意产出在生产率度量中的处理，重点梳理了距离函数理论和方向性距离函数处理非合意产出的方法。无论是 Fare 等（1989）的双曲线生产率指数，还是 Chung 等（1997）的方向距离函数，都在引入非合意产出的情况下，为构造 DEA 需要的生产前沿面，试图改变 Shephard 距离函数中无效率点的径向投影方式，从而以扩张合意产出的同时收缩非合意产出的方式，向前沿面投影。

[参考文献]

[1] Caves, D. W., L. R. Christensen and W. E. Diewert, Multilateral Comparisons of Output, Input, and Productivity Using Superlative Index Number, the Economic Journal, 1982, 92: 73–86.

[2] Caves, D. W., L. R. Christensen and W. E. Diewert, the Economic Theory of Index Number and the Measurement of Input, Output and Productivity, Econometrica, 1982, 50: 1393–1414.

[3] Chambers, R. G., Yangho Chung and Rolf Fare, Benefit and Distance Functions, Journal of Economic Theory, 1996, 70: 407–419.

[4] Charnes, A., Cooper, W.W., Rhodes, E.L., Measuring the Efficiency of Decision Making Units. European Journal of Operational Research 1978, 2: 429–444.

[5] Chung, Y. H., R. Fare and S. Grosskopf, Productivity and Undesirable Outputs: A Directional Distance Function Approach, Journal of Environmental Management, 1997, 51: 229–240.

[6] Fare, R, S. Grosskopf, D. W. Noh and W. Weber, Characteristics of a Polluting Technology: Theory and Practice, Journal of Econometrics, 2005, 126: 469–492.

[7] Fare, Rolf, S. Grosskopf, C. A. K. Lovell and C. Pasurka, Multilateral Productivity Comparisons When Some Outputs Are Undesirable: A Nonparametric Approach, the Review of Economics and Statistics, 1989, 90–98.

[8] Farrell, M. J., The Measurement of Productive Efficiency of Production, Journal of the Rayal Statistical Society, Series A, 120 (III), 1957: 253–281.

[9] Finn Försund and Nikias Sarafoglou, On the origins of Data Envelopment Analysis, Journal of Productivity Analysis, 2002, 17: 23–40.

[10] Pittman, R. W., Multilateral Productivity Comparisons with Undesirable Outputs, the Economic Journal, 93, 883–891.

[11] Shephard, Ronald W., Theory of Cost and Production Functions, Princeton University Press, 1970.

[12] Jorgenson, D. W. and P. J. Wilcoxen, Environmental Regulation and U.S. Economic Growth, Rand Journal of Economics, Vol. 1990, 21 (2): 314–340.

附录 1: 距离函数的性质

D.1 $\Psi(u, x)$ 是 x 的一次齐次函数。

D.2 $\Psi(u, x + y) \geq \Psi(u, x) + \Psi(u, y)$，对于非负产出 u。

D.3 $\Psi(u, x)$ 对于 x 非单调减。

D.4　$\Psi(u,\ x)$ 是 x 的凹函数。

D.5　$\Psi(u,\ x)$ 是 x 的连续函数。

D.6　$\Psi(u,\ x)$ 是 u 的非单调增函数。

D.7　对于 $x \in D$ 且 $\{u_n \to +\infty\}$，$\lim\limits_{n \to +\infty} \sup \Psi(u_n,\ x) = 0$。

D.8　对于 $x \in D$ 且 $\{u_n \to 0\}$，$\lim\limits_{n \to +\infty} \sup \Psi(u_n,\ x)$ 可能有限。

D.9　对于 $x \in D$，$\Psi(u,\ x)$ 是 u 的上界半连续。

附录 2：投入距离函数 $\Psi(y,\ x)$ 的性质

Δ.1　$\Psi(0,\ x) = +\infty$，对于所有 x；$\Psi(y,\ x) = 0$，如果 $(y,\ x) \in \Delta^c$。

如果产出为零，$L(0) = X$，$\lambda(0,\ x) = 0$，故倒数为无穷大；如果 $(y,\ x) \in \Delta^c$，则 $\{\lambda | (\lambda x) \in L(y),\ \lambda \geqslant 0\}$ 是空集，λx 与 $L(y)$ 无交集。

Δ.2 对于所有的 $(y,\ x) \in \Delta$，$\Psi(y,\ x) > 0$ 且有限。

Δ.3　$\Psi(y,\ x)$ 是 x 的一次齐次函数。

$$\Psi(y,\ x) = \frac{\|x\|}{\|\xi(y,\ x)\|} = \frac{1}{\lambda(y,\ x)}$$

$$\Psi(y,\ \beta x) = \frac{1}{\lambda(y,\ \beta x)} = \frac{1}{\min\{\lambda | \lambda \beta x \in L(y)\}} = \frac{\beta}{\min\{\lambda | \lambda x \in L(y)\}}$$

Δ.4　$\Psi(y,\ x + x') \geqslant \Psi(y,\ x) + \Psi(y,\ x')$

根据 Δ.3 可得，$\Psi\left(y,\ \dfrac{x}{\Psi(y,\ x)}\right) = \Psi\left(y,\ \dfrac{x'}{\Psi(y,\ x')}\right) = 1$，故 $x/\Psi(y,\ x)$ 和 $x'/\Psi(y,\ x')$ 都属于 $L(y)$。由于 $L(y)$ 为凸集，就有 $\theta\ (x/\Psi\ (y,\ x)) + (1 - \theta)\ (x'/\Psi(y,\ x'))$ 也属于 $L(y)$，就有：

$$\Psi\left(y,\ \theta \frac{x}{\Psi(y,\ x)} + (1 - \theta)\frac{x'}{\Psi(y,\ x')}\right) \geqslant 1$$

取 $\theta = \dfrac{\Psi(y,\ x)}{\Psi(y,\ x) + \Psi(y,\ x')}$

上式得 $\Psi\left(y,\ \dfrac{x}{\Psi(y,\ x) + \Psi(y,\ x')} + \dfrac{x'}{\Psi(y,\ x) + \Psi(y,\ x')}\right) \geqslant 1$

根据一次齐次性质即得。投入距离函数越大，说明距离前沿面越远，效率越低。

Δ.5 如果 $x' \geqslant x$，$\Psi(y,\ x') \geqslant \Psi(y,\ x)$。

如果产出相同，投入越多，距离函数越大，效率越低。

Δ.6　$\Psi(y,\ x)$ 是 x 的凹函数。

令 x 和 x' 都属于 $L(y)$：

$\Psi(y, \theta x + (1 - \theta)x') \geqslant \Psi(y, \theta x) + \Psi(y,\ (1 - \theta)x') = \theta \cdot \Psi(y, x) + (1 - \theta)\Psi(y, x')$

Δ.7　$\Psi(y,\ x)$ 是 x 的连续函数。

Δ.8　$\Psi(\lambda y,\ x) \leqslant \Psi(y,\ x)$，如果 $\lambda \geqslant 1$；或者/和 $\Psi(y',\ x) \leqslant \Psi(y,\ x)$，如果 $y' \geqslant y$。

$\Psi(y,\ x)$ 是 y 的非单调增函数，如果 $y' \geqslant y$，则 $L(y') \subset L(y)$，从原点出发的射线总是先与 $L(y)$ 相交。其经济意义是，给定相同的投入，产出越多，距离函数越小，说明

越有效率。前者是强可处置，后者是弱可处置。

Δ.9 $\Psi(y, x)$ 是 y 的上界半连续函数。

Δ.10 $\Psi(y, x)$ 是 y 的拟凹函数。

投入距离函数 $\Psi(y, x)$ 表示投入集 $L(y) = \{x|\Psi(y, x) \geq 1\}$

用产出距离函数 $\Omega(x, y)$ 定义产出集 $P(x)$ 为：$P(x) = \{y|\Omega(x, y) \leq 1\}$。产出距离函数有以下性质：

∇.1 $\Omega(x, 0) = 0$，对于所有 x；$\Omega(x, y) = +\infty$，如果 $(y, x) \in \Delta^c$。

∇.2 $\Omega(x, y) > 0$，且有限。

∇.3 $\Omega(x, y)$ 是 y 的一次齐次函数。

$$\Omega(x, \lambda y) = \frac{1}{\theta(x, \lambda y)} = \frac{1}{\max\{\theta|\theta\lambda y \in P(x)\}} = \frac{\lambda}{\max\{\rho|\rho y \in P(x)\}}$$ 。注意，如果产出被 λ 翻倍，为保证 $\theta\lambda y \in P(x)$，θ 要缩减相同的倍数，导致距离函数翻倍。

∇.4 $\Omega(x, y + y') \leq \Omega(x, y) + \Omega(x, y')$

根据 ∇.3 可得，$\Omega\left(x, \dfrac{y}{\Omega(x, y)}\right) = \Omega\left(x, \dfrac{y'}{\Omega(x, y')}\right) = 1$，故 $y/\Omega(x, y)$ 和 $y'/\Omega(x, y')$ 都属于 $P(x)$。由于 $P(x)$ 为凸集，就有 $\theta(y/\Omega(x, y)) + (1 - \theta)(y'/\Omega(x, y'))$ 也属于 $P(x)$，就有：

$$\Omega(x, \theta y/\Omega(x, y) + (1 - \theta)y'/\Omega(x, y')) \leq 1$$

取 $\theta = \dfrac{\Omega(x, y')}{\Omega(x, y) + \Omega(x, y')}$

上式得 $\Omega\left(x, \dfrac{y}{\Omega(x, y) + \Omega(x, y')} + \dfrac{y'}{\Omega(x, y) + \Omega(x, y')}\right) \leq 1$

根据一次齐次性质即得。产出距离函数越小，说明距离前沿面越远，效率越低。

∇.5 $\Omega(x, \theta y) \leq \Omega(x, y)$ 如果 $\theta \in [0, 1]$；或者/和 $\Omega(x, y') \leq \Omega(x, y)$，如果 $y' \leq y$。

$\Omega(x, y)$ 是 y 的非单调减函数。给定投入，产出越多，效率越高。前一部分指的是产出分量同比例地变化，后一部分包括了产出不同比例地变化。这是强可处置性与弱可处置性的区别。

∇.6 $\Omega(x, y)$ 是 y 的凸函数。

令 y 和 y′ 都属于 $P(x)$

$$\Omega(x, \theta y + (1 - \theta)y') \leq \theta\Omega(x, y) + (1 - \theta)\Omega(x, y')$$

∇.7 $\Omega(x, y)$ 是 y 的连续函数。

∇.8 $\Omega(x', y) \leq \Omega(x, y)$，如果 $x' \geq x$。

$\Omega(x, y)$ 是 x 的非单调增函数，给定相同的产出，投入越多，越没有效率。

∇.9 $\Omega(x, y)$ 是 x 的下界半连续函数。

∇.10 $\Omega(x, y)$ 是 x 的拟凸函数。

附录 3：关于 F_1、F_2、F_3 的证明

$$F_1 = \frac{-P_1 Y_1}{P_1 Y_1 - \theta_2 Y_2 - \theta_3 Y_3}$$

$$F_2 = \frac{\theta_2 Y_2}{P_1 Y_1 - \theta_2 Y_2 - \theta_3 Y_3}$$

$$F_3 = \frac{P_3 Y_3}{P_1 Y_1 - \theta_2 Y_2 - \theta_3 Y_3}$$

证明：

$$L = P_1 Y_1 - \sum_n^N r_n X_n - \theta_1 \left[F(\ln Y_1,\ \ln Y_2,\ \ln Y_3,\ \ln X,\ k) - 1 \right] - \theta_2 (Y_2 - Y_2^*) - \theta_3 (Y_3 - Y_3^*)$$

f.o.c

$$\frac{\partial L}{\partial Y_1} = P_1 - \theta_1 F_1 \frac{1}{Y_1} = 0$$

$$\frac{\partial L}{\partial Y_2} = -\theta_1 F_2 \frac{1}{Y_2} - \theta_2 = 0$$

$$\frac{\partial L}{\partial Y_3} = -\theta_1 F_3 \frac{1}{Y_3} - \theta_3 = 0$$

根据已知，$\sum_i F_i = -1$，故 $\theta_1 = P_1 Y_1 - \theta_2 Y_2 - \theta_3 Y_3$

代入一阶条件，可得结果。

第九章 中国汽车产业发展政策的效应分析及建议[*]

王 莉

一、概述

国际金融危机对世界汽车产业造成了巨大影响，主要发达国家和发展中大国都采取了积极的、前所未有的财政、金融联合干预行动。自 2008 年 10 月以来，中国政府为应对国际金融危机提出了保增长、扩内需、调结构的总体要求，促进了汽车产业持续、健康、稳定的发展。

在国际金融危机环境影响下，2008 年底至 2009 年初，世界经济陷入深度衰退，处于最困难的时期。在世界汽车市场持续低迷的形势下，2009 年各国政府相继拿出 1642 亿美元拯救汽车产业，出台了一系列鼓励汽车消费的政策。从 2009 年初开始，中国政府针对金融危机、能源短缺和环境保护问题，陆续出台了"燃油消费税"改革并取消汽车"养路费"、汽车"购置税"减半、"汽车下乡"和汽车"以旧换新"等政策，把扩大内需确定为全年汽车产业的主要目标，把节能减排和环境保护作为汽车产业的重点。在这些政策的推动下，一季度汽车销量达到 110.98 万辆，同比增长 5.01%，汽车市场明显地出现产销两旺的势头，并超过美国和日本。经过一年政策的实施，中国汽车市场销量从 2008 年的 938 万辆，增长到 2009 年的 1364 万辆，[①] 其中微型汽车销量超过 230 万辆，同比增幅达 80%以上。排名在前两位的微型汽车是上汽通用五菱和长安汽车，销量分别达到 100 万辆和 67 万辆。

2010 年 6 月 1 日，中国政府又出台了《关于印发"节能产品惠民工程"节能汽车推广实施细则的通知》和《关于开展私人购买新能源汽车补贴试点的通知》。《通知》明确指出，中央财政对试点城市私人购买、登记注册和使用的插电式混合动力乘用车和纯电动乘用车给予一次性补贴。补贴标准根据动力电池组能量确定，对满足支持条件的新能源汽车，按 3000 元/千瓦时给予补贴，插电式混合动力乘用车每辆最高补贴 5 万元，纯电动乘用车每辆最高补贴 6 万元。以上诸多政策的陆续出台和执行，促使 2009 年中国汽车产业快速增长，到 2010 年上半年汽车销量达 718 万辆，稳居世界第一位。

* 本文受中国社会科学院经济政策与模拟重点研究室资助。
① 中国经济信息网，2010 年 7 月 19 日。

然而，中国汽车业产能过剩的隐忧已经显现，尤其是在微型汽车市场表现得更加突出。据中国汽车技术研究中心数据显示，2009 年汽车销量出现井喷后，2010 年上半年中国微型汽车环比已经连续 4 个月出现下滑，部分地区销量降幅甚至超过 50%。那么，国家出台的促进汽车消费政策对汽车产业的效应究竟有多大，未来将实施的政策能否继续保持汽车市场的高温，今后我们应当采取怎样的措施，这些都是目前汽车产业值得探讨的问题。

二、汽车产业政策的效应

早在 1994 年，为把我国汽车工业尽快建设成为国民经济的支柱产业，改变投资分散、生产规模过小、产品落后的状况，增强企业开发能力，提高产品质量和技术装备水平，促进产业组织的合理化，实现规模经济，中国首次颁布了《汽车产业发展政策》。其核心内容是国家引导汽车工业企业充分运用国内外资金，努力扩展和开拓国内、国际市场，采取大批量多品种生产方式发展，到 2000 年汽车总产量要满足国内市场 90% 以上的需要，轿车产量要达到总产量的一半以上，并基本满足进入家庭的需要；摩托车产量基本满足国内需要，并有一定数量的出口。经过两个五年计划政策的实施，为我国汽车工业打下了坚实的基础，并带动了其他相关产业的迅速发展。

在我国能源紧缺的形势下，为达到节能、环保的目标，使中国汽车工业保持可持续、健康地发展，从 2005 年 7 月 1 日开始，将《乘用车燃料消耗量限值标准》作为控制汽车燃料消耗量的第一个强制性国家标准，按照整车装备质量对乘用车燃料消耗的限值提出了要求。规定在现有基础上，轿车和轻型车同类产品平均每 100 公里油耗指标降低 5%~10%；在第二阶段的限值中，燃料消耗量比第一阶段减少 10%，以确保汽车工业在下一个五年规划比现有油耗降低 15%。[①]

上述政策实施后政府又陆续出台了一系列汽车政策法规和环境保护标准，尤其是 2009 年 3 月 20 日国务院办公厅颁布的《汽车产业调整和振兴规划》等一系列鼓励汽车消费的政策。譬如"燃油消费税"改革并取消汽车"养路费"、汽车"购置税"减按 5% 征收、"汽车下乡"、汽车"以旧换新"和 2010 年汽车"购置税"减按 7.5% 征收。2010 年 6 月 1 日，政府又颁布了新的《汽车产业政策》，财政部等三单位联合出台的节能与新能源汽车补贴等政策，包括《关于印发"节能产品惠民工程"节能汽车推广实施细则的通知》和《关于开展私人购买新能源汽车补贴试点的通知》。其中"燃油消费税"改革和《关于印发"节能产品惠民工程"节能汽车推广实施细则的通知》及《关于开展私人购买新能源汽车补贴试点的通知》的政策对节能减排、环境品质的提高效应较大，而汽车"购置税"减半、"汽车下乡"、汽车"以旧换新"政策对拉动国内需求的效应较大。这是在我国加入世界贸易组织后，政府为适应世界贸易组织规则变化对汽车产业政策的一次最大调整。笔者将在本文中做出重点分析。

---

① www.chinainfo.gov，"2004 年中国汽车产业政策综述"，2008 年 12 月 26 日。

1. "燃油消费税"改革的政策效应

"燃油消费税"改革的政策效应主要表现在节约石油资源和改善生态环境两个方面:

(1) 在节约石油资源方面。自从1993年中国成为石油净进口国以来，石油对外依存度已迅速上升到了50%左右。据统计，2009年中国汽车产量1379.10万辆，产销同比增长率都已超过美国，创下历年最高纪录，成为世界排名第一的汽车生产和消费国，跃升为全球最大的汽车产销市场。随着经济的快速发展，能源短缺和环境保护已成为制约经济发展的重要因素。对于石油资源短缺的中国，寻找替代能源和低碳经济的有效途径显得尤为重要和紧迫。中国地质科学院预测报告显示，未来20年的石油需求缺口将达到60亿吨，到2050年缺口将高达500亿桶。[①] 与此同时，能源消费带来的环境问题也愈发严重，交通能源造成的环境污染所占份额越来越高，已超过了传统工业污染成为头号污染源。[②]

目前，我国的机动车（包括摩托车在内）还不到1亿辆，但油耗已经成为仅次于美国的世界第二大国。据美国能源部估计，中国轿车在2020年至少要达到67辆/千人的水平，每年石油需求至少2亿吨。如果国民出行像美国一样依赖机动车，那么，中国汽车的消费数量将超过七八亿辆，到那时，中国的石油消费将是美国的3~4倍，仅靠本国的国土资源和能源将是难以承受的。[③]

为了节约石油资源、改善生态环境，2009年1月1日中国政府对"燃油消费税"进行了改革，实施燃油税费新政策。改革的核心内容：取消公路养路费、航道养护费、公路运输管理费、公路客货运附加费、水路运输管理费、水运客货运附加费等六项收费，增加了燃油使用的成本，改革后税费将按车主用油量的多少定额计征，用油量越多，缴纳的"燃油消费税"就越多。国家发展改革委员会指出，调价方案规定在提高成品油消费税后，国内成品油价格水平不提高，这意味着2009年1月1日在增加燃油税费征收的部分后，国内成品油价格下调幅度将远远大于当时的幅度。换句话说，汽油和柴油出厂价每吨下调约2000元，汽油和柴油税前价格则相当于每升下调1.7元左右。另外，汽油消费税单位税额由原来的每升0.2元提高到1.0元；柴油由原来的每升0.1元提高到0.8元。也就是说，"燃油消费税"改革以后，对于每年行驶2万公里左右的小排量家用轿车的影响不大，用车费用不仅不会增加，甚至还有可能减少；而对于油耗较高的汽车和运输用车，费用就会增加很多，导致消费者对购买汽车的选择受到影响。

"燃油消费税"改革以后，大多数消费者从用油成本方面考虑，更愿意选择排量较低、节油性能较好的车型购买。而日本系列汽车最大的优势就是节能省油，油耗最低的只有4升左右，这是其他相同级别汽车无法比拟的，因此，广州丰田等汽车以及价格在10万元左右的东风日产骐达、颐达、骊威、新飞度和雅力士等小排量节油型汽车销量急速攀升。[④]

---

① RENY, WUR, HAN WJ, etc. Economic, Environmental and Energy Life Cycle Assessments of Natural Gas Based Automotive Fuels in Chongqing China [C]. ISAFXIV, 2002.

② 欧阳明高. 中国节能与新能源汽车发展战略与对策 [J]. 汽车工程, 2006, 28 (4): 317-321.

③ 艾江鸿等. 电动汽车3E评价与协调发展探析 [J]. 技术经济, 2010 (4).

④ 薛伟. 大洋网, 2009年1月6日。

多年来，自主品牌的汽车在市场上已形成了一定的口碑，总体质量有了很大的提高，消费者买车已不仅限于关注汽车的价位，而更多关注的是汽车的使用费、维修保养和售后服务。基于上述原因，在政策的影响下，今后 1.3~1.5 升小排量汽车很可能取代原来 1.6~1.8 升的车型，成为"黄金排量"的汽车，并在近几年内小排量汽车的竞争将变得更加激烈。

从长期看，"汽车燃油税"改革有利于家用轿车的发展；从短期看，由于"汽车燃油税"改革时国内经济形势尚不明朗，大多数汽车消费者依然持币观望，政策的促进效应不够明显。对于以省油著称的日本系列和部分自主品牌的汽车而言，确是很好的机会；相反，"汽车燃油税"的调整却给卡车、商用车等大排量汽车带来了打击。从总体上看，由于许多货车和部分商用车油耗都在 10 升以上，"燃油消费税"改革势必对这些车主造成很大的压力，但对部分省油的商用车型还是具有促进作用的。譬如，价格相对贵一点、比较高端、省油的五十铃货车和欧卡在这次"燃油消费税"改革中的销量并没有受到影响。一般地讲，中、长途货车每天要行驶 200 公里左右，大概需用柴油 44 升，按照"燃油消费税"改革后的费用，每年按 300 天计算，比"燃油消费税"改革前要多花 1 万元以上。因此，"汽车燃油税"改革后，对于资金并不充裕又准备买车的消费者自然会在核算购车的成本后，再考虑是否买车了；而对于经济上富裕已经买了大排量和 SUV 汽车的消费者来说，虽然在"燃油消费税"改革前购买豪华大排量轿车时并不担心油价，但在新政策实施后又不可能放弃使用汽车，常年下来就会增加一大笔开支，因此，他们自然也会做长远考虑。譬如，一辆大排量汽车每年比一辆省油轿车多缴"汽车燃油税"近 2 万元左右，10 年下来就是 20 万元左右。"燃油消费税"改革后，对于豪华大排量、油耗高的欧美车、皮卡和 SUV 而言，销售压力有所加大，商家也就不会主动向消费者提及"燃油消费税"这个敏感问题。

这次"燃油消费税"改革，直接让小排量汽车消费者受益，节省了油耗开支。因此，"燃油消费税"改革对于使用或有意购买经济型轿车的消费者的刺激效应相对更大；但对于高档汽车市场并没有多大的影响。以 93 号汽油为例，如果一辆汽车每月行驶 1000 公里，假定 100 公里耗油 8 升，汽油降价前后的差价为 0.91 元，那么 1 个月就可以节省 72 元，一年节省 864 元，所以，私家车每年节省 1000 元以上没有问题，再加上取消的汽车"养路费"，又可以节省 1000 元左右，1 年共可节省 2000 多元。由此可见，"燃油消费税"改革实施以后，车辆油耗越大、使用率越高，每年支出的费用也就越多；而小排量汽车即使使用率很高、行驶里程很长，仍然会相对节省许多油费开支。"燃油消费税"改革有利于促进小排量和微型汽车的销量，使中级和大排量车型遭到了冷落，销量出现明显下滑。

表 1 对比了"燃油消费税"改革前后 5 座及以下家用轿车每年平均行驶 3 万公里时不同油耗汽车节省的费用，以北京 93 号燃油售价（5.46 元/升）为例。

**表1　"燃油消费税"改革前后5座及以下家用轿车每年平均行驶30000公里的
不同油耗汽车节省的费用对比[1]**

单位：元

5座及以下不同油耗	改革前每年行驶30000公里的费用+养路费	改革后每年行驶30000公里的费用	每年节省的费用
5升/100公里	9555+1320	8190	2685
6升/100公里	11466+1320	9828	2958
7升/100公里	13377+1320	11466	3231
8升/100公里	15288+1320	13104	3504
9升/100公里	17199+1320	14742	3777
10升/100公里	19110+1320	16380	4050
11升/100公里	21021+1320	18018	4323
12升/100公里	22932+1320	19656	4596
13升/100公里	24843+1320	21294	4869

　　从表1可以看出，按当时原油价格计算，"燃油消费税"改革以后每年家用轿车的成本可以得到不同程度的降低，对节约石油资源产生了较大的政策效应。

　　（2）在改善生态环境方面。据亚洲开发银行中国代表处的环境和可持续发展部人员指出：在世界10大污染城市中，即贵阳、重庆、太原、兰州、米兰、淄博、北京、广州、墨西哥城、济南，中国竟然占了8个，而城市生态环境建设问题与汽车产业的发展有着密切的联系，如何解决汽车尾气排放的问题已成为世界性的课题，迫在眉睫。[2]

　　目前，全球大约有10亿辆机动车在路上行驶，并以每年3000万辆左右的速度递增。这些汽车大多分布在美国、日本和欧洲国家。随着世界经济格局的变化，预计汽车保有量，将在亚洲和拉丁美洲等发展中国家高速增长。[3]据德国汽车市场调研机构（R.L. POLK MARKETING SYSTEMS）的报告说，尽管目前环保已成为全球性热门话题，但在未来几年内全球汽车保有量仍将继续增长近20%。据OICA（国际汽车制造商协会）统计，2009年世界汽车产量为6098.70万辆，[4]到2015年，全球汽车保有量将从2007年的近9.2亿辆增加到11.2亿辆左右。其中，亚洲地区将拥有汽车2.8亿辆，占全球的1/4，中国和印度的汽车市场增长潜力巨大，即使是在增长最慢的北美地区，汽车保有量也将比2007年增长8%，达到3.7亿辆；同期整个欧洲汽车保有量预计增长15%，同样达到3.7亿辆，其中东欧地区增幅将近33%，西欧地区增幅将与北美持平。[5]

　　长期以来，世界各国从未停止过汽车制造，也就不可避免地发生由汽车排放污染而引起的"光化学烟雾"事件。从世界范围看，已经发生过多起"光化学烟雾"事件；从国内范围看，北京和南宁曾经分别在1998年和2001年发生过"光化学烟雾"现象。目

---

① 陆文军. 燃油税费改革："有车族的车生活"有啥变化 [J]. 2008年12月8日.
② 资料来源：http：//www.baidu.com，2005年12月12日。
③ 王莉. 世界汽车工业的发展与环境问题 [J]. 世界经济年鉴（2007~2008）.
④ 百度新闻：世界汽车制造商协会日前发布的世界汽车产量统计数据，2010年4月27日.
⑤ 汽车周报. 预测：2010年全球汽车保有量将破10亿辆. 2008年1月29日.

前，我国汽车油耗比发达国家多 20% 以上。假定在优质驾驶技术情况下，各种排量汽车平均油耗为每百公里 9.5 升，汽车年均行程按 2 万公里计算，每年每辆汽车油耗 1900 升，一氧化碳（CO）排放量在 4 吨以上。[①] 而经济型小排量汽车非常便宜，价格一般在 8 万元以下，属于家庭经济承受范围之内，因此，是首选的最佳城市环保用车。若按 2009 年底我国汽车保有量 7619.31 万辆计算，一年就可以节省油耗 19048 升以上，减少一氧化碳（CO）排放 40 吨以上。目前，汽车驾驶人数已超过 1.38 亿人，是汽车保有量的 1.81 倍以上，比上年增加 1611.18 多万人，增长 13.20%。其中，3 年以下驾龄的驾驶人员有 6943.32 万人，占驾驶人总数的 34.76%；驾龄不满 1 年的驾驶人员有 2088.83 万人。[②] 到 2009 年底中国汽车保有量与上年相比，增加了 1152.10 万辆，增长 17.81%，[③] 据测算，到 2021 年我国汽车保有量将达到 5 亿辆。

"燃油消费税"改革政策促进了小排量汽车的产销，保护了环境、减少了"光化学烟雾"的机会。譬如，1 吨汽油通过汽车发动机燃烧产生动力后，要排出 10~70 公斤的废气，还有从燃料和燃烧系统中泄漏出来的汽油和气体约 20~40 公斤。汽车排气污染最严重的危害就是生成"光化学烟雾"，[④] 它严重地危害人体健康，甚至造成生命危险。然而，汽车保有量的增长、汽车尾气的排放还在继续，进一步加剧环境污染，这个问题在经济发达城市表现得更为突出。[⑤]

从 20 世纪 90 年代起，汽车尾气治理就被提上了我国的日程。1993 年我国颁布了相当于欧洲 20 世纪 70 年代的汽车尾气排放标准，由于我国的轿车车型大多是从欧洲引进的生产技术，因此，汽车排放标准多采用欧洲标准体系。从 2005 年 1 月 1 日起，北京又将标准提高到欧Ⅱ标准，比全国其他省市提前了 2 年。Ⅱ号标准规定：汽油车排放的一氧化碳（CO）不得超过 2.2 克/公里，碳氢化合物（NOx）不超过 0.5 克/公里；柴油车颗粒物不得超过 0.08 克/公里。

近几年北京新车增长加快，旧车报废很慢，汽车尾气污染又有明显上升趋势。为此，政府决定从 2006 年 3 月 1 日起，对所有轻型汽车包括轿车、越野车在内和 3.5 吨以上的货车都启用严格的简易工况法检测尾气，全部实行欧Ⅱ标准，不达标准的强行改造。

在近几年相继出台的政策中，"燃油消费税"改革和汽车"购置税"减半政策对我国汽车产业发展小排量汽车影响最大。据了解，从 2009 年 1 月 1 日起全面执行的《第二阶段乘用车燃料消耗量限值标准》，将目前平均值再降低 10%。为了从整体上控制汽车企业旗下车型的平均燃油消耗量，《第三阶段乘用车燃料消耗量限值标准》将在 2010 年底出台，有助于提高乘用车燃料使用效率，鼓励汽车生产厂家生产耗油较低的低排量紧凑型轿车。

---

① 艾江鸿等. 电动汽车 3E 评价与协调发展探析［J］. 技术经济，2010（4）.
② 济南时报，公安部交管局提供的数据，http：//www.sina.com.cn，2007 年 7 月 8 日。
③ 中新网，公安部网站消息，2009 年 7 月 6 日。
④ http：//www.hangzhou.gov.cn，"光化学烟雾事件与汽车尾气"，2009 年 3 月 20 日。
⑤ 深圳网，http：//www.studa.net，2009 年 12 月 10 日。

据了解，《乘用车燃料消耗量限值》GB19578-2004国家标准是2005年7月1日实施的，这是我国第一个控制车辆燃料消耗量的强制性标准。[①] 因此，在《第三阶段乘用车燃料消耗量限值标准》之前，发展低能耗、低排放的高品质小排量车是节能减排的关键。《汽车产业振兴规划》提出，未来3年我国汽车市场需求结构要得到优化，1.5升以下排量乘用车市场份额要达到40%以上，其中1.0升以下小排量汽车市场份额达到15%以上。相比之前出台的新能源汽车补贴政策，节能车既省油又可以得到优惠，自然更受欢迎，节能汽车补贴政策刺激了消费者的购车意愿。从第一批节能汽车的推广目录中可以看出，以相对低价和小排量为代表的自主品牌与合资品牌的汽车各占一半。此外，上海大众、北京现代等企业的多款车型也都入选其中，上海通用作为补贴政策最大的赢家，共有12款车型入围。另外，对于节能车而言，其价格走势将取决于市场形势。因此，此次的补贴很可能导致低端市场竞争格局的剧烈改变，即便短期内部分节能车可能提价，但从长期看价格仍呈下滑趋势。

通过节能汽车补贴政策的出台及小排量汽车"购置税"减半政策的执行，产生了较大的政策效应，[②] 反映了国家鼓励优先发展高品质节能环保型汽车的政策导向和重点支持发展高技术含量的小排量汽车目标。这是应对能源紧缺、缓解我国快速进入汽车社会所面临的环保压力、治理交通拥堵、防止"光化学烟雾"，实现低油耗小排量汽车的重要途径。

"燃油消费税"改革所涉及的核心问题是油耗问题，新能源汽车和电动汽车符合国家节能减排、环境保护的要求。尽管由于种种原因，目前还没有被广大消费者一致认可，但从长远看很可能会逆市而上成为主流。换句话说，不管有没有"燃油消费税"改革政策出台，新能源汽车的发展趋势都是不可逆转的。

2. 小排量汽车"购置税"减半政策的效应[③]

2009年上半年，汽车商品进出口遭遇了前所未有的困难，出现较大幅度的下滑，呈现负增长态势。据海关统计，上半年汽车商品累计进出口总额267亿美元，同比下降29.37%。汽车工业协会数据显示，1~6月份，海关进口汽车14.1万辆，同比下降了34%；累计出口汽车14.24万辆，同比下降60.21%，这是首次国内汽车实现出口以来销量大规模缩水。据统计，[④] 2009年中国汽车出口33.24万辆，比上年同期下降46%，1~6月份出口降幅明显高于进口，全国汽车商品累计进出口总额为275.46亿美元，比上年减少135.63亿美元。其中，进口总额119.41亿美元，同比下降26.89%，呈现出汽车整车进口需求明显下降，进口金额较上年同期净减少约25亿美元；世界主要进口国的需求明显萎缩，欧洲地区下降更为显著的特征。出口总额156.05亿美元，同比下降37.02%。中国汽车协会的数据显示，2010年4月我国出口汽车4.34万辆，环比增长8.09%，同比增长62.17%；创汇金额6.04亿美元，同比增长58.63%。其中，乘用车出口1.86万辆，

① 乘用车油耗限值标准将升级 有望年底出台. 中国质量报，http://www.sina.com.cn，2010年6月29日.
② 节能汽车政策出台 小排量车市再起价格战. 扬子晚报，2010年7月13日.
③ 本文中小排量汽车均指1.6升及以下的乘用车。
④ 中国汽车工业协会发布整车企业出口情况报告. 新京报，2010年1月18日.

环比增长 3.53%，同比增长 125%；创汇金额 1.26 亿美元，同比增长 64.47%。商用车出口 2.47 万辆，环比增长 11.79%，同比增长 33.99%；创汇金额 4.78 亿美元，同比增长 57.17%。其中，乘用车产品累计出口 6.86 万辆，比 2009 年同期增长了 119.43%；累计创汇金额 4.58 亿美元，比 2009 年同期增长了 65.82%。商用车产品累计出口 8.13 万辆，比 2009 年同期增长了 24.11%；累计创汇金额 14.89 亿美元，比 2009 年同期增长了 21.79%。在进口方面，2010 年 4 月进口汽车 7.59 万辆，环比下降 11.08%，同比增长了 194.23%。

为振兴汽车产业，稳定和扩大汽车消费需求，国家通过了《汽车产业调整和振兴规划》，规定从 2009 年 1 月 20 日起至 12 月 31 日止，对小排量汽车车辆减按 5% 征收汽车"购置税"（原按 10%）。此方案涵盖了国内大多数品牌的诸多车型，着重于形成比较公平、合理、清晰的梯度税收优惠，尽量避免由于某个特定排量的购置税有较大幅度的减免优惠而对其他排量车型造成冲击以及由此导致的某些汽车企业的困难和不满。按照"汽车购置税"减半政策，既可以在厂家和车型上实现较大范围的优惠，又能重点突出符合科学发展观的节能环保汽车，从而调动有关汽车企业对生产节能环保的小排量汽车的积极性和对国家产业政策的响应。这有效提高了广大消费者的信心，给普通购车者带来合理的消费鼓励。

汽车"购置税"减半政策的实施，使小排量汽车的份额迅速上升。从近三年小排量汽车所占乘用车的份额看，2007 年小排量汽车占整个乘用车市场份额的 57.64%；2008 年，份额上升为 62%，总销量为 310.59 万辆；2009 年上半年，份额上升为 69.7%，比上年同期市场占有率提高了 7.7 个百分点，共销售 315.26 万辆，同比增长 44.93%。从 2008 年 7 月以后小排量汽车市场逆转向下看，以 2007 年增速最快的小排量汽车市场同比增幅 28.9% 推算，2009 年小排量汽车的销量增长大约有 50% 是由汽车"购置税"减半政策带来的。为更好地分析汽车产业发展政策的效应，将此项政策调整前、后的各种车型税率列表（见表 2）。

表 2　2009 年车辆购置税政策调整前、后的数据

车型	税率调整前					税率调整后						
	小轿车	越野车		小客车		乘用车（含越野车）						中轻型商用客车
排量（升）	按照排量大小	小于 2.4	大于 2.4	小于 2.0	大于 2.0	小于、等于 1.5	1.5~2.0	2~2.5	2.5~3.0	3~4.0	4.0升以上	所有排量
税率（%）	3 5 8	3	5	3	5	3	5	9	12	15	20	5

资料来源：中国汽车工业协会，搜狐汽车网。

根据表 2 数据，此次汽车税率调整的前、后，1.0 升以下小排量乘用汽车（包含越野车）和 1.5~2.0 升排量汽车的税率没有变化，1.0~1.5 升排量汽车的税率下降了 2%，2.0~2.5 升排量汽车的税率上涨了 1%，2.5~3.0 升排量汽车的税率上涨了 4%，3.0~4.0 升排量汽车的税率上涨了 7%，4.0 升以上排量汽车的税率上涨了 12%；而对于中轻型商用客车来讲，2.0 升以下排量汽车的税率没有变化，2.0 升以上排量汽车的税率上涨了 2%。由此可见，这次汽车税率调整是国家根据汽车工业发展的结构性增长这个突出特点，通过调整小汽车税率结构，从而达到提高大排量汽车税率、拉大不同排量汽车税率的差距、增加大排量和高能耗小轿车、越野车的税收负担，同时相对减轻小排量汽车负担的目的。按照不同排量阶梯式征税，表面上体现出鼓励节能减排导向，实际上根据排量征税，已经体现了政府鼓励小排量、抑制大排量汽车的初衷。

由此可见，汽车"购置税减半"的优惠以及"燃油消费税"的实施直接推动了小排量车型的消费，充分体现出对生产和使用小排量汽车的鼓励，激活了当时因国际金融危机冲击而导致增长乏力的中国汽车市场，带动了各种排量车型的销售。尤其是内陆和小城市的汽车销售增长，甚至比沿海地区还快，促使买车热潮整整持续了一年。图 1 显示汽车"购置税"减半政策出台以后，中国主要汽车企业基本乘用车的月销量状况，这是汽车产业政策产生显著效应的结果。

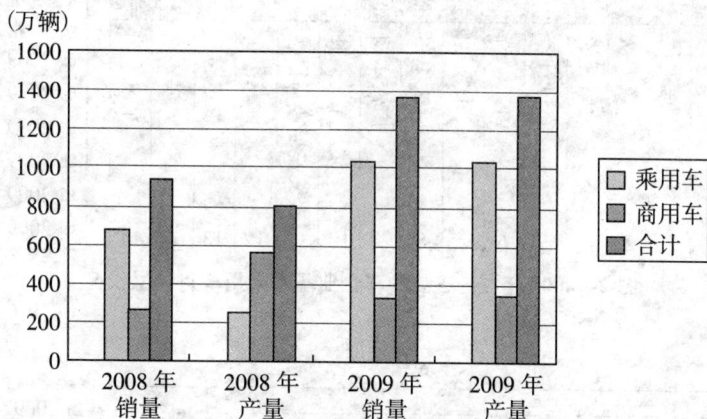

（万辆）

图 1　2008 年、2009 年国内汽车产销状况

图 1 显示，2008 年国内乘用车产销量分别为 245.70 万辆和 675.56 万辆，商用车产销量分别为 560.55 万辆和 262.49 万辆，在《汽车产业调整和振兴规划》实施一年之后，受政策的推动，国内乘用车和商用车产销量迅速增长，到 2009 年中国汽车市场又出现了井喷式增长，国内乘用车产销量分别为 1038.38 万辆和 1033.13 万辆；商用车产销量分别为 340.72 万辆和 331.35 万辆，同比增长 33.02% 和 28.39%。小排量汽车占其总量的比重比 2008 年提高了 8 个百分点，该份额达到了 70%。在汽车产销量中，乘用车产销分别为 1038.38 万辆和 1033.13 万辆，同比增长 54.11% 和 52.93%。据中国汽车工业协会统计，2009 年我国汽车产销量分别为 1379.10 万辆和 1364.48 万辆，比上年同期分别增长 48% 和 46%。仅仅一年就提前并超额实现了当初规划设定的"产销力争超过1000 万辆，三年平均增长率达到 10%"的目标。

前些年，小排量汽车一直维持较低的增长水平，市场份额曾经呈现下降趋势。由于汽车"购置税减半"、"燃油消费税"实施等政策的拉动促使这类汽车快速增长，累计销量对整个汽车市场的增长贡献度高达 85%，并且多数品种出现供不应求的局面。

由于 2009 年底汽车"购置税"政策优惠敏感期的到来，该排量品种更是产销两旺，11 月小排量汽车销量 72.33 万辆，其中轿车销售 53.42 万辆，均创出历史新高。

由于中国经济的高速增长，国内受金融危机的影响相对较小，加上国务院及时施行强有力的措施，出台相关政策加以引导，有效地扩大了内需、拉动了消费经济，使得 2009 年中国汽车产业平稳较快的增长。从统计数据看，2009 年中国汽车工业产销同比增长率都已超过美国，创下历年最高纪录，成为世界排名第一位的汽车生产和消费国，中国已跃居为全球最大的汽车产销市场。

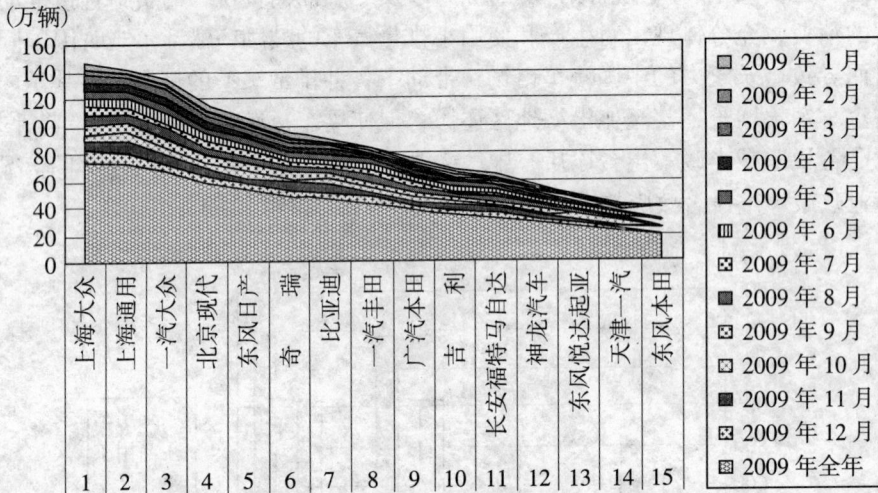

图 2 2009 年国内主要汽车企业基本乘用车月销量状况

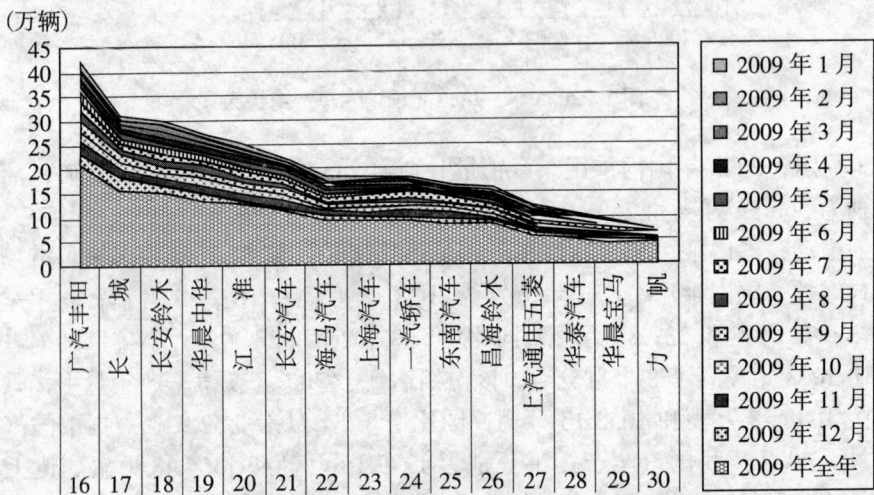

图 3 2009 年国内主要汽车企业基本乘用车月销量状况

注：数据为基本乘用车（不含微型客车及部分轻型客车）；一汽轿车不含马自达；长安汽车不含江铃控股。

资料来源：中国汽车工业协会，搜狐汽车研究室收集整理——因统计口径等差异，与企业公布或其他机构发布略有差异。

　　图 2 和图 3 显示，2009 年在汽车产业政策的推动下，国内各种品牌及排量汽车当中，销量最多的主要是小排量汽车。以奇瑞汽车为例，12 年前在《国家振兴民族汽车产业》的政策下，奇瑞汽车作为我国自主品牌诞生并迅速成长，凭借它们可靠品质和优质的服务，不断实现了"连续 3 个月突破 3 万辆"、"首季销量突破 10 万辆"、"短短 12 年总销量过 150 万辆"的最佳战绩，充分体现了奇瑞汽车的核心竞争力，成就了中国民族汽车品牌的辉煌。随着 2009 年汽车"购置税"、"燃油消费税"等《汽车产业振兴规划》新政策的相继出台，中国持续低迷的汽车市场交易又有所回转。第一，在国家启动农村市场政策方针引导下，从 2008 年 12 月起，奇瑞汽车就在全国范围内比其他汽车厂商先行一步，针对县乡级市场展开了规模空前的"国民车"下乡巡展系列活动，无论是从营销方面还是从服务方面都展现了极具人性化的民族品牌魅力，也为奇瑞销量的提升夺得了广阔市场空间。第二，由于奇瑞主力车型均为小排量车型，各种品牌产品平均排量约为 1.2 升，使得奇瑞汽车具备同行业小排量车型最全和最低的双重优势，因此，随着"燃油消费税"、汽车"购置税"的相继出台，为以生产经济型、入门型为主的奇瑞汽车提供了利好的市场空间。第三，由于奇瑞汽车创新的营销策略是以市场定位的，因此相对于一、二线市场的竞争相对较弱，消费者对于产品的需求也与一线市场存在一定差异，这样的环境正好适合奇瑞这种自主品牌寻找新的突破点，以不断提高客户满意度为核心，将战场向二、三级城市延伸。[①]

　　在 2009 年国内各种品牌及排量的汽车当中，前 30 名的主要汽车企业基本乘用车销量依次为上海大众 72.77 万辆、上海通用 70.84 万辆、一汽大众 66.92 万辆、北京现代 57.03 万辆、东风日产 51.9 万辆、奇瑞 46.65 万辆、比亚迪 44.51 万辆、一汽丰田 41.73 万辆、广汽本田 36.56 万辆、吉利 32.91 万辆，等等。

表 3　2009 年两次减征车辆购置税车价差额及不同档次汽车车价

单位：元

车价	按全额的 10% 征收购置税	按 5% 征收购置税	按 7.5% 征收购置税	5% 与 7.5% 购置税差额
5 万	4273.5	2136.5	3204.8	1068.3
10 万	8547.0	4273.5	6410.3	2136.8
15 万	12820.5	6410.0	9615.0	3205.0
20 万	17094.0	8547.0	12820.5	4273.5
25 万	21367.5	10683.5	16025.3	5341.8
30 万	25641.0	12820.5	19230.8	6410.3
35 万	29914.5	14957.0	22435.5	7478.5
40 万	34188.0	17094.0	25641.0	8547.0

　　*注：①汽车购置税 = 车价 ÷（1+增值税率）×购置税率；②表中数据保留一位小数。

---

① 千龙网："'汽车下乡'奇瑞销量增长新契机"，http://www.qianlong.com，2009 年 4 月 17 日.

　　表 3 数据显示，2009 年购买一辆 5 万元的汽车，可以节省购置税 2137 元；购买一辆 10 万元的汽车，可以节省购置税 4274 元；购买一辆 15 万元的汽车，可以节省购置税 6411 元；购买一辆 20 万元的汽车，可以节省购置税 8547 元；购买一辆 25 万元的汽车，可以节省购置税 10684 元；购买一辆 30 万元的汽车，可以节省购置税 12821 元；购买一辆 35 万元的汽车，可以节省购置税 14957 元；购买一辆 40 万元的汽车，可以节省购置税 17094 元，这些节省的金额虽然不算太多，但对于已经计划购买汽车的人来说，就会设法提前购买汽车以节省这笔开支，因此促成了汽车的热销局面。所以说，2009 年中国汽车工业产销的显著增长与国家给予的优惠政策的推动是分不开的。许多人认为，该政策"缩水"后的"购置税"优惠政策对于 2010 年车市不会有很大影响，车市仍将持续增长。据中国汽车工业协会的数据显示，2010 年 1~2 月份，小排量汽车的市场份额出现了不降反增现象，提高到了 72%，其中小排量的轿车占轿车销售总量的比重达 70%，比 2009 年又提高了 1 个百分点。而在 2010 年购买一辆 5 万元的汽车，可以节省购置税 1068.7 元，比上年多花费 1068.3 元；购买一辆 10 万元的汽车，可以节省购置税 2136.7 元，比上年多花费 2136.8 元；购买一辆 15 万元的汽车，可以节省购置税 3205.5 元，比上年多花费 3205 元；购买一辆 20 万元的汽车，可以节省购置税 4274 元，比上年多花费 4273.5 元；购买一辆 25 万元的汽车，可以节省购置税 5342.2 元，比上年多花费 5341.8 元；购买一辆 30 万元的汽车，可以节省购置税 6410.2 元，比上年多花费 6410.3 元；购买一辆 35 万元的汽车，可以节省购置税 7479 元，比上年多花费 7478.5 元；购买一辆 40 万元的汽车，可以节省购置税 8547 元，比上年多花费 8547 元。各种价格的汽车"购置税"均比上年多花近 50% 左右。由此可见，2009 年中国汽车产销两旺的主要原因是汽车"购置税"政策效应的结果。至于 2010 年汽车"购置税"政策提升为按 7.5% 征收后，小排量汽车产销如何填补市场心理的落差是决定 2010 年小排量汽车产销量的关键。

　　2009 年人们对于汽车新政策的关注，更多地在于汽车"购置税"减半问题上。2010 年新政策出台以后，汽车"购置税" 2.5% 的缩减部分从金额计算并不算多，而对于消费者来讲，其中的意义不在于多花了多少金额，而是要减少事实上对消费者信心的影响。作为汽车企业和经销商应当积极推动优惠营销宣传，从消费心理层面保证消费者的良性过渡，将心理影响考虑在内，避免消费出现短期急速下滑。从政策效应看，2009 年小排量汽车产销量受政策优惠影响的拉动作用很明显。其中，小排量汽车共销售 719.55 万辆，同比增长 71.28%，占小排量汽车销售总量的 69.65%，增长率和市场占有率均为历年新高。该类车型之所以紧俏，是因为企业产能结构性紧张所致。但小排量汽车份额上升更深层次的原因：随着企业对小排量汽车车型重视程度的提高以及小排量车型技术的提升，消费者对小排量车型的认同度发生了转变；随着节能减排的呼声越来越强烈，人们的环保意识有了较大的提高，因此，直接促进了该类车型的销售。多年来限制小排量汽车的问题终于得到了解决，这对于全社会节能减排的意义重大。

　　据统计，2010 年 1~3 月份，我国乘用车自主品牌共销售 173.49 万辆，占乘用车销售总量的 49%，比 2009 年全年水平提高了 5 个百分点；自主品牌轿车共销售 79.27 万辆，占轿车销售总量的 33%，比 2009 年全年水平提高了 3 个百分点。从 2010 年一季度汽车的销售量看，汽车购置税减按 7.5%征收对于小排量汽车市场的销售状况影响并不很大，笔者认为这种情况与 2009 年底定购汽车的滞后效应有关。随着 2009 年末减征汽车"购置税"幅度从 5%增加到 7.5%的调整，税率增加了 2.5 个百分点。表面上看，汽车"购置税"优惠幅度"缩水"了一半，但与原来税率为 10%的购置税征收标准相比，对于小排量车来说仍有一定的优惠，消费者的购车成本不一定会增加。再加上人们趁春节抢购汽车和预存订单的实现，从 2010 年一季度汽车市场表现看，中国汽车市场在经历了一年的超速增长之后，小排量汽车销售增速开始放缓。2010 年 3 月，小排量汽车销售86.83 万辆，比上月增长 28%，低于整体乘用车市场增速 6 个百分点。

3. "汽车下乡"的政策效应

2009 年 1 月 14 日，国务院在《汽车行业调整振兴规划》中规定，对那些具有农村户口的消费者，在购买符合"汽车下乡"范畴的产品时，即农民报废三轮汽车或低速货车并换购轻型载货汽车，以及直接购买微型客车、微型载货汽车、轻型载货汽车或摩托车的，可以获得政府给予车价 10%的补贴，但单价 5 万元以上的，每辆定额补贴 5000元。另外，农民消费者在购买被纳入"汽车下乡"范畴的摩托车产品时，摩托车销售价格每辆 5000 元及以下的也可获得车价 13%的补贴，即销售价格每辆 5000 元以上的，定额补贴 650 元；对单价 5 万元以上的汽车，每辆定额补贴 5000 元；对报废三轮汽车每辆定额补贴 2000 元；报废低速货车，每辆定额补贴 3000 元。只有授权经销商销售的汽车摩托车才能享受补贴资金，轿车、SUV、MPV 等乘用车不在此次补贴范围之内。政策实施日期为 2009 年 3 月 1 日至 12 月 31 日。

实施"汽车下乡"是国务院做出的重要决策，既是实现惠农、强农目标的需要，也是拉动消费、带动生产的一项重要措施。"汽车下乡"政策表明，中国汽车开始向农村大量普及，这一政策的拉动作用是前所未有的。据相关数据显示，2008 年国内市场载重量 6 吨以下的轻型卡车的销量约为 118 万辆；微型客车约为 106 万辆，其中近 50%为城市郊区的农民用户所购买。此次出台的"汽车下乡"政策，进一步激发了农民用户的购买欲望，使更多的农民用户受益于"汽车下乡"带来的好处。

从"汽车下乡"政策初期看，汽车企业、消费者和相关部门均处于摸索和调整阶段，政策并未发挥充分的作用。由于大部分"汽车下乡"产品都是 3 万~4 万元的低档车型，这档汽车的品牌营销和售后服务都相对较差。而对于厂家来讲，为了抓住机遇在短期内突击建设的简易销售网点，售后服务的质量都较差。另外，还有许多厂家的服务网点开始并未覆盖广大农村市场，在"汽车下乡"过程中这些汽车生产企业在将汽车销售到农村的同时，开始构建新的服务网络，从而不可避免地使售后成本过高，给农民在用车过程中带来负担。

从全国范围看，2009 年政策的出台直接推动"汽车下乡"迅速进入农村市场，上半年农村汽车市场的政策效应迅速放大。其中，轻型卡车、微型客车市场势头强劲，上汽通用五菱、南京依维柯跃进等主力汽车企业的销量较上年同期均有超过 10%的大幅度增长，尤其是轻型卡车表现得更加突出。据中国汽车工业协会统计，2009 年上半年轻型卡车行业总销量达到 74.48 万辆，主流轻型卡车企业大多取得 10%左右的市场增幅。2009年上半年国内轻型卡车市场的持续"井喷"现象主要受以下三个方面因素的影响：第一，"燃油消费税"的改革并取消"养路费"，释放了积压的市场潜力；第二，"汽车下乡"政策刺激了从事生产和运输的农民对轻型卡车的用车需求；第三，7月份开始实施国Ⅲ标准，促使农民用户提前购车。就增量而言，"汽车下乡"政策并不比汽车"购置税"减半政策所带来的贡献值低。

受益于汽车"购置税"、"汽车下乡"等政策的影响，2009年汽车产销两旺，尤其是微型载货汽车增长惊人。中国汽车产销量数据显示，2009年12月微型载货汽车企业销量前10名中，重庆长安汽车销量近10万辆，成为微型载货汽车级别的销量之首。这些企业在汽车销售中除了贯彻国家的汽车"购置税"、"汽车下乡"等政策以外，还分别采取了为客户免费提供检测服务，赠送千元服务抵金券等。① 同时，"惠民行动"中还规划了在山东、河北、河南等地举办万余场送电影下乡和在全国范围内持续开展的送医疗下乡等优惠活动。上海通用五菱居于微型载货汽车的第二名；而哈飞汽车和北汽福田分别排在微型载货汽车的前三、四名，仅12月份分别销售了9463辆、7012辆、5421辆和5315辆，市场占有率分别为23.91%、17.72%、13.7%和13.43%。在微型载货汽车领域，依然以自主品牌为首，具体数据见表4。

表4 2009年12月微型载货汽车企业销量前10名统计②

排名	企业名称	销售（辆）	市场占有率（%）
1	重庆长安汽车股份有限公司	9463	23.91
2	上海通用五菱汽车股份有限公司	7012	17.72
3	哈飞汽车股份有限公司	5421	13.70
4	北汽福田汽车股份有限公司	5315	13.43
5	东风汽车公司	4800	12.13
6	金杯汽车股份有限公司	3379	8.54
7	中国第一汽车集团公司	1870	4.72
8	江西昌河汽车股份有限公司	794	2.01
9	四川南骏汽车有限公司	744	1.88
10	东安黑豹股份有限公司	599	1.51
	合　计	39397	99.53

表4显示，对于国内两家微型载货汽车巨头长安汽车和上汽通用五菱来说，前者12月份就销售了9463辆，市场占有率为23.91%；后者销售了7012辆，市场占有率为17.72%。③

实际上，"汽车下乡"政策在2009年上半年作用最明显，那时政策刚刚出台，形成了连续几个月的持续热销，不过到下半年政策的影响效应就减弱了。譬如：哈飞哈松联的销量2009年12月创下历史新高，超过了1000辆，不过这个数据的产生主要是汽车

---

① www.hqcx.net，"汽车下乡"或撬动百万辆增量消费上市公司受益多，2009年3月16日。
②③ 中国汽车工业信息网：2009年12月微型载货车企业销量前10名统计，2010年1月29日。

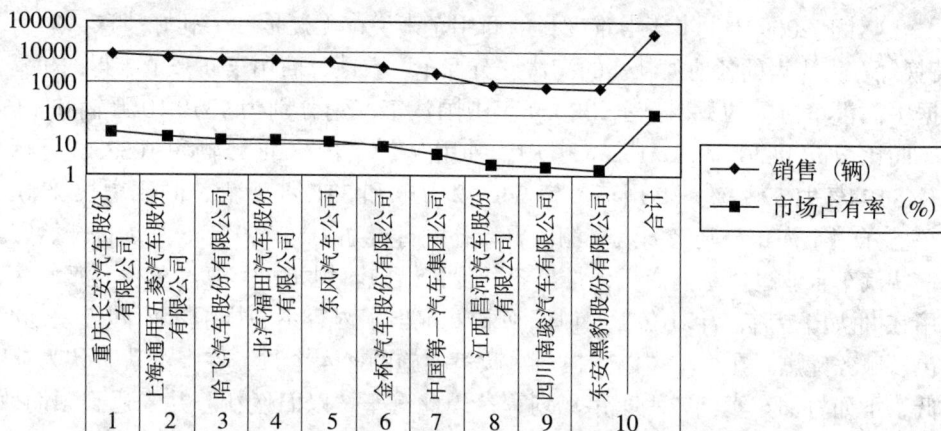

图4　2009年12月微型载货汽车企业销量前10名

注：图表中的微型载货汽车数据包括微型货车整车、微型货车非完整车辆。

"购置税"减半政策即将缩水带来的提前购买。能够折让10%的补贴政策反而不如汽车"购置税"缩水带来的刺激作用更大。2009年"汽车下乡"政策大概拉动了哈飞哈松联15%的销量，长期延续的鼓励消费政策短时间刺激消费的动力变弱。据调查，2009年愿意通过"汽车下乡"补贴政策购买汽车的消费者只占两成左右，预计2010年"汽车下乡"政策对市场的拉动作用将会减弱，尤其是对于北京市场。因为参与"汽车下乡"政策的消费者绝大多数是在北京的外地消费者，汽车局限在微型面包等车型，并且现在"汽车下乡"政策已成为一项常态鼓励消费的政策，不少消费者不会因此提前购买，而是会根据自身的需求购买，因此，对2010年的销售拉动效果将会非常有限。另外，"汽车下乡"主要拉动的是微型面包、微型客车等车型销量，这些车型所占的比重不大，对整体市场的拉动非常有限。[①]因此，"汽车下乡"政策中为扶持轻型汽车业发展而提出的以三轮农用车、低速汽车置换轻型汽车给予补贴的方案，并没有达到预想的效果。针对"汽车下乡"收效低，新能源汽车受青睐，政府对"汽车下乡"政策进行了调整。这次调整的内容包括了将"汽车下乡"政策延长实施至2010年底，摩托车下乡政策的实施延长至2013年1月31日。

从2009年下半年开始，随着汽车产业政策的调整实施，"汽车下乡"产生了明显的效应。得益于"汽车下乡"及各项优惠减免政策，国内微型载货汽车产能呈极度的疯狂扩张，产能过剩的后果已隐约显现，同比暴涨74%。轻型卡车市场也受益匪浅，同比增长29%，与往年相比出现了急剧的增长。据估计，在2009年受政策影响而增长的汽车销量中，大约有50%来源于"汽车下乡"政策的推动。在政策的影响下，2009年交叉型乘用车（主要是指旧分类中的微型客车）销售178.2万辆，同比增长了80.7%。

4. "汽车以旧换新"政策效应

汽车"以旧换新"补贴政策是我国首次大规模动用财政资金鼓励消费者汽车"以旧

---

① 王晓坤，张莎. 2010年汽车市场从政策市场转向经济市场. 汽车交易网，2010年3月3日。

换新"，这对于 2009 年上半年艰难度日的商用车来说，无疑是一个利好消息，加上北京"以黄换绿"为代表的各地强制性的淘汰"黄标车"政策，商用车迎来了难得的机遇。

据中国汽车协会的数据显示，2009 年中国汽车产销分别为 1379.10 万辆和 1364.48 万辆，同比增长 48.30% 和 46.15%。其中，乘用车产销 1038.38 万辆和 1033.13 万辆，同比增长 54.11% 和 52.93%；商用车产销 340.72 万辆和 331.35 万辆，同比增长 33.02% 和 28.39%。[1] 自《上海市鼓励老旧汽车淘汰更新补贴暂行办法》2009 年 6 月 1 日开始实施以后，一些汽车企业迅速掌握商机，推出各种促销措施。例如，上海汽车、上海大众、上海通用在办法出台后，针对汽车"以旧换新"推出了内容不一样但价值同样是 5000 元的礼包及服务优惠。在汽车"以旧换新"政策实施的前 4 个月，许多消费者认为补贴标准偏低，不如将旧车卖到二手车市场划算，因此汽车"以旧换新"并未达到预期效果。针对这种局面，为提高政策吸引力和效应，加快旧车淘汰、带动新车消费，2009 年 10 月国务院决定，下调汽车"购置税"优惠的幅度，提高汽车"以旧换新"的补贴力度。将提前报废老旧汽车、"黄标车"并换购新车的补贴标准调整到 5000~18000 元。其中，重、中、轻、微型载货汽车的补贴标准分别调整为 18000 元、13000 元、9000 元、6000 元；大、中、小、微型载客车分别调整为 18000 元、11000 元、7000 元、5000 元；1.35 升及以上、1~1.35 升、1 升及以下排量轿车分别调整为 18000 元、10000 元、6000 元。同时，将车辆使用年计算的终止日期调整为交售给报废汽车回收拆解企业的日期。[2] 此次决定是国家第二次针对汽车"以旧换新"政策进行的大幅调整。不过扩大后的补贴额度与二手车交易价格相比仍显吸引力不足。另外，手续相对烦琐等"瓶颈"制约了汽车"以旧换新"实际刺激效果的发挥。从补贴的力度来看，将前期行业振兴规划中的中央财政补贴额度由 10 亿元上升到 50 亿元，享受汽车"以旧换新"优惠的汽车将扩大至商用车领域。在 1.6 升及以下小排量乘用汽车按 5% 征收车辆"购置税"、农民购买微型客车享受 10% 补贴"的政策刺激下，1~4 月份乘用车累计销量 282.66 万辆，同比增长 15.1%；而同期商用车累计销量 100.52 万辆，同比下降 3.9%。补贴标准的提高，正是对汽车"以旧换新"第一阶段实施当中出现问题的有益补充，体现出政府期望快速发展的中国汽车市场，通过提高补贴能够提高二手车用户对"以旧换新"的兴趣，对于二手汽车的转换、商用汽车的发展和产业升级的早日实现都将起到持续的、积极的推动作用，将车市继续带旺。

然而，为期一年的汽车"以旧换新"政策从开始被指责补贴标准过低，到标准大幅度的提高，再到汽车"以旧换新"与"汽车购置税"优惠可以共享，政策的优惠力度不断加大，但政策效应至今未能达到预期。据统计，2009 年 3 月全国轻型卡车销量为 16.28 万辆，同比下降 0.7%，4 月份环比继续下降，这就是国家对商用车继续"扶持"的最主要原因。事实上，受政策出台的滞后影响，加上一开始补贴标准过低，各地汽车"以旧换新"很少有人实行。因此，上述两个季度发出补贴 4.6 亿元，基本上可以代表汽车"以旧换新"政策实施近一年来的效应。这种效应显然距离政策预期甚远，已发放的

---

[1] 2009 年中国汽车产销量居世界第一. 财经网，2010 年 1 月 12 日。
[2] 中国汽车以旧换新补贴提高. 财经，2009 年 12 月 31 日。

补贴款只占 50 亿元计划补贴资金的 1/10。

目前，汽车"以旧换新"的补贴，加上报废汽车回收残值，与同等车况的二手车交易价差不多。如旧款的奥拓、吉利、夏利以及一些车龄超过 10 年的小型面包车，它们的估价甚至还远比补贴金额低。而且汽车"以旧换新"补贴的申领手续也做了一定的简化。例如广东很多地方都设置了联合办公地点，提供一站式服务，但是汽车"以旧换新"仍不见升温，车辆的排名也没有进入全国前 10 名。汽车"以旧换新"政策效应差的根本原因：第一，我国符合汽车"以旧换新"的车辆并不很多，虽然 2009 年国内汽车市场取得了很大突破，但还是属于一个不饱和的市场。第二，2002 年轿车才开始进入中国，"黄标车"的历史不过才 14 年左右，所以，与国外一些国家相比中国的旧车为数是很少的。就国外的汽车"以旧换新"看，效果确实可观。不过，国外的汽车"以旧换新"补贴幅度远远高于国内，而国内明确规定汽车"以旧换新"和"黄标车"补贴两种补贴方式只能任选其一，这使得政策效应大打折扣，并且在北京等地区相比之下，目前二手车出售市场的吸引力更大。第三，该政策效应的持续性尚待考察，美国的汽车"以旧换新"目前已经呈现出快升快落的局面。[①]

在我国，一些车主即使有够年限的旧车，也符合汽车"以旧换新"标准，可是因补贴太少就不想换新车；还有一些车主表示，自己的车仅买了几年，也想换新车，可还没到汽车"以旧换新"的时间，并且一下也拿不出那么多的买新车款。因此，要想单靠汽车"以旧换新"达到将 2010 年车市带旺，真是难上加难！

汽车"以旧换新"政策在 2010 年 5 月 31 日已经到期，2010 年国内汽车市场延续了 2009 年的良好势头，产销量继续排在全球第一名。"汽车下乡"、汽车"以旧换新"、汽车"购置税"优惠的目的就是带动汽车市场的发展。现在汽车振兴政策已发挥了其应有的作用，不过在国家汽车振兴的政策中，比起汽车"购置税"优惠和"汽车下乡"，汽车"以旧换新"的效应不很明显。

从 2010 年 1 月份看，汽车产量超过 150 万辆，走势很好；3 月份汽车产量达到有史以来我国单月汽车产量近 170 万辆的最高水平；一季度汽车产销量分别达到 455.45 万辆和 461.06 万辆。之后受汽车市场终端销量下滑的影响，产量逐月递减，并且同比增幅逐步趋缓。尽管 2010 年 1~4 月份已超过 2009 年上半年的汽车销量，但在 6 月份，全国汽车产量只完成了 129.42 万辆，环比降低 1.41%，同比增长 12.40%；销量完成 113.20 万辆，环比降低 5.25%，同比增长 13.97%，产销量环比降幅较 5 月份有所下降。2010 年上半年汽车累计产销量分别为 847.22 万辆和 718.53 万辆，较 2009 年同期分别累计增长 44.37% 和 30.45%。汽车库存周期逐月增长，由 2 月份的 41 天逐步增长到 6 月份的 55 天，增长了 14 天。上半年乘用车累计产销量分别为 626.95 万辆和 541.75 万辆，较 2009 年同期累计增长 45.03% 和 25.58%；轿车作为乘用车的主力车型，产销量占到乘用车产销量的 70% 以上，轿车良好的市场表现为乘用车市场的快速发展奠定了基础。轿车累计销售 394.84 万辆，同比累计增长 25.08%，其中 1.6 升及以下轿车累计销售 263.13 万辆，

---

① 石卿. 新政拉动 1250 亿元汽车消费. 北京晨报，2010 年 2 月 29 日.

占轿车销量的 66.64%，较 2009 年同期下降 0.93 个百分点，这与"购置税"减征政策刺激效应减弱有一定关系。2010 年上半年自主品牌轿车销售 112.57 万辆，占轿车销量的 28.51%，较 2009 年同期增长 1.44 个百分点；交叉型乘用车产销量环比和同比纷纷出现下降，环比分别下降 2.58% 和 7.74%，同比分别下降 6.58% 和 9.19%，是汽车各细分车型中唯一出现产销量环比、同比同时下降的车型；2010 年上半年交叉型乘用车累计产销量分别为 120.10 万辆和 93.28 万辆，同比累计分别增长 31.64% 和 6.38%；SUV 市场受益于国民经济快速发展以及消费者购买力增强，市场需求强劲；2010 年上半年 SUV 累计产销量分别为 42.49 万辆和 37.39 万辆，同比累计分别增长 100.08% 和 87.06%。

2010 年上半年汽车市场最大的变化是政策的促进与 2009 年相比有很大的差别，2009 年以汽车"购置税"减半为代表的政策是以拉内需、促消费为主，而 2010 年汽车"购置税"回升、"汽车下乡"延期、汽车"以旧换新"优惠幅度加大和新能源补贴等政策的陆续出台构成了 2010 年上半年呼声最高的政策，目前对车市的促进效应还无法确定。

2010 年下半年国内轻型卡车市场延续了上半年的良好势头，销量增幅依然保持在 10% 左右，主要有以下三个方面的原因：首先，2010 年上半年我国 GDP 增长 7.1%，[①] 而 7 月份以后的国内经济形势仍在继续好转；其次，6 月 10 日出台的轻型卡车下乡直接补贴政策，进一步刺激了农民的购车需求，进而提升了农村轻型卡车市场的销量；最后，8 月 10 日开始正式实施的《汽车以旧换新实施办法》，将汽车报废更新的补贴资金从 10 亿元增加到 50 亿元，因此，2009 年汽车"以旧换新"政策拉动了近 30 万辆商用汽车的销售，其中一部分为轻型卡车车型。

综上所述，2009 年的汽车"购置税"减半政策效应最为显著，大力推动了乘用汽车销量的增长；"汽车下乡"政策效应也比较显著；而以扶持商用车为主的汽车"以旧换新"政策的效应与前两项政策相比，未能达到预期效果，2010 年下半年车市发展趋势如何，牵涉诸多市场因素。有数据显示，2010 年 1~6 月国内汽车市场整体放缓已成定局。

三、应对政策效应递减的措施及建议

有数据显示，[②] 2009 年 6 月以后，中国汽车市场的销量步入低迷，仅第一周各厂商乘用车销量下滑幅度就达 16%，较 5 月份同期下滑近 19%，较 4 月份同期出现了 13% 的大幅下滑。[③] 一汽大众的市场销售明显转淡。由于 2009 年底积压汽车消费需求在政策刺激作用下的充分释放，消费者对政策因素的刺激作用日显疲劳，汽车市场销量大幅度减少。随着车市步入常态，政策刺激效应开始减弱，中国汽车市场正面临着新一轮调整，急需寻找新的刺激点。

目前，新一轮经济增长的关键性内在因素是要扩大国内需求，这已成为我国宏观经济政策的主要调控对象。针对我国汽车产业国内需求增长已对一些调控政策出现效应递

---

① 根据国家统计局的数据。
② 汽车乘联会数据。
③ 梁冬梅. 财经网，2009 年 6 月 19 日。

减的问题，建议按照"政策连续、稳中求变"的思路，对相关政策作适当的调整并采取措施。

1. 从总体上保持汽车产业政策的连续性和稳定性，增强消费者信心

2009 年的汽车"购置税"减半政策促进了汽车市场的大力发展，调整了汽车产品结构，使总税收增加了 30% 以上。尽管 2010 年"购置税"税率降低了 2.5 个百分点，但是其他的税收增加了，并且增加的部分大大超过减少的部分。2010 年汽车产业政策的反应趋弱主要源于消费心理预期影响的特点，汽车"购置税"优惠缩小以后，其他政策并没有增加力度弥补因汽车"购置税"优惠力度缩小而带来的不利影响，造成刺激力度不够。对政策的调整应当以继续保持汽车"购置税"优惠政策的连续性、稳定性为基础，因为它既能减小对自主品牌汽车和小排量汽车的刺激力度（1.6 升及以下"购置税"从 2009 年的减按 5% 征收改为减按 7.5% 征收），又会影响到总的税收。所以，建议保持汽车"购置税"现有的优惠幅度，而不是放置有效的措施不用，重新制定效果并不明显的新措施。要把启动现有消费能力的政策转向增强消费者信心上来，变收入促进式的消费刺激为信心增长型的消费刺激，真正在扩大内需方面起到带动作用。

2. 积极调整汽车产业政策的使用方向和比例

从 2009 年政策的实施结果看，"汽车下乡"的效应主要反映在三个方面：首先，扩大了农村市场消费。据统计，2009 年受这一政策影响，微型车销量增长约 50%。其次，拉动了生产，增加了就业。最后，"汽车下乡"不仅可以推动自主品牌的微型载货汽车企业发展，还可以促进中西部区域经济发展和结构调整，惠及了后金融危机时期薄弱群体创业和农村经济结构调整。

第一，在《汽车行业调整振兴规划》中，把"汽车下乡"政策的延续和时间的延长作为国内汽车市场新政策、保稳定的核心内容；第二，在"汽车下乡"实施过程中，政府在行政操作上应当考虑进一步扩大范围和比例，从便民角度出发，尽量通过全国联网，允许农民在户口的异地申请补贴，使在家乡异地创业的农民买车办理手续更迅速、更方便；第三，在"汽车下乡"实施过程中，政府要起好把握方向的作用，杜绝"地方保护"，让汽车企业在农村市场上通过产品质量、服务质量和售后质量达到公平竞争。

但是，由于政策明确规定汽车"以旧换新"和"黄标车"补贴两种补贴方式只能任选其一，使得政策效力大打折扣。加之在北京等地区，二手车出售市场的交易兑现方便，手续更简便，吸引力也就更大。另外，2010 年汽车"以旧换新"政策加大了补贴力度，但能够产生多大的效应尚待观望。

目前，国家计划用于汽车产业补贴的 50 亿元资金还有部分闲置，建议考虑再次大幅度提高汽车"以旧换新"的补贴标准，并且考虑是否与"黄标车"补贴两种补贴方式同时使用，加快旧车淘汰、带动新车消费，实现更大范围的汽车"以旧换新"。如果汽车"以旧换新"补贴力度加大并与"黄标车"补贴两种补贴方式同时使用，从总体上看，对 2010 年汽车市场的走势非常有利。

3. 进一步促进汽车产品出口市场化，提高出口效率

建议调整对外贸易策略、开辟国际出口新市场、扩展出口新渠道、降低金融危机带来的出口下降损失和扩大出口的数量及质量，这也是当前迫不及待需要解决的问题。

4. 以节油和降低石油依赖为目标，兼顾"十二五"规划，保证中国汽车产业的和谐发展

目前，中国已成为汽车大国，随着中国汽车工业的发展壮大，石油、钢铁的供应问题、环境保护问题应运而生。这些问题不仅影响汽车产业本身，也影响其他相关产业乃至整个国家国民经济的发展。因此，建议政府除了传统汽车的节能减碳不放松外，还要尽快健全政策、法规和税费，引导汽车企业采取新的技术。以节油和降低石油依赖为目标，兼顾"十二五"规划，保证中国汽车产业的可持续发展，为中国汽车工业实现由大到强的转变制定相关政策。目前，我国汽车产量和保有量均处于快速增加时期，大量消耗石油、大量占用道路、大量排放污染物，引起了诸多严重问题。由于汽车能够创造价值，又是交通命脉的一部分，而汽车发展的数量与经济发展速度有关，它会直接影响到就业的解决，因此，对汽车总量要有国家的总体规划和战略，做到和谐发展。

5. 鼓励优先发展高品质节能环保型汽车，以重点支持发展高技术含量的小排量汽车为目标，避免"光化学烟雾"事件发生

预计 2010 年中国的氮氧化物（NOx）和一氧化碳（CO）排放量将分别达到 228 万吨和 2476 万吨，以北京、太原、上海、南京、成都为中心的重度污染地区的污染指数表明，这些地区随时都有可能发生"光化学烟雾"事件。因此，建议继续节能汽车补贴政策及小排量汽车"购置税"优惠政策的执行，鼓励优先发展高品质节能环保型汽车和重点支持发展高技术含量的小排量汽车目标；尽快采取各种有效措施，应对能源紧缺、缓解我国快速进入汽车社会所面临的环保压力、治理交通拥堵；制定严格的环境保护法规，加大治理汽车尾气排放污染的力度，防止"光化学烟雾"事件在我国发生和蔓延，保护中国的环境和人类生存条件。